第五部

显微镜下的全唐史

开元天宝

北溟玉 ◎ 著

中国文史出版社

安禄山,性合韬钤,气禀雄武。声威振於绝漠,捍御比於长城。战必克平,智能料敌……疆场式遏,且薄卫霍之功;土宇斯开,宜践韩彭之秩。可封东平郡王。

——唐玄宗李隆基

第一章　锐意求治

01. 党同伐异　　/002

02. 抑佛治蝗　　/006

03. 福将薛讷　　/011

04. 整饬贵戚　　/014

05. 两君之死　　/017

06. 宋璟苏颋　　/021

07. 整治恶钱　　/026

08. 张说回朝　　/030

09. 王后被废　　/035

10. 文艺皇帝　　/038

11. 诗狂诗相　　/043

12. 张说罢相　　/049

第二章　明皇尚武

01. 节度使来了　　/054

02. 王君㚟之死　　/059

03. 赤岭会盟　　/063

04. 王毛仲倒台　　／066

05. 两番再叛乱　　／072

06. 张守珪镇东　　／075

07. 唐蕃再战　　　／081

第三章　政风日弛

01. 张九龄罢相　　／090

02. 一日杀三子　　／095

03. 杨玉环入宫　　／098

04. 胡儿节度使　　／101

第四章　天宝盛世

01. 击破突骑施　　／106

02. 后突厥覆灭　　／109

03. 走向巅峰　　　／112

04. "诗仙"李白　　／115

05. 知章仙逝　　　／126

06. "诗圣"杜甫　　／130

07. 高僧一行　　　／133

08. 鉴真东渡　　　／137

09. 阿倍仲麻吕　　／145

第五章　群奸当道

01. 李林甫弄权　　/ 156
02. 憋屈的太子　　/ 160
03. 韦坚谋反案　　/ 163
04. 远征小勃律　　/ 167
05. 王忠嗣贬官　　/ 172
06. 杨钊来了　　　/ 177
07. 杨氏显贵　　　/ 180

第六章　狂飙胡儿

01. 节度两镇　　/ 188
02. 胡旋舞者　　/ 190
03. 东平郡王　　/ 193
04. 身兼三镇　　/ 195

第七章　急转直下

01. 南诏反唐　　　/ 200
02. 折戟怛罗斯　　/ 202
03. 王铁倒台　　　/ 208
04. 李林甫之死　　/ 211
05. 安杨斗法　　　/ 214
06. 风云板荡　　　/ 219

第八章　惊破霓裳

- 01. 渔阳鼙鼓　　　/226
- 02. 郭子仪登场　　/229
- 03. 一日杀二将　　/233
- 04. 局面向好　　　/239
- 05. 将相误国　　　/243
- 06. 潼关血泪　　　/246
- 07. 天子出奔　　　/249
- 08. 陈玄礼的抉择　/252
- 09. 马嵬驿之变　　/255
- 10. 分道扬镳　　　/260
- 11. 血染长安　　　/263
- 12. 李亨称帝　　　/272

附　录

- 附录一　白居易《长恨歌》　/278
- 附录二　唐朝十四世二十一帝（含武则天）概况　/284
- 附录三　唐朝世系表　/289
- 附录四　六大强敌世系表　/290

参考文献　/294

第一章 锐意求治

01. 党同伐异

贤相姚崇执政后视为当务之急的要事,说出来绝对让大家瞠目结舌,居然是排斥异己。

朝廷是世间最大的是非场,因为流动着巨大的利益,所以人人有心思、事事有分歧、时时有矛盾、处处有斗争。人们都以为只有宗楚客那种贼眉鼠眼的奸臣才搞党争,没想到姚崇这种浓眉大眼的家伙也来这套。正如任我行所说,有人的地方就有江湖,人就是江湖,你怎么退出江湖?

作为一个奔着青史留名去的宰相,姚崇要珍惜上天赐给他的金色年华,他没有时间,也没有意愿去争取那些和他不是一条心、不在一条路上的人,最省事的办法就是将这些人搞臭、搞倒。

中书侍郎王琚首当其冲。李隆基还是临淄王时,和王琚好得几乎快穿一条裤子了。姚崇之所以不待见王琚,原因有三:首先,此人是个脱口秀段子手,言谈诙谐夸张,行为轻浮浪荡,没有高干应有的稳重。其次,王琚并无真才实学,只会炼丹这种不入流的把戏。最后,也是最重要的一点,王琚和姚崇最忌惮的政敌张说①是铁哥们儿。

所以,姚崇一上台就拿王琚开刀,上奏玄宗:"王琚权谲纵横之

---

① 说,音月。

才，可与之定祸乱，难与之守承平。"

这时的姚崇在玄宗心目中，那就好比兴周八百年之姜子牙、旺汉四百年之张子房，比白月光还白月光，他说的每一句话、做的每一件事，在玄宗看来都是毋庸置疑的。很快，王琚就被打发到北疆巡察部队去了。说是个临时性差事，但王琚这一出去就再也没能回朝。

王琚的故事启示我们：如果你爬到社会顶层，靠的是实力，那你还可以继续努力；但如果靠的是运气和贵人提携，就应该好好想想如何急流勇退了。人生百年，当然要冲要拼搏，但知道什么时候该停的人才是真正的智者！

王琚被外放，张说急坏了，姚崇的下一个目标肯定是他呀！这个聪明人病急乱投医，偏偏想了一个蠢办法：他居然想请岐王李范在玄宗面前为他说话。

姚崇听说张说的自保举动后，高兴得直摇头，张郎啊张郎，你到底是精是傻？

这日，玄宗看姚崇走路一拐一拐的，关心地问："怎么啦？脚有毛病啊？"姚崇的回答云里雾里的："臣的脚没毛病，臣是心腹有毛病。"玄宗很纳闷，有病的是脚，怎么还扯到心腹上了？姚崇就说了："岐王，陛下爱弟，张说为辅臣，而密乘车入王家，恐为所误，故忧之。"陛下，张说现在可是和岐王走得很近哪！

几天后，张说就被外放为相州刺史了。

继张说之后，另一位宰相——侍中魏知古也被姚崇绊倒了。

魏知古是姚崇一手提拔起来的。但也正因为如此，尽管他在职务上已经和姚崇平起平坐了，姚崇却仍旧视他为马仔，呼来喝去。如果仅仅是这样，魏知古还可以忍受，可姚崇想推宋璟接替他，这魏知古就没法淡定了。

姚崇也察觉出魏知古的情感变化了，哼，你的相位是我给的，我让你坐,你就可以坐;我不让你坐,你就得让出来。姚崇何许人也,他可是从则天、中宗、睿宗三朝残酷政治斗争的大风大浪里过来的,论收拾人,魏知古连给他提鞋的资格都没有。

适逢朝廷要铨选一批六品官员,魏知古觉得这美差肯定是他的,因为他之前干过吏部尚书,且现在又是宰相,舍他其谁?!可姚崇偏偏将这活儿派给了宋璟,却打发魏知古去洛阳主持东都官员的铨选。东都作为陪都,虽然也有一套和长安朝廷一样的班子,但含权量和含金量可差远了。魏知古很不满,想着找机会弄姚崇一下。

姚崇和房玄龄、狄仁杰是一路人,自己的事儿琢磨得很透,一身正气、两袖清风的人设立得很稳,但在家教方面都是不及格水平。房玄龄有房遗爱、房遗则两个不肖子,狄仁杰生了个狄景晖,姚崇也有两个熊孩子——东都光禄少卿姚彝和宗正少卿姚异。这俩熊孩子除了和姚崇一个姓外,其余哪儿都不一样,不只贪,而且贪得厉害,只要有收钱的机会决不放过,雁过拔毛。二姚一看父亲的老部下来主持铨选了,马上向魏知古打招呼、递条子。魏叔,我们这儿有几个人,您给安排下。

魏知古嘴上应允,回到长安却向玄宗作了汇报。

于是,某日玄宗就装作漫不经心地问姚崇:"爱卿,你的儿子们人才性格怎么样啊?现在官居何职?"姚崇何等人物,一听就大概知道咋回事了,马上回道:"臣有三个儿子,其中两个在东都当差。这俩小子生性贪婪,做事粗枝大叶,我估计他们肯定请托魏知古了。但我太忙,还没来得及过问。"玄宗很是惊诧:"爱卿你也太神了,你怎么知道的?"姚崇就开始表演了:"唉,魏知古寒微之时,臣对他照顾有加。臣的儿子们十分愚蠢,以为魏知古一定心怀感恩,所以才敢向他请托办事儿。"

玄宗在欣赏姚崇坦率的同时,理所当然地觉得魏知古人品不合格，恩人之子求你办事，你不办就是了，还向朕打小报告?！所以，他当场表态要罢黜魏知古。姚崇接下来的一番话越发高明："此事乃是臣的两个儿子有罪在先，破坏了陛下的法度。陛下赦免他们的罪过，臣已经感到万幸了。但如果由于臣的缘故而斥逐魏知古，天下人一定会认为陛下是在偏袒臣，这样会累及圣朝的声誉。"玄宗更是惊喜连连，虽然当面答应了姚崇的请求，但没多久还是将魏知古罢相了。

能当贤相的人果然不一般，轻飘飘几句话就断送了魏知古的政治生命。

然后，姚崇又盯上了"唐隆三杰"，指使人检举刘幽求、钟绍京对陛下多有怨言。

刘幽求、钟绍京是不是对玄宗有埋怨情绪呢？答案是有的，但情有可原。仔细想想，唐隆政变之所以能成功，"三杰"厥功至伟。但李旦、李隆基父子又是怎么对"三杰"的呢？不仅没有重用，反而贬官外放。先天政变前后，"三杰"虽然陆续回朝任了要职，但不久又被改任闲职，他们有些不满言论其实也是人之常情。

但玄宗有他的逻辑：一来崔日用是因为党附宗楚客才窃据高位的，其人并无大才具；而钟绍京、刘幽求原本都是不入流的小吏，宰相这种重要岗位他们干不了。二来还是那条老规则，对敢于政变的大臣，皇帝内心深处其实是很忌惮的。如果大家仔细研究中国历史特别是唐代历史，你们就会发现，几乎所有策动政变的大臣都不会受到新君的重用。太宗时代的尉迟敬德、中宗时代的张柬之等人就是前车之鉴。

因此，玄宗马上将刘幽求、钟绍京下狱。姚崇还假惺惺地帮二人说话："幽求等皆功臣，乍就闲职，微有沮丧，人情或然。功业既大，荣宠亦深，一朝下狱，虑惊远听。"但玄宗的火儿已经被拱起来了，虽然没有狠下杀手，却将"三杰"都贬官外放了！

此后，刘幽求又被折腾了好几个地方，于开元三年（715年）在贬往湖南途中病逝，年61岁。七年后，崔日用病逝于并州大都督府长史任上，年仅50岁。钟绍京虽然活得久一点，但官却越当越小，直到垂垂老矣才被召回朝中。

从对"唐隆三杰"的打击中，我们也可以看出李隆基这个人的本色：多情而不长情。他如果宠一个人，甭管男人女人还是不男不女的宦官，往往宠到没边儿。但这种情感很难持久，说翻脸他就能翻脸。"唐隆三杰"有再造唐室的功勋，即便不想重用他们，大可以加上开府仪同三司之类的闲职，高高地挂起来，总不至于一贬再贬，让功臣寒心，令后人齿冷啊！

02. 抑佛治蝗

干翻这么多人，都是为了让姚崇放开手脚做事情。玄宗还给姚崇挑了一个搭档，河南安阳滑县人卢怀慎。

卢怀慎的学历和性格都很棒，进士出身，人也的确虚怀若谷、清廉谨慎。他是唐朝出了名的大清官，贵为宰相却不贪不占，而且领了俸禄马上就散给亲人和故旧，以致"妻子不免饥寒，所居不蔽风雨"。当宰相当到这个份儿上，境界真不是一般的高！

但一个人的优点往往也是他的缺点。卢怀慎重名轻利，是因为他没有权力欲，别人当官唯恐事儿少，都想着权力能多揽一点儿是一点儿。他则不然，遇到事情能推就推，谁愿意管谁管，本相乐得清闲。所以，时人给他起了个外号叫"伴食宰相"，字面意思是陪着吃饭的宰相,其实就是讥讽他完全是个陪衬,不乐作为,无所作为。卢怀慎不以为耻反以为荣,我当官,一不图发财,二不想得罪人,伴食就伴食吧,挺好!

但也正因为他甘于做伴食宰相,所以姚崇才能容他。

一次,姚崇因事告假十余天。宰相里就他能干活,他这一休假,奏章没人处理,很快堆成了山。卢怀慎头都大了,总压着不处理也不行啊,可他又处理不来,实在没辙了,主动向玄宗请罪。不料玄宗却说:"朕把天下事都委托给姚崇,用爱卿只是为了对雅士俗人起镇抚作用罢了!"一般人听了这话早急眼了,合着您拿我当点缀呢?!卢怀慎不一样,笑逐颜开,不怪罪我就好!

姚崇休假归来,不到半天就把积压的奏章全都处理完了。他颇为自得地问部下齐澣①:"我这个宰相可以和谁相比?"齐澣尚未作答,他又忙不迭地追问:"比得上管仲和晏子吗?"齐澣是个实在人,直不楞登地回道:"管仲、晏婴所奉行的法度虽未能传之后世,起码也做到了终身实施。您制定的法度则随时更改,就此而言似乎比不上他们。"姚崇不甘心:"然后呢?"齐澣说:"公可谓救时之相耳。"姚崇听了哈哈大笑,投笔说道:"救时之相已经很不错了,一般人哪能到这一步呢?!"

一个伴食宰相,一个救时之相,这两人组 CP 效果怎么样呢?

很不错!

姚崇搞政治斗争很有一套,被他盯上的对手基本都逃不过他的算计。不过,这个人确实有担当,也很有能力,干的都是大事儿正事儿,成绩单还很漂亮。

他的一大政绩就是以空前力度抑制佛教。

---

① 澣,音换。

唐朝佛教的发展始于玄奘，历高祖、太宗、高宗、则天、中宗、睿宗六朝，可以说是狂飙疾进、一日千里。为什么会出现这样的情形呢？主要原因有二：

其一，在思想层面，崇佛已成为社会主流思潮。唐朝虽然以道教为国教，但施行宽容的宗教政策，只要不是反政府的邪教，朝廷基本上都持赞赏和欢迎态度。佛教自汉代传入已有好几百年了，且历史上一度比较兴盛，在中国社会有广泛的群众基础。玄奘西天取经，推动了唐朝佛教的第一个高潮。女皇武则天不仅说自己是弥勒佛转世，还将佛教升级成国教。中宗时代，皇亲国戚间流行捐建佛寺和度人为僧的风潮。你捐建一个五百平方米的寺庙，那我就捐建个一千平方米的；你剃度五十人为僧，那我就剃度一百人。谁捐建的寺庙宏大奢华，谁剃度的僧人数量多，谁的功业就大。

其二，在政策层面，朝廷鼓励俗人出家。当时的政策说出来大家可能都不信，只要出了家，起码有三大好处：首先，尘世的一切义务再也与你无关了，租庸调全免，徭役兵役全都不用服。其次，从此告别体力劳动，每天打坐念经就可以了。什么？吃喝从哪儿来？有大把的善男信女布施供养，还愁没吃喝？最后，社会地位极高，哪怕你出家前就是个布衣平民，出家后达官贵人见了你都要客客气气行礼。

所以，李唐开国至今，佛教保持了极为强劲的上升态势，寺院和僧人的数量激增。

佛教导人向善、教人隐忍，对于维护社会秩序是有利的。但任何硬币都有两面，佛教如果过度膨胀，就对国家很不利了。第一，大量青壮年剃度为僧尼，种地的人少了，纳税的人少了，服役的男丁也少了，并且出家人不再婚配，不利于人口繁衍。第二，寺庙数量激增，圈占了大量的土地，每多建一个寺庙，国家可用的土地就少了一些。

唯物主义者姚崇很早就注意到了佛教过度膨胀的问题，决心排抑佛教。开元二年，他上书玄宗："佛图澄不能存赵，鸠摩罗什不能存秦，齐襄、梁武未免祸殃。但使苍生安乐，即是佛身；何用妄度奸人，使坏正法！"

佛图澄和鸠摩罗什都是南北朝著名的佛教大咖，一个是后赵的国师，一个是前秦的国师，备受统治者推崇。但两国并未因为尊崇佛教而国运长久。北齐文襄帝高澄和南梁武帝萧衍都是骨灰级的佛教粉丝，萧衍甚至三次舍身出家，不可谓不虔诚。可北齐和南梁终究还是灭亡了。

姚崇的意思是说，统治者尊崇佛教并不能确保江山长久。尤其"但使苍生安乐，即是佛身"这句话，身为帝王只要能让苍生安乐、百姓幸福，那就是佛，绝对堪称唐代金句。

姚崇请求玄宗采取有力措施抑制佛教的膨胀。这个建议正合玄宗心意。一方面，玄宗是个虔诚的道教信徒，他最崇拜的人是道家鼻祖——玄元皇帝李耳。另一方面，因为胡僧慧范多为不法的缘故，玄宗对佛教也没什么好感。

所以，他断然采纳姚崇的建议，陆续出台多项抑佛政策：全国清查假僧尼。所谓假僧尼是指那些内心并不虔诚于佛教，只是为了享受出家人利好而剃度的人。清查出来的一万两千名假僧尼被勒令还俗。全国禁止再建寺庙，旧的想修可以，但必须经官府审批，至于报上去批不批，你猜。禁止文武百官及其家属与出家人往来。禁止民间私自铸造佛像，抄写佛经。

这套组合拳力度相当之大，严重遏制了佛教的发展。如果后来的唐帝能够延续玄宗的政策，佛教就不会东山再起，本书第七部的"武宗灭佛"也就不会发生。

姚崇的唯物性还体现在他力主治蝗上。大家可能纳闷了，蝗灾嘛，发生了就该整治呀！那个年代洪灾、旱灾、水灾、火灾……啥灾都治，就是蝗灾不治。为啥呢？因为迷信啊，蝗虫带个"皇"字，被古人视为天虫，闹蝗灾是因为老天爷对世人不满、降灾以示惩戒。老天爷要收拾你，你非要作对，几个意思？所以，不能管，就任由蝗虫吃自助餐。

开元三年（715年），山东地区出现大范围蝗灾。姚崇奏请分派御史赴地方督促官民捕杀蝗虫。

此议在朝中引起了激烈争论。就连一贯遇事退让的卢怀慎都表态反对，理由是杀灭蝗虫有伤天地阴阳之气的调和。绝大多数朝臣和地方官员也持反对意见。但姚崇很坚持："当年楚庄王吞吃水蛭，他的病就痊愈了；孙叔敖杀死两头蛇，上天降福给他。你们不忍心看到蝗虫被杀死，难道就忍心看着百姓被饿死？！倘若杀死蝗虫会招来灾祸，那就让我姚崇一人承担吧！"就冲这番话，我们得给姚崇一个大大的赞。

玄宗态度也很暧昧，他倒不是迷信，而是觉得蝗虫铺天盖地，靠人力捕杀不过来。姚崇则说："即使无法将蝗虫全部杀死，也要比养蝗虫造成灾害强。"玄宗最终同意了。虽然在那个年代以人力对付蝗虫确实力量不足，但蝗灾的程度的确有所缓解。

转年，山东地区又是一场蝗灾。这次中央倒是没什么阻力了，但地方有人顶牛。汴州刺史倪若水上表反对："蝗虫是上天降下的灾祸，并非人力可以扭转，朝廷应当通过修德行善来消除蝗灾。"他还举了个例子，说前赵皇帝刘聪捕杀蝗虫，结果蝗灾反而更加严重了。姚崇亲自写信给他："刘聪乃僭越称帝，因此德不胜邪；当今乃圣朝明君，所以邪不胜德。自古郡守贤良，蝗虫不入其境。倘若修德可以免除蝗灾，岂不等于说蝗灾是因为无德而招致的吗？！"接到宰相的信，倪若水也不敢怠慢了，立即照办。

此后，每逢蝗灾，朝廷都会派员督促考察地方官捕杀蝗虫。因此，尽管开元年间蝗灾时有发生，但从未引发严重的饥荒。

这是姚崇的又一大德政。

03. 福将薛讷

虽然在煽呼玄宗方面很有一套，但有些事情姚崇也无能为力。比如，他坚决反对劳民伤财的扩张战争。当年他在《十事要说》中就强调过这一点。玄宗当时答应得好好的，一转身就忘了，你说什么，大声点儿，朕听不见！其实，玄宗是一个对武力、对战争十分痴迷的皇帝，这从他刚即位就举行大阅兵能看出来。

薛讷很精准地号到了玄宗的脉，奏请讨伐两番、规复营州。

哎，这就和领导的思路合上拍了！玄宗早想报冷陉之仇，不顾姚崇的极力反对，诏准对两番用兵。

开元二年（714年）七月，六万唐军行至滦水地界，也就是今河北承德隆化县西湾河峡谷时，又被契丹人打了埋伏，全军覆没，仅薛讷等少数人突围。本来薛讷在契丹那边还是很有震慑力的，经此一战人家就不怵他了，还给他起了个外号叫"薛婆"，薛老太太。

玄宗大怒，指着你开门红呢，你可倒好，吃了这么大一个败仗，圣朝颜面何在，朕的颜面何在！直接将薛讷罢黜为白衣。

契丹民族虽然人口不多、体量不大，但的确是长于打仗的战斗民族，他们多次重创、全歼唐军，打出了两次硖石谷、冷陉、滦水这样的经典伏击战。契丹从高祖、太宗时代登上中国历史舞台，雄起于武周时代，发展到玄宗朝已成为帝国不可忽视的重要边患。后来耶律阿保机之所以能雄起，都是因为前人早把基础打好了。

薛讷没有他爸薛仁贵的能力，但运气可比他爸好多了，虽然一夜之间成了白丁，但人家很快就复起了。好巧不巧，帮助他复起的正是将他父亲打入人生谷底的吐蕃人。

自金城公主出降后，唐蕃两国相安无事了几年。但占便宜没够的吐蕃人贿赂送亲使杨矩，希望唐廷能把河西九曲之地①赐给吐蕃，作为金城公主洗澡的地方。公主洗澡也用不了这么大的地方啊，摆明了是胡扯！但吃人家的嘴软、拿人家的手短，杨矩收了钱，开开心心地把事儿办成了。九曲之地水甘草良，最宜畜牧。吐蕃人得了这块土地，在青海海南地区驻军，将九曲建设成了窥视大唐的前哨站。

睿宗景云三年（712年），没庐老太太去世了。没庐妃算是吐蕃内部的主和派头子，她这一没，主战派的棺材板儿又按不住了。

薛讷北伐两番前，吐蕃请求与大唐会盟。六月，双方在河源会盟。这是唐蕃第二次会盟。吐蕃人要求以河源一线重新划界，遭到玄宗断然拒绝。吐蕃人显然早有准备，两个月后即发兵十万入寇。杨矩怕收受贿赂的事情捂不住，畏罪自杀。

玄宗暴脾气上来了，想回击吐蕃人，但扒拉扒拉军中的将领，郭元振已经去世，解琬老得连马都上不去了，也就只有薛讷还在盛年。于是，他重新起用薛讷，让其以布衣之身代理左羽林将军，出任陇右防御使。此外，他还起用了四个后起之秀。后事证明，这是一个大胆且正确的决策。

第一个是朔方道行军大总管王晙。王晙在桂州都督任上于刘幽求有救命之恩。刘幽求回朝后，自然极力举荐他。玄宗经过考察，得知王晙确实是一位能吏，所以这一年年初便重用王晙为鸿胪寺少卿、安北大

---

① 今青海东南部贵南、同德、共和、兴海等县地。

都护、朔方道行军大总管，现在又改任为太仆寺少卿、陇右群牧使。

第二个是右骁卫将军郭知运。郭知运是甘肃酒泉瓜州锁阳城人，身高七尺，颇有胆略。参军后，他迅速冒头，官至伊吾军使。年初二月，突厥默啜派儿子同俄特勤和妹夫火拔石阿失毕围攻北庭都护府。郭知运跟着北庭都护郭虔瓘①，伏杀同俄特勤，大败突厥军，收降火拔石阿失毕。玄宗大喜，提拔郭知运为右骁卫将军。

第三位是右监门卫将军、临洮军使安思顺。此人并非中土人士，而是粟特人，出自昭武九姓中的安国（今乌兹别克斯坦布哈拉市），和安金藏是老乡。

第四位名叫王海宾，出自太原王氏，他的叔爷就是大诗人王勃。王海宾门荫入仕，以骁勇闻名陇上。

王晙是高官，所以单独领一路人马，但人数很少，只有两千余人。玄宗将郭知运、安思顺、王海宾三名悍将全部调配至薛讷麾下。然而，这场战争之所以能最终胜利，靠的恰恰是王晙这一路。

十月，吐蕃大将坌②达延的十万精兵进至今甘肃定西临洮③县东的大来谷。王晙遴选七百名敢死之士，打扮成吐蕃人的模样，夜袭吐蕃大营。吐蕃人还以为是薛讷的主力伪装成他们的模样来了，惊慌失措，以至于自相残杀、阵脚大乱。当时，薛讷驻扎在大来谷二十里外的武街驿，见王晙搅乱敌营，立刻出兵夹击吐蕃人。吐蕃军大败，尸首甚至堵塞了洮水。

颇为可惜的是，王海宾在这场硬仗中战死了。玄宗追赠他为左金吾大将军，将其年仅九岁的儿子赐名"忠嗣"，收养于宫中。

---

① 瓘，音灌。
② 坌，音笨。
③ 洮，音逃。

04. 整饬贵戚

姚崇为相有三大政绩：排抑佛教、治理蝗灾、整饬贵戚。他是真的在整饬贵戚，而且专门在太岁头上动土。这不，他居然敢对玄宗的兄弟们下手。

大家知道，李隆基那可是很友爱很友爱的。当年他们兄弟五人出阁后，在长安隆庆池北圈了老大一块地，建了一个会所式的私人高档小区——五王宅。五家的院落是紧挨着的，就为了平时走动方便，闻着饭香翻墙就能过来那种。李隆基成为皇帝后，他的府邸就不能叫宅了，升级为兴庆宫。玄宗隔三岔五就拉上邠王李守礼去兴庆宫住几天。

在兴庆宫里头，哥儿几个见面不行君臣之礼，只行家人之礼。吃饭时也一样，没什么君君臣臣，就是排排坐、吃饭饭。兄弟五人同榻宴饮，吃酒作乐，击毬斗鸡，开演奏会，要多高兴有多高兴。玄宗还命人特制了一张超大号的床，上面有一个超长的枕头和超大的被子。玩累了，哥儿几个就睡在一张床上，枕着一个枕头，盖着一张大被同眠。

一次，玄宗颇为动情地对兄弟们说："魏文帝曹丕有诗云：'西山一何高，高处殊无极。上有两仙童，不饮亦不食。与我一丸药，光耀有五色。服药四五日，身体生羽翼。'朕就想了，因服用仙丹而得来的羽翼，哪里比得上兄弟骨肉间的天然羽翼呢？曹植有大才，但他哥哥曹丕嫉妒他，不让他参与朝政，甚至都不允许他朝见拜谒，他只能忧愁而死。结果，曹魏遭司马氏篡夺。舜帝是上古圣人，他弟弟象那么刻薄地对待他，甚至多次想置他于死地，他都没有记恨，才有了九族和睦、百姓安宁的景象。朕以为，舜帝之所为才是帝王之道。前不久，朕研读仙经发现了一剂仙丹，书上说'服之必验'。兄弟们，你们是朕的羽翼，朕爱死你们了！来，大家一起干掉这剂仙丹，同保长寿，永无极限。"听听，说得多好啊！

还有一次，薛王李业病了。玄宗正在临朝问政，一听弟弟病了，马上派人前往薛王府问候。短短一个朝会，他居然派了十拨人去探视。退朝后，他急匆匆地赶到薛王府，不顾众人拦阻，非要亲自给李业煎药。大家想，他一个公子哥儿哪会煎药啊？！不一会儿的工夫，胡须就被灶火点着了。左右七手八脚地帮他灭了火，哎呀，陛下的龙须烧坏了。玄宗却说："只要薛王吃了这药能好，我的胡须算什么呢？！"

当时，朝野内外都觉得李隆基兄弟是李唐皇室中的异类。因为他们家自打太宗李世民起，兄弟之间从来都是明枪暗箭的，难得李隆基兄弟却如此友爱。所以，连史官都忍不住赞叹："上素友爱，近世帝王莫能及。"

玄宗的确称得上友爱，但大家可能也感觉到了，他有些刻意为之，用力过猛了。事实上，李隆基对兄弟们友爱，仅限于临淄王李隆基、太子李隆基这样的身份；今时不同往日，他现在是皇帝李隆基，要为自己和儿孙们考虑了。虽然他言行上对兄弟们依旧表现得很友爱，但已不再让诸王担任重要职务了，只是一味用声色犬马、衣食器玩来笼络和麻醉他们。所谓的友爱已经加了引号、掺了水分。

姚崇号玄宗的脉号得准准的，整饬贵戚直接就拿这哥几个下手。

薛王李业的舅舅王仙童因欺凌百姓遭到御史弹劾。李业出面说情。弟弟的面子，玄宗还是想给的，让有司复审。姚崇和卢怀慎说："王仙童所为不法、证据确凿，御史调查得很清楚，不能枉法裁判！"玄宗马上撤销复审。最终，王仙童获罪。

申王李成义还没看出风头，向弟弟请托，想将申王府录事阎楚珪任命为王府参军。阎楚珪是李成义的人，况且他调整职务仍旧在申王府属官范围内，玄宗觉得没啥大不了的，准备同意。姚崇和卢怀慎坚决反对，王府属官也是朝廷命官，怎么任用是朝廷的事儿，不宜私相授受。玄宗觉得有道理，没有批准阎楚珪的任命。

之前经常有人请托诸王向玄宗说项。打从这两件事后，诸王就再也不干这种事儿了，请托之风大为收敛。

以为收敛就可以了吗？不，姚崇还建议将诸王外放为州刺史。玄宗也照办了，分任五王（含李守礼）为外州刺史，并限令他们每季度最多只能一次回朝两人，不能五个人同时回来。又过了几年，他干脆明令禁止诸王与群臣结交往来。

老大李成器为避李隆基他妈窦氏昭成皇后的尊号①，改名为李宪。这是个聪明人，谦恭小心，从不干议时政，也不与人交结。老二李成义、老五李业经过先前的事儿，也明白咋回事了，都学大哥。李守礼才识低劣，生活奢侈，妻妾成群，在子女教育方面也一塌糊涂。《旧唐书》说他的儿子大多不成才，女儿也有负贞洁名声。但也有人认为，李守礼前半生历经残酷政治斗争的洗礼，所以选择以另类的生活方式避难。

唯独老四岐王李范还不开窍。玄宗幺妹霍国公主的驸马裴虚己与李范过从甚密。玄宗直接逼令裴虚己与公主离婚，并将他流放外州。李范居然还没反应过来，依旧和万年尉刘庭琦、太祝张谔多次聚会，又遭到检举。结果，刘庭琦、张谔均被流放。这下我们终于可以求一下李范的心理阴影面积了。就这，玄宗还在李范面前假惺惺地说场面话："吾兄弟自无间，但趋竞之徒强相托附耳。吾终不以此责兄弟也。"

---

① 尊号是指古代尊崇皇帝、皇后的称号。

一次，玄宗病重。薛王李业的小舅子内直郎韦宾与殿中监皇甫恂闲聊时说起玄宗的病情，口无遮拦，被人听了去，密告玄宗。玄宗大怒，杀韦宾而流皇甫恂。李业夫妻俩吓坏了，王妃韦氏甚至都"降服待罪"了，李业更是不敢去见哥哥。玄宗听说后，马上召见李业。李业跪在殿下，战战兢兢地请罪。玄宗降阶，上前挽着弟弟的手，将他扶了起来，说道："我如果猜忌兄弟的话，天地都不会饶了我！"随即请李业宴饮，并下敕恢复韦氏的妃位。但不久之后，他又打了一个补丁：严禁无至亲关系的宗室、外戚、驸马相互交往，严禁术士出入百官之家。

以上五王，申王李成义于开元十二年病殁，追赠惠庄太子。两年后，岐王李范病逝，追赠惠文太子。开元二十二年，薛王李业也没了，追赠惠宣太子。这种赠的太子都是虚名，不是追给死人享受的，而是追给活人看的。玄宗用虚名换美名这招儿真是玩出了水平！李守礼和李宪病逝于开元二十九年。玄宗追谥李宪为让皇帝，还在睿宗的桥陵旁为大哥修建了惠陵。

05. 两君之死

两番之所以桀骜不驯，主要是因为他们背靠默啜这棵大树。吐蕃之所以频频入寇，也是看出有默啜在漠北牵制，唐廷分不出太大的力量。然而天佑大唐，后突厥一代雄主默啜竟然死了，死得很突然。

开元二年（714年）四月和十月，默啜两次遣使请婚。玄宗同意了，让他明年派人来迎亲。别看老默啜年纪大了，依旧惦记着年轻的大唐公主，就冲这颗不老的心，估计再活个三年五载不成问题。

当年底，默啜还一举击破了阿尔泰山以西的劲敌突骑施。突骑施一哥娑葛和弟弟遮弩闹崩了，遮弩一个气不过，给默啜当了带路党。知道突骑施虚实的突厥大军长驱直入，一战击溃突骑施主力，把娑葛干死了。娑葛在战场上赢了默啜 N 次，默啜只赢他一次就够了。然后，素来就不怎么地道的默啜以"汝叛其兄，何有于我"为由，又把遮弩干死了。

但突骑施已经成了气候，并未因一场败仗而遭到削弱。我在《女皇则天》中讲过，突骑施汗国是个部落联盟，由突骑施贺鲁施、车鼻施和处木昆律三部组成，所以被唐人称为"三姓突骑施"。乌质勒、娑葛父子出自突骑施贺鲁施部。娑葛这一死，车鼻施部酋长苏禄冒了出来，收拢部众，重整旗鼓。

其实，默啜现在的日子并不好过，年老昏聩的他对部众十分残忍苛刻，导致人心离散。突厥本部还好，但拔野古、回纥、同罗、白霫、仆固等铁勒部落明里暗里地挑战他的权威。默啜很生气，于开元四年发兵攻打拔野古部。

仗是打赢了，可默啜大意了，六月他在回军途中路过一片小树林，被埋伏在林中的一个拔野古士兵给杀了。其首级被送到长安，挂在街上示众。

后突厥诸汗中，默啜最为好战，对汉人也最不友好，这一点他倒是和老祖宗颉利很像。他当可汗期间，不仅支持两番和渤海对抗唐廷，还多次南下入侵，给汉人带来了深重的苦难和屈辱。但武周也好，李唐也罢，就是拿人家没办法。《资治通鉴》上说："突厥默啜自则天世为中国患，朝廷旰食，倾天下之力不能克！"确实是实情。如此牛人居然死于无名小卒之手，真是要多憋屈有多憋屈！

无独有偶，突厥一哥默啜授首当月，大唐前一哥——睿宗皇帝李旦也病逝了，年55岁，不算高寿。李旦的确讲究，为了儿子的江山，临走前把默啜也"带走"了。

在唐朝十四世二十帝①中，李显、李旦兄弟是仅有的两个两次登基的皇帝。李显在位六年，庙号中宗。李旦在位八年，庙号睿宗。其实，这哥俩一个不中、一个不睿，都是平庸之辈，甚至连父亲高宗的那点儿本事都没有。李旦和李显的一个显著不同是：李显想当皇帝，而李旦不想当，两即帝位，三让天下，一让母亲，二让兄长，三让儿子。

北亚霸主默啜一死，国际局势就变了。

两番的头头——契丹王李失活和奚王李大酺②率部投降。困扰帝国多年的两番总算消停了。唐廷随即也恢复了对营州的控制。

突骑施方面，苏禄完成了对十箭的整合，成为西域新的主人。玄宗对他曲意笼络，加封为左羽林大将军、金方道经略大使。但底气很足的苏禄虽然在名义上对唐称臣纳贡，私下里却自立为可汗。玄宗还需倚仗他遏制突厥和吐蕃，只好睁一只眼闭一只眼。

玄宗本以为默啜一死，突厥就得崩。起初，突厥的确有崩的迹象，拔野古、回纥、同罗、白霫、仆固等铁勒五部入塞投降，此外还有突厥本部的一些部落也南下归附了。瞅这架势，妥妥破产退市的前夜！

但天不亡突厥，默啜他哥、前可汗骨咄禄的两个儿子——默棘连和阙特勤干掉了默啜的儿子和亲信，执掌了大权。默棘连自立为毗伽可汗，以阙特勤为左贤王，专典兵马，又任用谋士暾③欲谷，很快就稳住了局面。

南下投降的突厥人一看老家又稳了，就想着回去。并州大都督府

---

① 不包括武则天。
② 酺，音仆。
③ 暾，音吞。

长史王晙有所察觉，上奏朝廷增兵边境，并将这些降户迁往内地。他提醒玄宗，一定要抓紧时间，以免入冬后黄河结冰，让突厥降户跑了。但玄宗对他的建议未给予足够重视。果然，入冬后突厥降户就反了，北渡黄河向塞上老家奔去。玄宗赶紧让薛讷和王晙追击，但成效不大，突厥降户基本都跑回去了。

毗伽可汗刚上台就打算南下入寇，却被暾欲谷拦住了。这位暾欲谷和骨咄禄时代的阿史德元珍一样，也是一位中国通。他劝毗伽："现在这位大唐皇帝可不是一般战士，英明神武，将国家治理得井井有条。咱们无机可乘，不可妄动。况且咱们刚刚才稳定了内部局势，力量还不够强大，休养几年再说吧！"

毗伽觉得有道理，就放弃了南下的想法，但又想仿效汉人建造城池和寺院。暾欲谷坚决反对，说出一番相当有见地的话来："绝对不行！咱们突厥人口稀少，不及唐人百分之一，之所以能和他们匹敌，是因为咱们保持了逐水草迁徙、以射猎为业的游牧传统。我们突厥人人是战士，如果比他们强，就进兵抄掠；如果比他们弱，就躲入山林。唐兵虽多，却拿咱们没办法。可如果我们变更旧俗、筑城而居，那就很危险了，万一哪天不注意，就被他们给灭了！中原人崇尚的佛教、道教都是教人仁弱的，不是强国之道，咱们不能学！"这个突厥老头儿不简单哪！

毗伽深以为然，于开元六年（718年）正月遣使唐朝请和。

可玄宗并未答应，还于开元八年（720年）秋征调西边的铁勒拔悉密部和东边的两番袭击毗伽。结果，拔悉密倒是出动了，可朔方军和两番失期未至。暾欲谷一战击降拔悉密，在回军路上顺手劫掠了凉州。

转年二月，毗伽又派人来求和了。玄宗在国书中说得实在："曩昔国家与突厥和亲，华、夷安逸，甲兵休息；国家买突厥羊马，突厥受国家缯帛，彼此丰给。自数十年来，不复如旧，正由默啜无信，口和心叛，数出盗兵，寇抄边鄙，人怨神怒，陨身丧元，吉凶之验，皆可汗所见。今复蹈前迹，掩袭甘、凉，随遣使人，更来求好。国家如天之覆，如海之容，但取来情，不追往咎。可汗果有诚心，则共保遐福；不然，无烦使者徒尔往来。若其侵边，亦有以待。可汗其审图之！"

这番真心话确实管用了，此后直到去世，毗伽都没再入侵唐境。开元十五年，吐蕃想拉着他一起攻打唐朝瓜州，毗伽愣是给拒了，还把吐蕃拉拢他的书信献给了玄宗。玄宗龙颜大悦，随即决定在西受降城开展互市。

缠斗百年的两大民族终于走向了和平。

06. 宋璟苏颋

与默啜、李旦携手并肩退出历史舞台的，还有我们的贤相姚崇。别误会，他没死，只是倒台了。

开元四年，卢怀慎致仕，并于当年底去世，死的时候"家无余蓄"，全家挖地三尺找不出一文钱来，以至于都无力办丧事。他家中的一个老仆人居然自己挂牌卖自己，好给主人办丧事。

虽然卢怀慎在历史上的名气不高、作为不大，但他的清廉程度丝毫不亚于我们熟知的包拯、海瑞、于成龙等清官。这个人的品质没问题，能力应该也没问题，之所以甘于、乐于当伴食宰相，我觉得是有些过于爱惜自己的羽毛了。朝廷和天下苍生当然需要廉官，但更需要像姚崇那样敢办事、会办事、办实事的能官。

卢怀慎致仕后，玄宗提拔尚书左丞源乾曜为宰相，给姚崇当副手。源乾曜也是进士出身，虽然比卢怀慎要勤政一些，但给姚崇打辅助，注定他这个宰相当得很憋屈。每逢他奏事，玄宗如果认可，就会说："此必姚崇之谋也。"如果不认可，就会责怪他："何不与姚崇议之！"

玄宗如此得意姚崇，源乾曜也不敢和姚崇作对，反而极尽讨好之能事。论沽名钓誉，姚崇不比卢怀慎差，他任相后甚至没有购置住宅，而是借住在罔极寺中。源乾曜建议玄宗让姚崇从罔极寺搬进国立四方馆。姚崇自然是推辞的，罔极寺就是一座寺庙，而四方馆是国营招待所，公器私用，他不能为也！但玄宗很坚持："设置四方馆本就是为官员服务的，朕安排你住进来是为国家考虑。如果可能，朕恨不得让你住进宫里，你就不要推辞了！"

听着很感动有没有？但这不过是君王笼络人心的套路而已，他觉得你姚崇现在有用，需要你夙夜在公、加班加点地干，所以才摆出一副绝对信任、绝对宠溺的姿态。

这件事发生后不久，姚崇就倒台了。

同样以清廉自居，卢怀慎是真清廉，姚崇是假清廉。姚崇自己一身正气、两袖清风的人设立得很稳，但他的两个儿子姚彝和姚异可是什么油水都想捞一把的人，牛魔王犯到他们手里都得犁二亩地才能走。姚崇既然知道儿子们贪婪，为什么不一管到底呢？这个问题细思极恐！

姚崇对部属也很纵容。他的亲信赵诲敛财都敛到胡人头上了，被人抖搂了出来。玄宗很生气，亲自审问赵诲，判处其死刑。姚崇护犊心切，出面营救。玄宗很不高兴，不置可否。不久，朝廷有大赦，玄宗特意在敕书中圈出了赵诲，另处杖刑一百，流放岭南。

姚崇这才回过劲儿来，再不急流勇退，只怕晚节不保。到底是聪明人，他主动请辞，并推荐广州都督宋璟为相。

为什么推荐宋璟呢？一来宋璟是他一手栽培起来的，宋璟接任可保他下台后不被清算；二来陛下对宋璟也很认可，推荐宋璟也对陛下的心意。总之，不让死敌张说接任就是了。

当年十二月，姚崇、源乾曜被一同罢相，宋璟与苏颋①双双登上相位宝座。

有意见归有意见，玄宗内心对姚崇还是很尊重的，让他五日一上朝，遇到难决的军国大事，也会征求他的意见。

开元九年（721年）九月初三，姚崇病逝，终年72岁，被玄宗追赠为扬州大都督，赐谥号"文献"。他前后三次改名，从姚元崇到姚元之到姚崇，传奇程度直追李勣，历任则天、中宗、睿宗、玄宗四朝宰相，且常兼兵部尚书。姚崇真正大有作为是在玄宗时代，革故鼎新，兴利除弊，为"开元盛世"打下了坚实的基础，的确不负贤相之名。

宋璟是我们的老朋友了，这里我重点介绍下苏颋。苏颋是许国公苏瓌之子，也是当时公认的两大文章巨匠之一。另一位是谁呢？正是姚崇的死敌燕国公张说。时人管张说、苏颋这对CP叫"燕许大手笔"。后来的大诗人元稹有这样的诗句："李杜诗篇敌，苏张笔力匀。"他认为，唐朝写诗最好的是李白和杜甫，写文章最好的则是张说和苏颋。卢怀慎对姚崇而言就是个摆设，而苏颋则是宋璟的好帮手。

宋璟虽然是姚崇用起来的人，但路数又和姚崇不同。我们可以简单地这么理解，姚崇是改革派，就想干点儿别人没干过的事情；而宋璟是法制派，主张照章办事，制度都有，严格抓落实就好。

比如，他和苏颋奏请玄宗恢复了太宗时代的奏事制度。

---

① 颋，音挺。

太宗时代规定，中书、门下二省的官员以及三品以上官员入朝奏事时，必须安排谏官和史官随同。谏官的职责是听，一旦觉得奏事者说得不对，当场发言匡正。史官的职责是记，什么人说的什么话，一个字儿都不带落的。

太宗的制度很好，一切都放在台面上进行，所有人都要对自己公开发表的言行负责。但高宗时代许敬宗、李义府这些人上来后，就把这项制度实际废弃了。官员奏事都是私下里一对一、偷偷对皇帝说。监察御史和待制官只能远远地站着，根本听不到。武则天上台后任用酷吏、鼓励告密，就更别提正大光明了。

现在，宋璟、苏颋又把这项制度恢复了。

宋璟执政后，把主要精力放在了官员队伍建设上，依照规章制度选好人、用好人。史载，"璟为相，务在择人，随材授任，使百官各称其职"。这可能也是吸取了前任的教训，因为姚崇就是倒在用错人上。

我们都知道了，玄宗爱宠人，宠男人，宠女人，宠不男不女的宦官，宠起来就没边没沿的。姚、宋都主张遏制皇帝近宠。姚崇拿王琚开刀，宋璟则拿姜皎、姜晦兄弟开刀。

姜皎也是李隆基当王爷时处下的朋友。李隆基为帝后，姜皎升任太常卿，"宠遇群臣莫及，常出入卧内，与后妃连榻宴饮，赏赐不可胜纪"，俨然盛唐版裴寂。他弟弟姜晦也官至吏部侍郎。宋璟对玄宗说，姜氏兄弟权宠太盛，应当防备。玄宗不含糊，将姜皎放归田园，让姜晦退居闲职。

姚崇扳倒的王琚和宋璟扳倒的姜氏兄弟有一个共同标签，他们都和张说走得很近。当年张说阻挠姚崇拜相，就是让姜皎进言的。而宋璟和姚崇是一伙儿的，这或许也是他要扳倒姜氏兄弟的一个原因。

宋璟还整顿了朝集使。朝集使是地方各州每年派往京城报告郡政及财经实力的代表，看着好像没什么分量，其实都是各地推举的新人。这些人到长安,办公事只是捎带,主要精力都放到搭天线、跑门路上了。所以,等来年开春公事办完后,朝集使基本上都能升职。宋璟奏请玄宗将朝集使一律原职遣还,革除了这一弊端。

同样是抓吏治,宋璟要比姚崇强,姚崇徇私情,而宋璟刚直不阿。他的远房族叔宋元超在参加铨选时自称是宋璟的叔叔。宋璟得知后马上致信吏部:"宋元超是我同高祖的叔父,由于他定居洛阳,因而未能经常前去参见。我既不敢因为他是长辈就为之隐瞒,又不愿以私害公。以往他没提出这层关系,吏部自然可以照章办事。现在既然他把我们的关系声张出去了,那就必须矫枉过正了,请不要录用他。"

宋璟就是这么刚,"刑赏无私,敢犯颜直谏",他执政的总体指导思路就是讲规矩,谁都不能坏了规矩,包括皇帝。

王皇后的父亲王仁皎去世,他儿子王守一请求修建五丈二尺高的坟墓。宋璟和苏颋反对,不行,一品官坟墓的高度是有规定的,一丈九尺,国丈也不能高过这个数。玄宗只好驳回王守一的请求。

还有一次,玄宗用墨敕将岐山县令王仁琛擢升为五品官。宋璟要求撤销这项任命,所有官员的任用都要朱批,斜封官那套本就不该存在。玄宗很不高兴,因为王仁琛是他当临淄王时的王府侍从,但架不住宋璟一再坚持,只得退让。

玄宗虽然以太宗第二自诩,其实根本没有太宗的气度,内心记仇了。安史之乱爆发后,他在成都和给事中裴士淹说起任用过的宰相,提到宋璟时,玄宗说了这么一句话:"彼卖直以取名耳。"宋璟不过是靠贩卖正直来获取美名罢了!

07. 整治恶钱

讲究照章办事的宋璟也想学姚崇办点儿利国利民的大事实事。想来想去，选来选去，他盯上了恶钱。

唐人所谓"恶钱"，其实就是今人所说的假币。在造币技术和防伪技术高度发达的今天尚且有假币，何况古代呢？！古代钱币造假的门槛很低，宋代之前的货币都是硬币，一个是原材料很好找，无非铜铁；另一个是模型简单，方孔圆钱，按真币尺寸做个模具就行。

不过，门槛虽低，利润也低。大家想啊，咱们现在用的是纸币，上面印"1"印"100"都可以，造假当然是往大面额印啊！但古钱是硬币，假币如果造得和真币成色一样、分量一样，那不是傻子吗？！当时造假的办法很简单粗暴，就是往价格高的铜里掺价格低的铁，如此制作出来的硬币看着和真币一模一样，但重量要轻，因为铁的密度比铜低。聪明的小伙伴肯定想到了，绝对不能轻太多，否则别人用手一掂就能感觉出来。所以，古币造假利润较低。问题是它走量啊，一枚差一点儿，一万枚就差多了。造假者以恶钱兑回良钱，赚的就是中间的差价。

上过高中的同学都知道，当市场上货币供应量过多以后，就会发生通货膨胀，说白了就是钱不值钱了，直接表现就是物价飞涨。原本铸币为朝廷所垄断，铸多少是有数的，现在忽然多了供应渠道，导致货币供应量不受官方控制地大幅增加，就会刺激通货膨胀。可以说，恶钱的流通，既薅了百姓的羊毛，也薅了国家的羊毛。所以，历朝历代都不遗余力地打击恶钱。但不管怎么打击，恶钱始终都在，无非就是不那么泛滥和十分泛滥这种程度上的区别而已。

李渊建唐时，货币已经乱到了相当程度。一个是良钱乱。从汉朝到隋朝用的都是同一种钱——五铢钱。但大家想啊，这都经过几百年多少个朝代了，还有很多割据一方的政权，虽然都造五铢钱，但大小轻重各异。一说都是良钱，但良得千差万别、千奇百怪。另一个是恶钱乱。有多少种良钱，就有多少种恶钱，并且恶钱的数量已经相当庞大。

武德四年（621年），唐廷推行货币改革，来了个"一刀切"，甭管是啥样的五铢钱，统统废黜，转而推出了大唐的货币——开元通宝。很多人看字面，以为"开元通宝"是李隆基时代的货币，其实整个唐朝都在用。我手上就有几枚，但不值钱。为啥呢？因为唐朝用了二百多年，存世量太大了。

"开元通宝"是中国货币史上划时代的存在。它的意义首先在于更改了钱的计算方式——进制，从二十四进制的铢两制，改为十进制的钱两制。唐以前的重量单位是铢、锱、两，6铢为1锱，4锱为1两，1两相当于24铢。成语"锱铢必较"就是这么来的。从唐朝开始，重量单位调整为厘、分、钱、两，10厘为1分，10分为1钱，10钱为1两。24枚五铢钱是1两，10枚开元通宝就是1两，所以1枚开元通宝相当于2.4枚五铢钱。其次是首创了"通宝"这个新的名称。后世朝代铸钱，都学唐朝带个"宝"字，有的叫"通宝"，有的叫"元宝"，有的叫"重宝"，比如"康熙通宝""咸丰重宝""圣宋元宝"。

不过，"开元通宝"再怎么好，终究只是硬币，伪造门槛并不高。打从有它开始，对它的仿制就有了。我们大可以说，"开元通宝"终结了五铢钱的恶钱，但又给"开元通宝"的恶钱提供了生存土壤。从高祖李渊到玄宗李隆基，唐朝开国都快一百年了，日积月累，恶钱的数量就很庞大了。

宋璟就想把这个问题解决了。他想到的办法是：收缴百姓手上的钱，不管良钱恶钱，一律回炉重铸成良钱。有人问了，为什么不进行甄别，只收缴恶钱呢？同学啊，数以几十上百亿计的钱，一枚一枚地甄别，估计到唐朝完蛋都甄别不完！宋璟先拿长安做试点，结果傻了眼，根本没人上交。原因很简单，人人手上都有恶钱，交上去重铸，那就是让个人财富缩水呀，傻子才上交呢！

宋璟又想了个办法，抓住交易环节，只要你花钱，国家就收走。这可倒好，一夜之间没人交易了。怎么保证生活所需呢？很简单，大家自发恢复了原始社会的以物易物。你想买棉布，我这里有，正好从你那儿换一斗小麦。我想，宋璟可能头皮都发麻了，但事已至此，只能强推了。

他奏请玄宗同意，从国家粮仓里拿出十万石粟出售。人总得吃饭吧，总得买粮食吧，只要你买，我就趁机收走你手上的钱。这个办法虽然管了用，但作用很有限，而且群众反响太强烈了，抵触情绪很大。

"开元通宝"流通至今，恶钱的数量已经相当惊人了，可以说上自达官贵人、下到黎民百姓，人人手上都有恶钱。在某种程度上，恶钱已经成为国家金融体系中一个相当大的组成部分。此时再强制回收或者变相回收恶钱，必然会使社会财富大量缩水。与宋璟作对的已经不再是造假分子，而是整个社会所有人。

先前，宋璟的口碑非常好，群众基础很扎实，人们称赞他是"有脚阳春"。啥意思呢？就是说宋璟其人好比长着脚的阳春，他走到哪里，哪里就冰河解冻、彩蝶纷飞、狗熊撒欢、春暖花开、万物复苏。但一夜之间他的口碑就崩了，人人都说他不好，还阳春？简直就是有脚寒冬！

玄宗每天都能听到告宋璟状的声音。起初，他是不在意的。但宋璟很在意，谁告状就办谁，统统下狱。刚好这一年发生了旱灾，有人就趁机做文章了。一天，玄宗在梨园看一出旱神降临人间的戏。

有"百姓"问"旱神"："你为啥要到人间降灾呢？"

"旱神"说:"我本不想来,是宰相命令我来的!"

"宰相为什么让你来?"

"旱神"很委屈:"蒙冤者达三百余人,宰相把他们全都关进监狱,所以我不得不到人间降灾,以警告世人不要和宰相作对!"

玄宗听了,神色很凝重。

看完戏回来,他一道敕书下达,就把宋璟的得力助手萧隐之贬了官。玄宗为什么这么干呢?有人的解读是他受了优伶的蛊惑。但我并不这么认为,宋璟打击恶钱的出发点是好的,对他李家的江山有益,这点玄宗是知道的。之所以要喊停,是因为他意识到这个事儿牵扯面太广,百姓的意见太强烈了。毕竟,比起经济安全,政治安全才是最重要的。为了稳定大局,恶钱的事儿只能不了了之。

宋璟的政治生命就此终结!

开元八年(720年)正月,玄宗将宋璟和苏颋罢相,改任源乾曜和张嘉贞为相。

宋璟的倒台其实也验证了古代中国的一个政治现象:想干实事儿的官员,尤其是想干利国利民大实事儿的官员,大多没有好下场。后世宋朝的王安石、明朝的张居正皆是如此,工于谋国,拙于谋身。想干实事儿,就必定得罪人;想干大实事儿,得罪的人更多。君王起初肯定会支持,因为改革对他有利,但随着反对的声音越来越强烈,他就开始担心自己的安危,到一定程度就要丢车保帅了。

宋璟卸任后,退居洛阳私宅,杜绝宾客,直到开元二十五年(737年)十一月十九日去世,享年75岁。玄宗追赠他为太尉,赐谥号"文贞"。

姚崇、宋璟相继为相,各干了约四年,加起来八年。这两人,一个是河南三门峡陕州人,一个是河北邢台南和人,一个倒在人上,一个倒在事上。但正是这两个人,用八年的时间为"开元盛世"打下了一个相当硬的基础。玄宗的军功章里至少有姚崇、宋璟的一半。史书对姚宋予以极高评价："崇善应变成务，璟善守法持正，二人志操不同，然协心辅佐，使赋役宽平，刑罚清省，百姓富庶。唐世贤相，前称房杜，后称姚宋，他人莫得比焉。"

08. 张说回朝

和上次一样，源乾曜这次任相依旧是陪跑，正主是张嘉贞。

张嘉贞是武则天发现、培养起来的人才。开元之初，时任并州长史的张嘉贞奏请在并州创设天兵军，以便更为有效地控御突厥。玄宗尚武，对这一提议很是认可，立即诏准，编制八万人马，并以张嘉贞为天兵军首任节度大使。打这以后，他对张嘉贞好感倍增，视其为可堪大用的宰相之才。

开元六年（718年），张嘉贞入朝。有人告他在并州贪赃受贿，经调查系诬告。玄宗很生气，准备处死告密者。张嘉贞趁机狠狠秀了一把人设："陛下如果降罪于此人，恐怕会堵塞言路，以后就没人敢跟您说事了，希望陛下能赦免他。"

听听，既体现了处处为皇帝考虑的周到，也充分展现了个人的心胸气度。玄宗很开心，当场对张嘉贞表了态，朕一定会用你为相。张嘉贞大喜过望，也不装了，摊牌了，极为露骨地说："当年马周徒步入长安，拜见太宗皇帝，得到重用，但刚五十岁就去世了。假如太宗晚提拔马周几年，这个人才就错过了。如今陛下想要重用臣，就请早一点拜臣为相，不然等臣衰老了就晚了。"

玄宗则回复:"你且返回并州,朕一定尽快召你回京任相。"

这不,宋璟倒台后,玄宗果然任用张嘉贞为相。

张嘉贞这个人能力是有的,善于奏对,长于决断,很有点大领导的气魄。但他的缺点也很突出,脾气急躁,刚愎自用,而且任人唯亲,搞小团体。所以,也就玄宗得意他,其他大臣对他的评价不高。

张嘉贞入朝为相后不久,他弟弟张嘉祐也入朝担任金吾将军,兄弟二人并居将相,一时风光无两。但张嘉贞的好日子并不长久,因为他的政敌张说马上也要回来了。

他们俩怎么也有矛盾了呢?张说是老资历,早年官职一直在张嘉贞之上,那时的他看张嘉贞就是后生晚辈。后来,张说遭到姚崇阻击,仕途陷入波谷。张嘉贞却跟坐了火箭似的,嗖嗖嗖,几年间就跑到张说前头去了,难免有点儿飘,不把老前辈放在眼里。两人从此结怨。

在姚崇当宰相的四年里,张说的日子很不好过,一直到姚崇下台、宋璟上台后,他的处境才有所缓解。

张说和苏颋的父亲苏瑰是故交,就把复起的希望寄托在了和他并称大手笔的苏颋身上。适逢苏瑰忌日,张说将自己精心撰写的讲述苏瑰生前故事的《五君咏》献给苏颋。苏颋非常感动,向玄宗进言,说张说这个人是有才华的,希望陛下能够起用他。玄宗这才想起张说,先将他改任为荆州长史,不久又提拔为检校幽州都督。张嘉贞入朝为相后,接替他任天兵军节度大使的正是张说。

张说确实有两把刷子,刚上任就干出了业绩。开元九年(721年),爆发了六州胡之乱。六州,即唐廷在今河套地区设立的鲁、丽、含、塞、依、契六个羁縻州。六州胡并非单一民族,主要由降附的粟特人和突厥人组成。这一年有个叫康待宾的粟特人举兵造反,攻陷六州,拥兵七万,并勾连党项人威逼夏州(今陕西榆林横山区)。

玄宗调派朔方大总管王晙、陇右节度大使郭知运、天兵军节度大使张说讨伐。张说表现很突出，在今山西吕梁兴县西北的合河关、今陕西榆林神木县西北的骆驼堰连破叛军，还以怀柔政策招降了党项人。七月，叛乱被平定，康待宾被腰斩于长安西市。

顺便说一句，康待宾是唐朝第一个造反的粟特人。

招降六州胡是王晙的意思，但郭知运偏要去攻打这些降胡，导致六州胡在康愿子的带领下降而复叛。有人问了，郭知运是不是有病？不，他没病，他主要是有气。王晙认为，六州胡在朔方界地上，这事儿就该朔方军管。所以，当他听说玄宗有意让郭知运来，立即上书说我们朔方军能摆平，您别让郭知运来了。不承想，玄宗还没定下决心，郭知运已经到了，人家在朝中也是有小伙伴的，知道王晙阻挠后大为不满。这不，现在郭知运就摆了王晙一道。这一道摆得王晙是真疼。玄宗得知六州胡又叛乱的消息后大为光火，还觉得是王晙无能，将他远远地贬到四川绵阳三台当刺史去了。

除了王晙，其他人都受赏了，郭知运迁左武卫大将军，张说回朝任兵部尚书、同中书门下三品，也成了宰相。

转年，郭知运病死于军中，陇右节度使由他的副将王君㚟①接掌。玄宗任用张说为朔方节度大使，讨伐康愿子。张说一出马就彻底平定了叛乱，将六州胡五万余口内迁于中原。

紧接着，他又献策解决了征兵难的问题。我们知道唐初实行府兵制，但发展到玄宗时代，府兵制实际上已经千疮百孔、形同虚设了，表现出来就是府兵大面积逃亡，国家征兵困难。

为什么会出现这种情形呢？最根本的原因就在于府兵制赖以存在的经济基础——均田制被破坏了。

均田制是高祖时搞的，到现在都小一百年了。这一百年间，社会

---

① 㚟，音蝉。

经济形势发生了很大变化，具体表现就是土地兼并十分严重，均田制名存实亡。

我以为这几乎是人类社会的悖论，长期的和平稳定必然导致贫富两极分化，穷的往死里穷，富的往死里富。当贫富差距大到一定程度，富者田连阡陌，贫者无立锥之地，广大穷人就起来造反，打倒富人，重新分配土地。

唐朝开国时，穷人富人都有地，无外乎富人土地多点儿，穷人土地少点儿，起码大家都有。但社会越稳定越发展，穷人越来越穷，不得不出卖土地；富人越来越富，收购了大量土地。这时候还均个啥田啊，没得均了！

均田制作为土地制度，是最根本的社会制度。其他的制度，比如租庸调制和府兵制，都是建立在均田制基础上的。均田制一崩，租庸调制和府兵制跟着也就崩了。从前，穷人因为有地，被绑在土地上，政府什么时候找，他什么时候在，所以就被强制赋予了缴税和兵役的义务。现在好了，地都没了，那还交啥税、服啥役啊，政府再来找，拜拜了，干脆跑路当了流民，今天少林寺，明天海南岛，后天吐鲁番。

流民的危害很大：一是影响国家收入，这些人不交税；二是影响社会治安，他们为了生存啥坏事都敢干；三是影响兵源，战斗的农民——府兵都跑去当流民了，当然征不上兵。

政府想了很多办法。最初的办法是限制土地兼并。但完全没用，因为两极分化已经很严重了，穷人不卖地都活不下去，你拦不住。然后，又出台了检括逃户、遣送原籍的办法，抓住流民就送回原籍。还是没用，送回去又能怎样，他已经没土地了，还会再跑。你防得了一次两次，不可能次次都防住。

再恢复均田制是不可能了，大家说这个问题怎么解决吧？

张说做了有益的探索，他的办法是直接从社会上募兵，说白了就是从流民群体中招募新兵。流民到处跑，不纳税，还啥坏事都干，是社会的不稳定因素。把他们招募到军队中，既能解决社会问题，又能解决兵员问题，一举两得。玄宗就听了，哎，果然有效啊，十天之内即募得精兵十三万。

张说事实上奠定了募兵制的雏形。他的这个办法与其说是改革，不如说是顺应了当时的社会经济形势。经过十多年的实践，玄宗觉得这办法的确不错，干脆在开元二十五年（737年）颁布《命诸道节度使募取丁壮诏》①，允许各方镇根据自身情况征募流民入伍。从这时起，募兵就从临时动作变成了固定制度，很快取代了府兵制。

张说得了势，就想着扳倒张嘉贞了。

事实证明，在老狐狸张说面前，张嘉贞终究还是嫩了些。开元十一年（723年），他弟弟张嘉祐贪赃案发，张嘉贞急坏了。张说劝他素服待罪于外。张嘉贞也是，对手的建议你也能听?! 这一听，坏了，玄宗正想办他呢，顺势将张嘉贞罢相外放。

张嘉贞后悔莫及，逢人就骂张说。但宰相这种位置丢了容易，想夺回来可就难了。

---

① 自天下一统，方隅底平，交趾西界於庸岷，流沙东泊於辽碣。烽亭既广，徭戍转增。朕永念征夫，无忘旰食，是用怀柔悍俗，宾礼戎臣，降子女以适其毡裘，捐缯玉以申其惠好，二十五年於兹矣。而情周万宇，信结群蛮，羌狄为父子之邦，瓯貉成冠带之国。海内无事，边方底宁。加以志道而一理得，清心而庶务简，和气来应，穰岁以臻。群生乐业而自怡，有司措刑而不用。今欲小康戎旅，大致昇平，减停征徭，与人休息，诸方将相，三事公卿，宜协朕心，勉成良算。宜令中书门下与诸道节度使，各量军镇闲剧，审利害，计兵防健儿等作定额，委节度使放诸色征行人内及客户中召募，取丁壮情愿充健儿长任边军者，每岁加於常例，给田屋宅，务加优恤，便得存济。每年逐季，本使具数报中书门下，至年终一时录奏。长驾远驭，事藉经久，无害始虑之谋，以规苟且之利。

09. 王后被废

张说回来后不久，朝中发生了一件大事，玄宗把王皇后废了。

唐朝的皇后如果姓王，有两点基本上是可以确定的：第一，出自太原王氏；第二，八成没有好下场，幸运的自己病死，倒霉的被人揪下台，要么被气死，要么被搞死。

我统计过，唐朝共有六位王皇后，三个真的，三个假的。第一位是高宗王皇后，下场你们知道，那叫一个惨！玄宗王皇后是第二位。第三位是德宗王皇后，顺宗的生母，当上皇后第三天就病死了。之后的一百年，唐朝皇帝就没有立过皇后，直到灭亡前夕，昭宗才册立了大唐最后的皇后——何皇后。第四位顺宗王皇后、第五位穆宗王皇后、第六位懿宗王皇后，都是她们的儿子追封的。由此可见，唐朝的王皇后好像是被上天"诅咒"了。现代女性穿越唐朝当皇后，如果姓王，我给你一嘟噜大蒜。

玄宗王皇后和高宗王皇后有个同样的毛病，不能生育，所以不受玄宗待见。但这个王家和玄宗的关系，远比那个王家和高宗的关系要近得多。王皇后的哥哥王守一是李隆基的发小，在诛杀韦后、太平时，王家人特别是王守一，那是出了大力气、立了大功劳的。

玄宗是中国历史上出了名的风流天子。所谓风流，说白了就是好色，见一个爱一个，爱一会儿就换下一个。

开元之初，玄宗最宠爱的是他任潞州别驾时包养的那个赵姓歌女。开元三年，他册立赵氏之子、年仅九岁的李瑛[①]为太子。这件事

[①] 李瑛，初名嗣谦，后改李鸿、李瑛。本书从最后的名字，故用李瑛。

在朝野引起轩然大波。第一，赵氏出身太卑微了。我们甚至可以说她是唐宫出身最差的后妃之一。武则天再不济，那也是功臣之后，而赵氏是歌姬出身，以卖唱为生，估计偶尔卖卖身也是有的。第二，王皇后虽然无子，但当时后宫中还有三妃，并且刘华妃的儿子李琮还是长子，李瑛只是次子。放着妃子生的长子不立，立了非妃子生的庶子，玄宗绝对是任了大性了。

有一种解释是这样的，说李琮早年在苑中打猎时面部为貐①所伤，形象不太好，玄宗为了朝廷颜面才没有立他。这就很牵强了，谁规定长得不好看就不能当皇帝的？！玄宗就是给他的偏心找理由。当时执政的宰相是姚崇，不知为何不见他反对？

但玄宗对赵氏的爱也没能维持多久。生性渔色的他后宫极为庞大，光见诸史书的就达38个之多。其中，有两个是崔湜的女儿，还有一个居然是粟特人，名叫曹野那②。赵氏色衰爱弛，很快失了宠。

现在，玄宗最宠爱的是武婕妤。

这位武婕妤是并州文水人，没错，就是那个武家，武则天的侄孙女。武家女人的颜值就不用我多说了吧？这姑娘不仅长得带劲、脑瓜子聪明，肚子还特别争气，入宫短短数年就给玄宗生了四子三女，虽

---

① 貐，音那，猴类的一种。
② 曹野那是中亚曹国进贡的胡旋女，连"美人""才人"等低级封号都没有，只是由魏晋时对女性的尊称而被称为"姬"。

然两儿一女夭折了，但还是剩下了寿王李瑁①、盛王李琦、咸宜公主、太华公主四个。

玄宗想先给武婕妤弄个妃子当当，却遭到群臣的激烈反对。群臣甚至可以不介意赵氏当妃子，但就是介意武婕妤当妃子。因为武则天代唐还是不久前的事情，大家对这个姓，尤其是这个姓的女人十分反感。但玄宗非要硬拱，他甚至想废掉王皇后，让武婕妤当皇后。

产生这个想法后，他就找姜皎商量。没想到姜皎大嘴巴，把这事儿泄露给了王皇后的妹夫嗣滕王李峤。王皇后知道后不干了，找玄宗闹："陛下难道忘了我父亲当年拿衣服换一斗面粉，给您做生日汤饼的事儿了吗？"玄宗臊得没边没沿的，让张嘉贞出面，以泄露禁中之语为由，将姜皎杖六十，流死于贬官途中。

姜家一倒，王家就开始焦虑了。同年，着急的王守一办了一件蠢事。为了修复皇帝和皇后的感情，他居然请一个叫明悟的和尚作法，在一块霹雳木上刻上玄宗的名字，让王皇后贴身佩戴。武婕妤天天盯着王皇后，就想找点事儿办她，这可好了，天堂有路你不走，地狱无门你偏闯进来。武婕妤一告发，玄宗一查，管你动机是啥，办个巫蛊厌胜妥妥的。七月，玄宗下诏废后，将王守一赐死于贬官途中。四个月后，抑郁的王皇后就去世了。

王家这一倒，也彻底断绝了张嘉贞复出的希望。张嘉贞和王守一关系不错，张说就检举二人交通。结果，张嘉贞被贬官浙江台州，于

---

① 北宋欧阳修在其《集古录跋尾》中，引用了开元二十五年《唐群臣请立道德经台奏答》中所附的诸王列名及武惠妃碑，指出寿王的名字都被题作"琩"，而不是"瑁"。所以，关于寿王名字的争论从那时开始就有了。新中国成立后，在西安长安区郭杜镇出土了寿王女儿阳城县主李应玄的墓志。墓志是由大才子张籍执笔的，里面明确写了"玄宗妃武氏生寿王琩"。所以，寿王的正确名字当为李琩。但考虑到两唐书和《资治通鉴》等权威唐史典籍记载为"李瑁"，本书依旧采用"李瑁"。

开元十七年（729年）去世。

张嘉贞这个人虽然脾气不大好，还爱搞小团体，但也算得上是个能臣。并且，此人和卢怀慎一样，不治产业，是个清官。有人不理解，劝他应该好好经营经营，给孩子们留点儿产业。张嘉贞是这么说的："我已经是宰相了，他们不用操心温饱问题了。如果他们将来犯了罪，即便有田有宅也没啥用。我这一生见过很多大臣生前广占良田，就想给孩子们留点儿财产。结果呢，他们死了，子弟们仗着家里有钱，不务正业，专营酒色，反而败落了。我不想这样！"

时人对他的这番话颇为称赞。有张嘉贞这种见识的，历史上还有一人，便是晚清名臣林则徐，他曾说过："子孙若如我，留钱做什么，贤而多财，则损其志；子孙不如我，留钱做什么，愚而多财，益增其过。"这俩都是明白人！

废了王皇后，玄宗马上就让武婕妤当了惠妃。为了安抚赵氏，他同步册封赵氏为赵丽妃。玄宗还想推武惠妃当皇后，但就是推不动。当年武则天再怎么不济，朝中也有许敬宗、李义府等人支持。武惠妃呢，一个支持者都没有。没办法，祖先把行情坏了。玄宗再想挺她，也不可能冒天下之大不韪，不过他也没再册立皇后。武惠妃在宫中完全享有皇后的礼仪，只差了一个皇后的名分。

武惠妃成了未加冕的皇后，赵丽妃就更郁闷了，于两年后病死。

10. 文艺皇帝

所有宰相在扳倒政敌后日思夜想的都是如何笼络君心、稳固相位。就此而言,张说和后来的李林甫并无二致。办法其实很简单,就是不断投玄宗之所好。

玄宗喜欢什么呢?他最喜欢美女,但张说毕竟也是贤相,不屑于为君王采集娇娃。那么,玄宗还喜欢什么呢?文艺。

玄宗的文艺水准很高,丝毫不逊色于后世的南唐后主李煜、宋徽宗赵佶。比如说,他的书法就很棒,隶书、行书、草书、楷书……什么都会,尤其擅长八分①和章草,是书法圈公认的帝王书法家之一。行书《鹡鸰②颂》是玄宗传世的唯一墨迹,讲兄弟之情的,现藏于台北故宫博物院。清代书法家王文治评《鹡鸰颂》:"帝王之书,行墨间具含龙章凤姿,非人文臣者所能仿佛,观此颂犹令人想见开元英明卓逾时也。"

玄宗还是唐版周杰伦,通晓音律,不仅会演奏琵琶、二胡、笛子、羯鼓、箫等多种乐器,还会作曲、编舞。如今戏曲界的代称——"梨园行"一词就始于他。

梨园原本只是唐宫中的一个果木园而已,位于光化门之北禁苑中,遗址在今西安城西北郊白家口村附近。玄宗敕命以梨园作为宫廷艺人研习、演练、编排、演出歌舞戏剧作品的场所,一手把这个果木园打造成了大唐国立艺术剧院。园中云集了全国曲艺界技艺水平最高的三百多名大咖,如剑器舞大师公孙大娘,《凌波曲》舞娘谢阿蛮,戏剧家黄幡绰、张野狐,有"唐代乐圣"美称的音乐家李龟年,琵琶大咖雷海青,方响艺人马仙期,拍板乐工贺怀智等。时人便以"梨园"代称曲艺行。在梨园中任职的文艺工作者自称"梨园子弟"。年深日久,"梨园子弟"逐渐成为所有戏曲从业人员的代称。

---

① 隶书的一种。
② 鹡鸰,音吉零,即张飞鸟。

如此兴盛的梨园也只是开元时代文艺繁荣的一个脚注而已。唐代的皇家艺术中心称为教坊，始设于高祖武德年间，掌教习音乐，隶属太常寺。玄宗于开元二年又在宫中增设了一个内教坊，在册艺人11409人，统称"内人"，由宦官充任的教坊使管理。

手下这么多能人异士，自己如果没两把刷子肯定罩不住场子。据载，玄宗能在几百人表演时听出谁跑调了、谁的key没上去、谁没唱对，足见其音乐造诣之深。他还亲自作曲编舞。其中他个人最满意也最为世人所熟知的作品便是《霓裳羽衣曲》。

玄宗吹牛说此曲是他登洛阳三乡驿，望女几山①感怀所作。但据专家考证，《霓裳羽衣曲》系由天竺流传进来的《婆罗门曲》改编而成。作曲完成后，玄宗又完成了编舞工作。舞曲描述了他向往神仙而去月宫见到仙女的传奇，共三十六段，融歌、舞、器乐演奏为一体。明朝的凌濛初在《初刻拍案惊奇》第七回中详细描述了这段传奇，感兴趣的朋友可以去看看。

《霓裳羽衣曲》在玄宗时代曾盛行一时，安史之乱后可能是觉得不祥吧，也可能是因为谱调逐渐失传，宫廷就不再演出这首曲子了。所以，白居易在《长恨歌》里说的"渔阳鼙鼓动地来，惊破霓裳羽衣曲"其实是有依据的。白居易特别喜欢《霓裳羽衣曲》，甚至还专门

---

① 女几山又名花果山，距宜阳县城50公里，距洛阳90公里。

写了一首《霓裳羽衣舞歌》①，生动传神地描述了这种舞蹈的服饰、乐器伴奏和具体表演的细节，为后世研究该曲提供了第一手资料。

玄宗还十分重视典籍工作。这方面他也搞了一个大动作，就是设置丽正书院，编纂了《群书四部录》。

早在开元三年，他发现内府中的藏书因为领导不重视、管理不到位，随意堆放，想找的时候根本找不到，并且有些破旧的图书也没有及时修补。于是，开元五年他采纳秘书监马怀素的建议，在东都洛阳乾元殿开设乾元修书院，从全国选拔饱学之士充任修书官，以对前代藏书进行系统修缮。修书院的总负责人——修书使是文人领袖张说。

转年，玄宗又降敕将乾元修书院改名为丽正书院②，修书官改为

---

① 我昔元和侍宪皇，曾陪内宴宴昭阳。千歌万舞不可数，就中最爱霓裳舞。舞时寒食春风天，玉钩栏下香案前。案前舞者颜如玉，不著人间俗衣服。虹裳霞帔步摇冠，钿璎累累佩珊珊。娉婷似不任罗绮，顾听乐悬行复止。磬箫筝笛递相搀，击恹弹吹声逦迤。散序六奏未动衣，阳台宿云慵不飞。中序擘騞初入拍，秋竹竿裂春冰坼。飘然转旋回雪轻，嫣然纵送游龙惊。小垂手后柳无力，斜曳裾时云欲生。螾蛾敛略不胜态，风袖低昂如有情。上元点鬟招萼绿，王母挥袂别飞琼。繁音急节十二遍，跳珠撼玉何铿铮！翔鸾舞了却收翅，唳鹤曲终长引声。当时乍见惊心目，凝视谛听殊未足。一落人间八九年，耳冷不曾闻此曲。湓城但听山魈语，巴峡唯闻杜鹃哭。移领钱塘第二年，始有心情问丝竹。玲珑箜篌谢好筝，陈宠觱栗沈平笙。清弦脆管纤纤手，教得霓裳一曲成。虚白亭前湖水畔，前后祗应三度按。便除庶子抛却来，闻道如今各星散。今年五月至苏州，朝钟暮角催白头。贪看案牍常侵夜，不听笙歌直到秋。秋来无事多闲闷，忽忆霓裳无处问。闻君部内多乐徒，问有霓裳舞者无？答云七县十万户，无人知有霓裳舞。唯寄长歌与我来，题作霓裳羽衣谱。四幅花笺碧间红，霓裳实录在其中。千姿万状分明见，恰与昭阳舞者同。眼前仿佛睹形质，昔日今朝想如一。疑从魂梦呼召来，似著丹青图写出。我爱霓裳君合知，发于歌咏形于诗。君不见我歌云"惊破霓裳羽衣曲"，又不见我诗云"曲爱霓裳未拍时"。由来能事皆有主，杨氏创声君造谱。君言此舞难得人，须是倾城可怜女。吴妖小玉飞作烟，越艳西施化为土。娇花巧笑久寂寥，娃馆苎萝空处所。如君所言诚有是，君试从容听我语。若求国色始翻传，但恐人间废此舞。妍媸优劣宁相远，大都只在人抬举。李娟张态君莫嫌，亦拟随宜且教取。

② 开元十三年（725年），又改为集贤书院，取"集贤纳士以济当世之意"。

丽正殿直学士，简称"丽正学士"。丽正书院是中国第一家国立书院，其职责是修书、抄书、搜书、校书、藏书，"掌刊辑古今之经籍，以辨明邦国之大典，而备顾问应对"。不久，京师长安也成立了丽正书院。所以，丽正书院其实有两个，并且所有藏书都是两份，两京各存一份。

丽正书院还承担了一个大工程，在修书后对所有藏书进行系统整理，按类目区分，编纂成国家丛书。开元九年（721 年），丛书编纂完成，共收纳图书 2655 部 48169 卷，分为甲、乙、丙、丁四类，排列经、史、子、集四库。玄宗钦定名为《群书四部录》。

《群书四部录》横空出世的意义极大，相当于对唐以前包括唐初所有的官藏图书进行了一次系统整理，其历史地位相当于明朝的《永乐大典》和清朝的《四库全书》。

美国历史学家 L. S. 斯塔夫里阿诺斯在《全球通史》中写道："中国文明是世界上最古老的、未曾中断的文明。"请大家思考一个问题，中华文明为什么能传承至今？这里面的原因当然很多，但我们有记载、收藏和整理图书的传统，特别是有修国史的传统，是一个很重要的原因。

中国人太重视记载、太喜欢编书了。书籍是文明的载体，通过书籍，文明的内容得到了记载和流传。我们阅读春秋三传、二十四史、《资治通鉴》等典籍，能清楚知道历史上发生了什么事情，甚至能具体到哪一天。就以唐史为例，通过《资治通鉴》，我们知道李世民发动"玄武门之变"的时间是武德九年六月初四。对照万年历一查，就可以换算出公历时间是 626 年 7 月 2 日。不单这些大的历史事件，甚至就连哪一年发生了什么样的自然灾害、哪一天发生了什么样的天文现象，我们也能知道。正因为我们有记史的传统，所以我们的历史是完整的，文化是接续的，精神是传承的。

而其他文明却没有这样的传统。即便在他们的某个历史时期，有某个杰出的历史人物偶然注意到这个问题，作了一些记载，但一是没我们这么系统、这么庞大、这么全面，二是没有形成传统。这个人没了，这事儿就断了。比如同为文明古国的印度，根本没什么像样的、权威的古籍，印度各王朝都没有修史，民间的史书写得像小说一样，有些干脆就是神话，以致马克思说："印度的历史就是没有历史。"

我不够格代表所有国人，但我个人发自心底地以生为中国人而自豪，此生不悔入华夏！

11. 诗狂诗相

算上丽正学士，唐代四大学士团体至此全部登场。太宗的"凌烟阁十八学士"和武后的"北门学士"虽然也承担一些零散的编书任务，但本质上还是政治智库。"珠英学士"倒是编了一些书，但还有陪女皇宴会、供女皇文娱的作用。唯独"丽正学士"是纯纯的学士。

能入选丽正学士的都是名满天下的大才子。别人就不多说了，我重点介绍在今天知名度最高的两个——贺知章和张九龄。

尽管许多网文对贺知章的生年言之凿凿，但其实并无史料支撑，我们只能推断出他大致出生于高宗显庆、龙朔年间（656—663）。

贺知章是越州永兴（今浙江杭州萧山县）人。唐代称江浙地区为吴中。与贺知章同时代，吴中还出了苏州人张旭、扬州人张若虚、丹阳人包融三位名士。张旭就是大名鼎鼎的"草圣"，"颠张醉素"里的那个"张"。张若虚大家更不陌生，他的《春江花月夜》号称"孤篇压全唐"。包融虽然在今天的知名度不高,但在当时也是大唐文艺界数得着的人物。时人将四人并称为"吴中四士"。

武后证圣元年(695年),已然三十来岁的贺知章进京赶考,一举高中了进士,并且中的还是第一名——状元。他是浙江有史可稽的第一位状元,开创了包邮区状元的先河,所以至今仍在浙江一带享有崇高的声誉。

朝廷授任他为国子四门博士,后又迁为太常博士。唐代的博士相当于今天的教授,但现在的教授学而优可能仕,唐代的博士则是纯博士,除非你被调到主流通道的岗位上,否则这辈子都不可能当官。稍微有点儿野心的读书人都不会在这个岗位上长干。但贺知章愣是干了27年的博士。

之所以会出现这种情况,主观、客观的原因都有。

主观方面,贺知章生性豁达懒散,本就无意于仕途。他出身富贵人家,工资爱涨不涨,反正他也不缺钱;职务爱提不提,反正他就没想当官。是否醉心仕途,这是贺知章和其他唐代诗人的一个显著区别,其他诗人大多想当官想疯了。

客观方面,首先,唐代的中央朝廷是北方人的天下,南方人是少数派,能够位居高位的南方人更是少之又少;其次,从古至今当官的基本素质是稳,或者说给人的感觉要稳,但贺知章生性疏狂,行为放浪,给领导的感觉就是不稳,难当大任。这些客观原因也限制了他的仕途。

接下来,我们就看看这位"诗狂"到底狂在哪儿!

大唐诗人谁最浪漫?我估计十个小伙伴得有九个说是李白。李白浪不浪?当然浪!但他的浪是有前提原因的,是对仕途失意、对现实不满的一种反弹和排遣。而贺知章就不同了,人家一辈子顺风顺水,官至三品,没短过钱花,没缺过酒喝,没遭过贬黜,他的浪是娘胎里自带的浪。

贺知章天生的烂漫性格，"少以文词知名，性旷夷，善谈论笑谑"，而且他嗜酒如命，开心要喝，不开心也要喝，酒量相当惊人。他的人生格言是："落花真好些，一醉一回颠。"在视酒钱如粪土这一块，他和李白有得一拼，李白喝多了会大呼"千金散尽还复来""呼儿将出换美酒"，贺知章则是醉眼惺忪地调笑："莫谩愁沽酒，囊中自有钱。"

"吴中四士"里，以他和张旭关系最为要好，原因就是两人脾胃相投，能狂到一块儿去。"草圣"张旭确实够癫，动不动就喝，一喝就多，一多就狂，一狂就书，不分时间、不分场合、不分对象，掏出笔就挥毫泼墨，甚至当着公卿贵族的面儿用头发蘸墨书写。如此狂人，别人避之唯恐不及，贺知章却天天和张旭凑在一堆儿喝酒。两人喝多了就五迷三道地走街串巷，碰到雪白的墙壁，也不管是谁家的产物、有没有人管，提起笔、蘸着墨就往上写诗文。贺知章有多喜欢张旭呢？他甚至和张旭结成了儿女亲家。

关键是贺知章不仅和张旭在一起时这样，和别人在一起时他也这样；他不仅年轻时这样，而且终生都不脱狂放本色，晚年干脆自号"四明狂客"。这里面的"四明"代指今宁波余姚四明山，在当时属永兴地区。就因为他狂浪了一辈子，后人才给他起了"诗狂"的诨名，恰如其分。

如此性格，做人自是潇洒至极，但想做官，那除非领导脑子进水了。仕途长期停滞不前，贺知章能坐得住，可他表弟陆象先坐不住了。

陆象先的父亲陆元方是武则天的宰相，陆象先则是太平公主推荐给睿宗的宰相。但陆象先这个人比较有操守，不仅不肯买太平公主的好，还拒绝参与公主推翻玄宗的阴谋。所以，玄宗先天政变后清算公主同党,唯独没动陆象先,还称赞他是"岁寒知松柏"。顺便说一句,"天下本无事,庸人自扰之",这句名言就是陆象先说的。成语"庸人自扰"也是打他这儿来的。

尽管陆象先总是说:"贺兄偶俶多才,是真正的风流之士。我跟其他兄弟离别日久,却从来不会想念他们。可要是一天没和贺兄聊天,我就觉得胸中生出鄙吝之气了。"但看到贺哥太过淡泊名利、仕途偃蹇不遂,他也是真心着急。

开元十年(722年),张说要启动编纂《六典》《文纂》了,就将老贺选为丽正学士。陆象先不干了,这都是大活儿,等书编成了,表哥都快退休了,进步就更没指望了,不能接!所以,他一番运作将表哥推到了太常少卿的位置上。

三年后,玄宗取"集贤纳士以济当世之意",将丽正书院更名为集贤书院。贺知章被重新选为集贤院学士,升礼部侍郎,不久又改任太子右庶子、工部侍郎,给太子李瑛当侍读。

集贤院中只有贺知章一个南方人。他虽然已经在长安生活工作了大半辈子,但口音还是浓重的吴音。杜甫就曾说过:"贺公雅吴语,在位常清狂。"因为这口唐版塑料普通话,贺知章没少受嘲笑。同僚们给他编段子,说他是"南金复生中土"。啥意思呢?就是说你贺知章虽然是块金子,但也是来到我们中原以后才得以发光的。

贺知章专门写了一首诗回应:"鈒镂银盘盛蛤蜊,镜湖莼菜乱如丝。乡曲近来佳此味,遮渠不道是吴儿。"你们中原人都爱吃蛤蜊、莼菜,也不介意这些东西产自吴地。同理,英雄不问出处,是金子到哪里都会发光,你们干吗在意我是南方人呢?!

说归说,其实他心里多少还是有些疙疙瘩瘩的。好在六年后,他终于等来了一个南方人——韶州曲江(今广东韶关曲江区)人张九龄。贺知章很开心,觉得从此不再孤单,腰杆儿多少也能硬一些了。

但他想多了，张九龄可并不把他这位老前辈放在眼里。

张九龄出生于一个四代仕宦的家庭，也是一个神童，13岁就写得一手好文章。武周十三年（702年），他就考中了进士。有人考证说岭南的第一个进士是北宋时期的古成之。不过据《旧唐书·张九龄传》载："登进士第，应举登乙第，拜校书郎。"可见，岭南第一个进士应该是张九龄。

转年，张说因为没有帮助张昌宗构陷魏元忠而被流放岭南，途经韶关他偶然间看到了张九龄写的文章，惊为天人，当时就给出了很高的评价，"有如轻缣①素练"，能"济时适用"。这对年轻的张九龄无疑是一个巨大的鼓舞。

四年后，张九龄赴京参加吏部组织的才堪经邦科考试，顺利通过，并被授任为秘书省正九品上校书郎。玄宗即位后，在张说的举荐下，张九龄又提任从八品左拾遗。

两相对比，张九龄虽然比贺知章小十来岁，但仕途际遇可比贺知章强多了。贺知章不是输在了才华上，而是输在了"风度"——官场所需要的风度上，他虽然一把年纪了，但给人的感觉就是一个老顽童。而张九龄举止优雅，气度不凡，时人对其有"曲江风度"的美誉。我们说得再直白一些，张九龄就是领导眼中特别有官相的那种人。

按理说跟着张说就不用担心仕途了，但事实恰恰相反，张九龄前后三起两落。

开元之初，姚崇秉政，一上台就将张说排挤出朝中。谁都知道他张九龄是张说的门生，这下张九龄着急了，上书提醒姚崇"远谄躁，进纯厚"，其实就是主动示好。姚崇的套路何其深也，明着复书嘉纳其言，实际上却按着张九龄不提拔。张九龄气不过，在开元四年秋辞

---

① 缣，音兼。

官归养。

当时，中原出入岭南必走梅关。梅关坐落在今江西赣州市大余县梅关镇（并入南安镇）和广东韶关南雄市梅岭镇（并入珠玑镇）之间的大庾岭顶部，两峰夹峙，如同一道城门将广东、江西隔开。宋之问曾在此写下《度大庾岭》。梅关虽然是沟通中原、岭南的必经之所，但其道路历史上从未得到开凿，就是天然的崎岖山路。

张九龄返乡途中，亲身体验交通不便之苦，当时就拿定主意要开凿梅关道。刚回到家中，他就向玄宗递了折子。开凿梅关道是利国利民的好事，玄宗当然同意。

然后，张九龄自任总工，征集大量民夫开始施工。其间，他不辞劳苦，亲临现场勘验，缘磴道，披灌丛，与大家一同劳动，终于在崇山峻岭间开凿出一条全长十几公里、路宽近十七米的山道。这就是著名的"梅关古道"。

古道一经投入使用，便带来了巨大的社会价值和经济价值。张九龄在其亲撰的《开凿大庾岭路序》中写道："坦坦而方五轨，阗阗而走四通，转输以之化劳，高深为之失险。"现在的道路平坦宽阔，可以并行五辆车，南来的北往的络绎不绝，四通八达。有了这条路，南北转运物资节省了大量劳力，以往高崖深谷的危险也不复存在了。

梅关古道直到民国时期都是南北交通的重要枢纽，被当代人誉为"古代的京广线"。尽管仕途受挫，却仍想着为百姓办实事，并且排除万难把事情做成。什么是好干部？我想，张九龄给我们上了一课。

干完这事，张九龄就过起了隐居的生活，不是和文友们诗酒唱酬，就是到岭南各地游历。有一点他肯定没想到，他开凿梅关古道的举动却给自己创造了复出的机会。

这是实实在在的政绩，路修好了，中原和岭南的交通便利程度指数级提升，往来这条路的官民谁不夸张九龄的好？！很快，长安的玄宗就听到了，嗯，这是个办实事的官员，得用起来啊！于是，开元六年春，他下敕召张九龄入京，出任左补阙，主持吏部铨选人才。

这已经不单单是起用了，这是起用加重用！

回京后，张九龄凭着实干，官职一年一个台阶。开元九年，他的恩师张说回朝任相了。这下，张九龄事业的第二春就到了，到开元十一年（723年）时官居中书舍人、内供奉。

12. 张说罢相

张说这个人虽然很有才，办了不少实事，但毛病也不少：一个是爱财，找他办事得花钱，有时候为了钱会不讲原则；另一个是脾气暴躁，训人不分场合。因此，他得罪了不少人。

首先，因为极力捅咕玄宗封禅泰山，他和源乾曜闹掰了。张说鼓动封禅完全是为了取悦好大喜功的玄宗。源乾曜坚决反对这种花钱赚吆喝的事。他反对是正确的，因为皇帝封禅就是一场自嗨的闹剧，劳民伤财，并无实益。但玄宗就是好大喜功，就是要听张说的，到底还是在开元十三年（725年）八月封禅了。整个唐朝共有三位帝王封禅，高宗和玄宗封泰山，武则天封嵩山。

封禅是张说首倡的，自然也由他牵头操办。按照惯例，跟随皇帝封禅的人都会得到实实在在的利益，不是升迁就是受赏。结果嘞，只有张说的人得到提拔或封赏，其余官员无一升迁，扈从将士也没有被赐物。最过分的是，张说居然将原本只是九品小官的女婿郑镒[①]提升至五品。玄宗封禅后大宴群臣，看到郑镒穿着五品红色官服，很是惊讶，问他为什么升得这么快。郑镒无言以对。

戏子黄幡绰悠悠地说了一句："这都是泰山的功劳啊！"世人称呼老丈人为"泰山"，就是从这儿开的头。

张九龄事前劝过张说，可他非是不听，犯了众怒。理所当然地，就有人要搞他了。但出手的不是源乾曜，而是源乾曜的三个门人。

第一个是河南尹崔隐甫。这可是玄宗亲自看中、准备大用的人，让张说给找个好位置。张说看崔隐甫不是他的人，随手推荐了一个金吾大将军的闲职，却将亲信崔日知（崔日用堂兄）推荐为御史大夫。这时的玄宗还是很英明的，虽然没有发作，却将两人对调，让崔日知当了大将军，崔隐甫当了御史大夫。

第二个是御史中丞兼户部侍郎宇文融。

宇文融是高宗朝宰相宇文节的孙子。这可是个能人。张说以募兵制取代府兵制，在一定程度上缓解了流民问题，但并未根除。当然也不可能根除，军队的编制毕竟是有限的。宇文融则较为彻底地解决了这个问题。

开元九年（721年）正月，时任监察御史的宇文融上书玄宗，建议检括逃户，增加租赋收入。有人主动帮他解决难题、帮他搞钱，玄宗当然很开心啊，就让宇文融放手去干。

宇文融先是出台政策，限各地流民在一百天内主动申报户口，可以在现居住地申报，也可以回原籍申报，总之得申报。如果不申报，一旦被官府查出，一律迁徙到边陲安置，这是硬手。还有软手，主动申报户口的流民均免除六年的赋调。软硬手一结合，流民申报户口的

[①] 镒，音易。

积极性就被调动起来了。

然后，宇文融又成立了一个专项工作领导小组，他任小组长，组员前前后后有近三十人。这些人被冠以"劝农判官"之名，同时兼任御史，分赴各道督促落实检括逃户、清查土地的任务。

这次普查很有成效，不仅查出流民八十余万户，还查出大量被地方权贵捂着不报的田地。到年终决算时，一次性增加财政收入数百万缗。

大家想啊，玄宗又是打仗，又是搞文艺，又是封禅的，加之恶钱问题未能解决，正是缺钱的时候，宇文融一次就给他搞来这么多的钱，他能不开心吗？！

宇文融从此平步青云，短短几年间就由八品监察御史升到了四品御史中丞兼户部侍郎。虽然还不是宰相，但宇文融的实际权力比宰相都大，因为玄宗赋予他独立行事的特权，可以直接向州县发号施令。事情不论大小，各州都要先向宇文融汇报，然后呈报中书省；尚书省长官也是在看到宇文融提出的意见后，才对具体问题作出处理决定。

张说之所以看不上宇文融，一方面是因为宇文融是源乾曜那边的人；另一方面是因为宇文融有能力，是宰相之位的强有力候选人。所以，他经常在不同场合打压宇文融。张九龄不止一次劝过他："宇文融承恩用事，辩给多权数，不可不备。"但张首相根本不把宇文融放在眼里，还说什么"鼠辈何能为"？！

第三个人名气可就大了，他就是唐朝奸臣的总瓢把子——李林甫。李林甫其实是皇室宗亲，他的曾祖父是高祖李渊的堂弟长平靖王李叔良。但李林甫崛起靠的不是本家，而是三个人：第一个是他舅舅姜皎，第二个是姜皎的亲家源乾曜，第三个就是宇文融。在如此强大亲友团的神助攻下，李林甫从千牛直长一路升为御史中丞。

崔隐甫、宇文融、李林甫暗地里展开调查，在掌握张说大量黑材料的基础上，于开元十四年（726年）四月联名上表，弹劾张说三大罪状：一是"引术士占星"，二是"徇私僭侈"，三是"受纳贿赂"。玄宗让源乾曜调查审理。

张说本身屁股就不干净，加之调查他的又是对手源乾曜，还能有好？被下入大牢。玄宗派高力士去探视。高力士回禀："张说蓬首垢面，睡在一张破藁①草席上，用瓦器吃饭，惶惧待罪。"玄宗不禁恻然，这位老伙计虽然有错，但毕竟有功于社稷，且又是一代文宗，总该给他留几分面子。高力士也趁机为张说求情。玄宗就没有再深入追究，只是罢免了张说的相位，保留其集贤院学士的职务，专修国史。

开元十九年（731年）前后，张说和源乾曜这对CP先后去世。

---

① 藁，音搞。

第二章 明皇尚武

01. 节度使来了

玄宗当皇帝，对标的是太宗李世民和高宗李治，既要文成，也要武德。他的武功在唐朝诸帝中虽然不是最大的，但对军事和战争却是最重视的。比如，他刚即位就举行大阅兵；任命王毛仲为内外闲厩使，全力经营国营牧场，保障军马供应；颁布《练兵诏》①，扩充西北军镇编制，加强实战化训练；大力发展屯田，确保军粮供应；等等。其中，影响最深远的举措就是建立了著名的节度使制度。

边疆形势的变化是催生节度使制度的直接诱因。

强弩之末，势不能穿鲁缟。唐朝的扩张始于太宗，极于高宗，从武则天就开始收缩了。玄宗虽然想奋四世之余烈，但外部形势已经发生了深刻变化。

当时，唐朝面临的强敌主要有三个，正北的突厥、西方的吐蕃和东北的两番。唐朝是吃不掉人家的，别说突厥和吐蕃，光是最弱的两番都够唐廷喝一壶了。所以，战略的重点不是攻，而是防，不让敌人

---

① 诏曰：比来缘边镇军，每年更代，兵不识将，将不识兵。岂惟缘路疲人，盖是以卒与敌。其以西北军镇宜加兵数，先以侧近兵人充，并精加简择。其有劳考等色，所司具以条例奏闻。战兵别简为队伍，专令教练，不得辄有使役。仍令兵部侍郎裴漼、太常少卿姜皎往军州计会，便简支配。有见集后军兵，宜令兵部侍郎韦抗、紫微舍人王珽即简择以闻。

进来。防守由此变成一种长期任务。如此一来，仅靠小兵团临时驻防就不管用了，必须得在边境屯驻重兵，保持对敌人的长期威慑；并且一旦有事，可以快速反应，御敌于国门之外。

大唐国土面积这么大，国境线漫长，光是边境的州数量就以百计。如果每个边州都设一个军镇归皇帝决策指挥的话，皇帝肯定管不过来。怎么办呢？当然是设置大军区，让一个大军区管几个或者十几个边境州，皇帝只管大军区的首长，大军区的首长管自己内部的事情。这种大军区在当时叫方镇，大军区的首长就叫节度使。

对大军区制度的探索始于睿宗李旦。睿宗元年，他任命薛讷为幽州镇守经略节度大使兼幽州都督。这是官方第一次把"节度"和"使"这两个词组合在一起，"节度使"就此登上中国历史舞台。不过，薛讷的这个节度使还只是临时职务，并未制度化。

随后，睿宗进行监察区划改革，将贞观十道中的山南道分为山南东道和山南西道，以陇右道中位处黄河以西的凉、甘、肃、瓜、沙、伊、西七州设置河西道。此前，中宗已经将江南道分为东、西两道了。这样，贞观十道就变成了十三道。睿宗在河西道开展节度使制度的试点，河西由此成为唐朝的第一个方镇。鲜卑族大将贺拔延嗣作为首任河西节度使，是历史上第一个真正意义的节度使。

玄宗接手后，觉得这制度不赖，就逐步取消六大都护府，全面推广节度使制度。先天元年，设河东节度使、北庭节度使。开元元年，设幽州节度使。开元二年，设陇右节度使。开元六年，设安西节度使[①]。开元七年，设剑南节度使。开元九年，设朔方节度使。开元二十一年，设岭南五府讨击经略使。天宝元年，将幽州节度使拆分为范阳节度使和平卢节度使。至此，覆盖陆地边境线的大方镇达到了十

---

① 安西节度使，又称碛西节度使、四镇节度经略使。

个，这就是著名的"天宝十节度"。

我按逆时针方向逐个介绍下十大方镇的具体情况：

平卢节度使，管辖今河北省东部、南部及辽宁省东部地区，治所营州（今辽宁朝阳），主要任务是镇抚室韦、靺鞨。范阳节度使，管辖今河北省北部和西部，治所幽州（今北京市城区西南广安门附近），负责遏制两番。以上两镇都是防御东夷的。河东节度使和朔方节度使的任务是防御北狄——突厥。前者管辖今山西地区和河北省太行山以西部分，治所太原府（今山西太原西南晋源镇）；后者管辖今宁夏、陕北地区，治所灵州（今宁夏灵武）。河西节度使管辖今甘肃地区，治所凉州（今甘肃武威），主要任务是断隔吐蕃、突厥。陇右节度使管辖今青海地区，治所鄯州（今青海乐都），任务是防御吐蕃。北庭节度使管辖今天山以北、巴尔喀什湖以西地区，治所庭州（今新疆昌吉州吉木萨尔县），其任务是向东控御突厥、向西经略中亚。安西节度使管辖天山以南直至葱岭以西阿姆河流域的辽阔地区，治所龟兹（今新疆阿克苏），主要任务是防御吐蕃。剑南节度使管辖今四川省中部，治所成都，主要任务是西抗吐蕃、南抚蛮獠。岭南五府讨击经略使管辖今两广和越南北部地区，治所广州，负责控御西南蛮。

十镇中，兵力最多的是范阳镇，天宝初编制91400人，兵力最小的岭南五府讨击经略使有兵15400人。十镇总兵力49万人，马8万余匹，而中央禁军才不过12万人。这和唐初41%的折冲府都位于关中相比，简直可以说是南辕北辙了。唐初是内重外轻，举全国不能敌关中；现在是外重内轻，"猛将精兵，皆聚于西北边，中国无武备矣"。

任何一种制度在建立之初基本上都是利大于弊的。就拿节度使制度来说吧，兵员是职业军人，驻守是长期驻守，指挥是扁平化指挥，皇帝给节度使下命令，节度使招呼一声，两横一竖就干了，不仅有效率，而且战胜率极高。所以，玄宗在位前期，虽然敌人依旧凶悍，但都是在边境交锋，且敌人败多胜少，根本无力威胁内地安全。方镇的确成了捍卫帝国安全的利刃。可以说，节度使制度推动唐朝的军事武功达到了最后一个高潮。

但这把利刃它可是双刃，在砍伤了敌人的同时，也砍伤了自己。

首先，暴涨的军费军粮成为帝国财政的沉重负担。府兵一切租庸调全免，一切武装均须自办，国家不用给府兵发军饷，就是保障点粮草什么的。现在没府兵了，都是职业军人，人家就是吃军饷，军饷的数量一下子就上来了。有史学家做过统计，开元之初全国每年军费只有200万，但到天宝年间每年需保障军装1020万匹，军粮190万斛，约需钱1200万，是开元之初的6倍。史载，"公私劳费，民始困苦矣"。"开元盛世"是真的，但普通老百姓生活在这个时代负担很重也是真的。

其次，节度使的权力逐步扩大，从小节度使变成了大节度使。最初的节度使其实就是个军区司令员，只能管辖军队事务，无权管辖地方事务，他是军队的高官，却不是封疆大吏。为了便宜从事，提高反应速度，玄宗不断给节度使加权，管军资粮饷的支度使，管屯田的营田使……能兼的都兼上，开采盐池的权力、发展海运的权力……能加的都加上，这就导致节度使的权力不断扩大。

但最要命的是让节度使兼领了采访使。开元二十一年（733年），根据张九龄的建议，玄宗改革监察区划，从关内道析出长安周边地区设为京畿道，从河南道析出洛阳周边地区设为都畿道，从江南西道析出今贵州大部、重庆湖北湖南小部设为黔中道。这样，十三道就变成了十六道①。唐廷在每道设置一名采访使。采访使最初只负责监察、考

---

① 京畿道、都畿道、关内道、河南道、河东道、河北道、山南东道、山南西道、淮南道、江南东道、江南西道、陇右道、河西道、剑南道、黔中道、岭南道。《旧唐书·地理志一》称为开元十五道，但《旧唐书·地理志三》又在陇右道下加河西道，足见是开元十六道。

核官员，但发展到开元末期，已经拥有罢免州刺史的巨大权力，实际上成了一个道的行政最高首长——道长。节度使兼了采访使，就成了统管一道之内一切军政事务的最高长官，是名副其实的封疆大吏了。

最初，朝廷关于节度使的任用有一条不成文的规则："不久任，不遥领，不兼统，功名著者往往入为宰相。""不久任"，就是不允许长期在一个军镇任职，当了三年节度使就该挪地方，以防你在当地培植势力、尾大不掉；"不遥领"，是要求你必须赴镇，不能在朝中遥领，比如你任了河西节度使，那就得去凉州上任，而不能在长安待着；"不兼统"，就是说只能任一个军镇的节度使，不能同时兼领几个军镇；"功名著者往往入为宰相"，只要在军镇中干得好，军功成绩单很漂亮，皇帝就会让你入朝为相。这种由节度使上来的宰相不是真宰相，被历史研究者称为"使相"。

但这条规则很快就被玄宗自己破坏了一大半。王忠嗣在朔方节度使的位置上干了7年，安禄山任范阳节度使更是长达14年，破坏了"不久任"。萧嵩遥领河西节度使，牛仙客遥领河东节度使，李林甫遥领河陇节度使，破坏了"不遥领"。郭知运、王君㚟兼任河西、陇右节度使，安禄山兼任范阳、平卢、河东三镇节度使，王忠嗣更是身兼河东、朔方、陇右、河西四镇节度使，破坏了"不兼统"。唯有"功名著者往往入为宰相"坚持得比较好，张嘉贞、王晙、张说、萧嵩、杜暹等人当宰相，都是走的这条路子。

发展到这时，唐朝节度使的权力实际上已经超越了清朝的九大总督。九大总督不兼职，一个人管一个地区。而唐朝的节度使是可以兼领多个方镇的，节度使成了一个地区乃至一片地区不加冕的皇帝，要人有人，要钱有钱，要兵有兵，一旦野心膨胀，完全具备取而代之的实力。

最后，各方镇的军队和节度使形成了人身依附关系。我们知道，府兵都是小康人家的子弟，仓廪实而知礼节，道德水平较高。而流民很大一部分是不法之徒，啥坏事都干，他们进入军队，军队的整体素质就直线下滑了。另外，府兵起码还有情怀，觉得自己是大唐的战士，理应为国家、为君上鞠躬尽瘁、死而后已。募兵作为职业军人，只把当兵看成一种职业，谁给我开军饷，谁就是我爸爸，开多少钱就办多少事。节度使不仅管着他们的饭碗，还掌控着他们的生杀、赏罚、升降大权。所以，他们对节度使的依赖性很强，形成了非常严重的人身依附关系。到什么程度呢？"唯知其将之恩威，而不知有天子"。在这些军人心目中，节度使才是他们的头儿，忠于节度使才是天职，皇帝算个屁啊？！后来安禄山登高一呼，几十万军人群起响应，原因正在于此。

以上三条，特别是后两条，直接为后来的安史之乱乃至藩镇割据埋下了隐患。

02. 王君㚟之死

武街驿之战后，唐蕃关系再趋恶化。吐蕃勾连大食、突厥、突骑施等国，多次袭扰唐境。但由于募兵制的推广和节度使制度的建立，唐朝的军力和战斗力大为提高。吐蕃人不仅没讨着便宜，反而屡屡吃亏。

战争是军人的舞台。在抗击吐蕃人的斗争中，又涌现出一批杰出的将领。

安西疆场冒出了一个张孝嵩。

开元三年（715年），吐蕃联合大食入侵位于今锡尔河中游费尔干纳盆地的拔汗那国。拔汗那王奔入安西都护府求救。好巧不巧，正赶上时任监察御史的张孝嵩在当地巡察呢！

这位张孝嵩颇有娄师德的风范，也是河南人①，也是进士出身，也志在投笔从戎、纵横疆场。接到拔汗那王的求救信后，他难掩兴奋地对安西大都护吕休璟说："如果我们不救援拔汗那，以后就没法号令西域诸国了。"张孝嵩是监察御史，有独断专行的权力，所以吕休璟马上将指挥权交给他。张孝嵩集结安西各部族兵马一万余人，从龟兹向西挺进数千里，相继攻克数百城，于十一月突入拔汗那境内，大破傀儡王。随后，他传檄诸国，大食、康居、朱俱波②、罽宾③等八国皆不敢与唐军争锋，相继遣使请降。

张孝嵩一战成名，唐朝的声威也远播中亚。但战后他非但没有受赏，反而被下狱贬官，原因是有人告他贪污。到底有没有贪污呢？我认为是有的，边将趁战乱中饱私囊是普遍存在的潜规则。不过，良将难得，玄宗不久就起复张孝嵩为北庭都护。

西域勃律国是位于克什米尔东部拉达克地区及印度河上游流域的古国，刚好在吐蕃、天竺和唐朝西域地区之间，战略位置十分重要。高宗十三年（662年），趁唐廷初征高句丽之机，禄东赞发兵击破勃律国。勃律国从此一分为二，留居原地的是亲吐蕃的大勃律国，迁徙至今巴控克什米尔吉尔吉特地区的是亲唐的小勃律国，两国相距三百里。小勃律国有一条通道可直通西域，这条要道就是著名的瓦罕走

---

① 娄师德是河南新乡原阳人，张孝嵩是河南南阳邓州人。
② 朱俱波，又译朱俱半、朱居半、朱驹半，都今新疆喀什叶城。唐时属西突厥五俟斤哥舒部。
③ 罽，音既。中国自西汉时期至唐代，罽宾均指阿富汗卡菲里斯坦至喀布尔河中下游之间的河谷平原，某些时期可能包括克什米尔西部。

廊①。吐蕃如果获得小勃律国，向西可以蚕食中亚的昭武九姓粟特人，向东可以入侵安西乃至河陇、关中。

开元十年（722年），吐蕃大举攻打小勃律国。小勃律王向北庭都护张孝嵩求救。北庭军中大部分将领都不赞同支援小勃律。为啥呢？不是畏惧吐蕃人，而是畏惧险峻的葱岭——也就是帕米尔高原。帕米尔高原面积约10万平方公里，横跨今塔吉克斯坦、阿富汗、中国三国，平均海拔在4500米以上，主要山峰均在6000米以上，而且上面还分布着1000多条冰川。将士们是怕大军未到勃律，连吐蕃人的鬼影都没见着，就已先折大半。但张孝嵩力排众议，派出番汉步骑兵四千，克服高海拔缺氧的困难，成功翻越帕米尔高原。唐军与小勃律军夹击吐蕃军，取得了俘斩数万人的大胜。

西域有张孝嵩，河陇有郭知运。郭知运频频攻打吐蕃人在九曲地区设置的防线，屡战屡胜。吐蕃人被打得受不了了，奉表请和。唐朝这边同意，约定由双方宰相盟誓签字。吐蕃人觉得光有宰相签字还不够，双方的最高元首——赞普和皇帝也要签。但玄宗不愿意，心里想的是蛮夷君主怎配和朕的名字写在一起，嘴上说的却是："去年不是已经起誓盟约过了吗，如果说话不算话，再盟誓又有什么用？！"

开元九年，郭知运病逝。其河西、陇右节度使一职由他的同乡兼副手王君㚟接任。王君㚟本身很能打，执行的又是郭知运的路线，所以上任后置两国和平约定于不顾，频频出击，屡有捷报。玄宗内心就不想和吐蕃讲和，不仅未追究王君㚟，反而一再褒奖。

攻守逆势，现在既然是唐朝压着吐蕃打，那金城公主在吐蕃的日子

---

① 瓦罕走廊北依帕米尔高原南缘与塔吉克斯坦相邻，南傍兴都库什山脉东段与巴基斯坦及巴控克什米尔相接，西起阿姆河上游的喷赤河及其支流帕米尔河，东接中国新疆塔什库尔干塔吉克自治县。

就理所当然地不好过了，冷言冷语肯定是有的，拳脚相加说不定也有。

我在《资治通鉴》中找到了这样一条记载："开元十二年十月，丁酉，谢䫻特勒遣使入奏，称'去年五月，金城公主遣使诣个失密国，云欲走归汝。个失密王从臣国王借兵，共拒吐蕃。王遣臣入取进止'。上以为然，赐帛遣之。"

啥意思呢？开元十二年（724年）十月，谢国国王派人告诉玄宗，说去年五月金城公主暗中联络个失密国国王，请国王协助她归唐。个失密国兵力不足，就请谢国发兵相助。谢王吃不准帮不帮，所以来请示玄宗。

金城公主想回来是真的，但谢王肯定是鬼扯。为啥呢？因为谢国属于南蛮的一支，其地在今贵州东部，而个失密国则远在中亚的克什米尔地区。金城公主联络中亚部落，中亚部落请贵州人帮忙，这说出来你们信吗？反正我不信。玄宗当然也不信。

所以，我分析可能的情况无外乎两种：一是谢王道听途说，逮着个大风刮来的消息，就跑到唐朝这边儿献媚。二是史官地理知识不扎实，把这些国家的地理方位搞混了，有可能联系谢王的是一个西南番邦，并非个失密国。

那么，玄宗是怎么处置的呢？他点了点头，赐给谢国使者一些布帛，打发人家回去了。点头是什么意思呢？是仅仅表示知道了，还是同意谢国发兵相助？从后事来看，显然是前者。接回金城公主，怎么可能？只要唐蕃两国还有和亲关系，随时能打，也随时可以谈，但把公主接回来就相当于断交了，是彻底闹崩了。玄宗可不傻，区区一个公主，又不是他的亲姐妹，在江山社稷面前轻如鸿毛。

王君㚟由于太能打，招致了吐蕃人的报复。开元十五年（727年）九月，吐蕃人专门攻打他的家乡瓜州，活捉了他父亲，还传话给他："听说王将军经常自夸忠勇许国，来呀，跟我们打一仗呗！"王君㚟急得天天在城头朝西边瞭望，但就是不敢出兵。

他不敢招惹吐蕃人，就拿铁勒人泄愤。铁勒四部——回纥、契苾、思结、浑归附唐朝多年，被安置于甘凉地区。当年王君㚟还没当大官前，往来四部时人家看他官小，招待很薄，没有烤全羊，没有馕包肉，就一碗拉面还不放牛肉。王君㚟怀恨在心，当上河西陇右节度使后就变着法儿收拾四部。四部被逼急眼了，打算组团到京城告他。王君㚟抢先上奏玄宗，说这四个部落最近很躁动，想谋反啊！玄宗一纸敕书，将四部酋长流放边陲。

王君㚟对四部人的不满情绪虽然有所察觉，但并未予以足够重视。是年冬的一天，他率轻骑邀击吐蕃人，回军路过张掖城南巩笔驿时，被回纥酋长承宗的侄子护输打了埋伏，当场被杀。护输本打算将他的尸体献给吐蕃赞普尺带珠丹，但由于凉州唐军紧追不舍，只得弃尸而走。消息传来，承宗的儿子骨力裴罗马上投奔了后突厥汗国。

王君㚟身兼河西、陇右两镇节度使，是控御吐蕃、突厥两大强敌的大员。他这一死，影响可太大了。

03. 赤岭会盟

玄宗迅速进行了一系列人事调整：任用萧嵩为河西节度使，张忠亮为陇右节度使，信安王李祎①（吴王李恪的孙子）为朔方节度使。

不得不承认，早期的玄宗的确称得上英明，这几个人都用对了。

---

① 祎，音一。

萧嵩出自兰陵萧氏，蒙姚崇提携进入中枢。他到任不久就建了一桩大功勋，而且事儿办得一点儿都不费力。

吐蕃最近这几年之所以嘚瑟，主要是因为军中又有良将了。这名良将在吐蕃历史上的知名度也很大、地位也很高，名字叫悉诺逻恭禄。萧嵩没发一兵一卒，甚至连面儿都没和悉诺逻恭禄照过，就把悉诺逻恭禄除掉了。他的办法是派间谍潜入逻些，散布悉诺逻恭禄与大唐通谋的假消息。尺带珠丹果然上当，把悉诺逻恭禄杀了。

萧嵩还重用了三个人：第一个是朝中的刑部员外郎裴宽，任为河西节度判官。第二个是河西军中的判官牛仙客，这是王君㚟生前的心腹。第三个是瓜州刺史张守珪。结果证明，这三个人也都用对了。

任用官员其实是一门很高深的艺术，有时用对了一个人，往往就能打开全新的局面。玄宗用对了萧嵩，萧嵩就用对了裴宽、牛仙客、张守珪。

三人中，表现最突出的当数张守珪。

此人是山西运城平陆人，相貌堂堂，胸有韬略。开元初他追随北庭都护郭虔瓘屡立战功，转任幽州良社府果毅。萧嵩奏请玄宗把张守珪从幽州调到河西任建康军（治在今甘肃张掖）使，不久又转任战略要地——瓜州的刺史。

当时的瓜州城残破不堪，兵力又不足，连萧嵩都觉得不托底。张守珪到任后，立即组织军民抢修城墙，巩固了城防。此后，他多次挫败吐蕃军的围攻，将瓜州经营得固若金汤。玄宗破例升瓜州为都督府，任命张守珪为首任瓜州都督。

开元十六年（728年）、十七年（729年）是唐蕃两国百年拉锯战中唐朝对吐蕃最牛气的两年，把吐蕃人按在地上当滑板鞋一样摩擦，怎么擦怎么有，怎么打怎么赢。

开元十六年，河西军和陇右军联袂出击，在今青海海南共和县西北的渴波谷大破吐蕃军。陇右节度使张忠亮一举攻破吐蕃大莫门城（今青海海南共和县西南）。祁连城（今甘肃张掖民乐县东南）一战，萧嵩部将杜宾客大破吐蕃，生擒敌将一人，打得吐蕃人"哭声四合"。开元十七年，萧嵩回朝拜相，遥领河西节度使，推荐牛仙客为河西节度留后，留后就是代理节度使。三月，瓜州都督张守珪与沙州刺史贾师顺又重创吐蕃大同军。

连番的胜利让玄宗极为亢奋，起了收复石堡城的念头。

石堡城又称铁刃城，位于今青海西宁湟源县日月乡的石城山上，三面环山，只有一条崎岖的山道通往山下。吐蕃占领石堡城后，驻军屯粮，将此城打造成了隔断河西、陇右的利剑，令唐朝如鲠在喉。

玄宗命朔方、河西、陇右三军研究如何收复石堡城。石堡城在青海，按理说该归河西军或者陇右军管。但河西牛仙客和陇右张忠亮都主张从长计议。所谓从长计议，其实就相当于说："陛下，算了吧！"为什么算了呢？因为这城地势险要，太难打了！只有朔方节度使信安王李祎坚决支持收复石堡城。玄宗很高兴，关键时刻还得看我们李家人，就把攻拔石堡城的任务交给了朔方军。

石堡城的吐蕃军日防夜防，防的都是河西军和陇右军，对这两军的动向盯得很紧。这也是牛仙客和张忠亮不愿意打石堡城的另一个原因，人家有防备，打不下来。但吐蕃人决然想不到，远在千里之外的朔方军会来打他们。李祎率领朔方军日夜兼程，于三月二十四日突然出现在石堡城下，以极小的代价攻克了石堡城。

玄宗大喜，诏命改石堡城为振武军，留兵设防。石堡城一拿下，河西、陇右两大节度使的防区连成一片，顿时扭转了两国在河陇地区的攻守之势。

尺带珠丹撑不住了，致书于境上求和。玄宗起初并不搭理尺带珠丹，他心中有气，因为早年尺带珠丹给他的信件措辞"悖慢无礼"。

大臣皇甫惟明提醒他:"陛下,开元之初赞普还是个小孩子,怎么可能口出不逊?这一定是我们的边将为了获利而伪造赞普书表,故意激起两国争端。"玄宗一想,有道理啊!皇甫惟明建议瞒着边将,以探视金城公主为名,遣使逻些,与尺带珠丹当面讲和。玄宗听从了。

听皇甫惟明的就对了!尺带珠丹不仅隆重接待唐朝使节,还派大相奉表入朝。在表中,他一口一个"舅舅":"吐蕃是外甥,大唐是舅舅,咱们经常联姻,其实就是一家人。都怪睿宗时安西都护张玄表一再兴兵犯我边境、杀我人民、掠我牛羊,才导致两国交恶。外甥曾多次派遣使者入朝,都被你们的边将拦截了。如今舅舅派使臣来探望公主,外甥高兴坏了。如果两国能重修旧好,我就算死也可以瞑目了!"顺便说一句,历史教科书中著名的"和同为一家"就出自尺带珠丹之口:"蒙降金城公主,遂和同为一家。天下百姓,普皆安乐。"

态度都这么谦卑了,把个玄宗捧得耍耍的,那接下来自然就很顺了。开元二十二年(734年)六月,唐蕃在赤岭(今青海日月山)会盟,约定以赤岭为界。显然,吐蕃人放弃了"河源会盟"的诉求,重回初次"神龙会盟"的协商结果,两国仍以日月山为界。

04. 王毛仲倒台

开元十九年(731年)发生了一件大案,玄宗身边最红的男人王毛仲倒台了。

在唐隆政变和先天政变中,高句丽人王毛仲都发挥了关键作用,为李隆基崛起和登顶做出了突出贡献。此人履职尽责也有可圈可点之处：一是"奉公正直，不避权贵，两营万骑功臣、闲厩官吏皆惧其威，人不敢犯"。二是干啥都有股子钻劲儿，在什么岗位上都能做出成绩来。让他经营苑中皇田，年年都是大丰收。让他管理国家牧场，几年下来培育良马四十三万匹，牛羊遍地。所以，玄宗特别得意王毛仲，每次设宴，满朝文武只有王毛仲一人有资格与诸王连榻而坐。

王毛仲聘闺女，要充门面，想让朝中所有重臣都出席。别人他不担心，唯独担心前宰相宋璟，求玄宗出面安排。玄宗不含糊，专门作出指示，要求所有重臣元老必须出席王毛仲女儿的婚礼。退休的宋璟老大不情愿了，故意拖到婚宴开始了才到，而且只喝了一杯酒就溜了。

王毛仲奴隶出身，而且还是蛮夷出身的奴隶，如今居然当上了大唐的霍国公，简直可以说是翻身农奴当主人了。他已经不是飘了，而是在飞，觉得所得的一切都是理所应当的，百尺竿头更进一步也是可以的。于是，他狮子大开口，向玄宗索要兵部尚书一职。这就很扯淡了，种地你行，牧马你行，但行伍之事你行吗？你打过仗吗？玄宗没同意。王毛仲不开心了，而且毫不掩饰，"怏怏形于辞色"。玄宗很不爽，你个奴才过分了啊！

除了玄宗，王毛仲还得罪了玄宗身边的另一个大红人高力士。

高力士当年参加了先天政变，在政变后被破格授予从三品银青光禄大夫、右监门卫将军，执掌内侍省事务。

唐朝的内侍省其实就是宦官省，对外传达诏旨、守御宫门、洒扫内廷、内库出纳、照料皇帝后妃饮食起居，对内管理所有宦官。

在高力士以前，内侍省长官是四品官，但因为高力士是三品官，所以此后内侍省长官就都是三品官了，职级等同于副宰相。

以宦官头子高力士破格晋升三品官为标志，唐王朝的宦官时代正式拉开了序幕。

历朝历代的皇帝几乎都天然地喜欢宦官，因为皇帝们普遍认为宦官无后,不用为后人谋福利,所以他们没有私心,全部心思都是为主子尽忠。其实,这是一个大大的认知错误。顾忌后代,人还可能自我克制,做有些坏事得掂量掂量,怕生孩子没屁眼儿,就不敢干了。宦官不用操心后代,所以他们都在追求这一生的极致,为达目的不择手段,行事作为无所顾忌。

关于宦官,初唐已有定制,"内侍省不置三品官",且其最初的职责定位就是单纯的后宫服务保障人员,"黄衣廪食,守门传命而已"。从太宗到武则天,对这项制度都坚持得很好。中宗时情况有所变化,宦官数量急剧膨胀,"七品以上至千余人",但"衣绯者尚寡",即穿四品、五品红袍(四品深红、五品浅红)的宦官很少,穿三品紫袍的完全没有。

中宗量变,玄宗则质变。宦官在玄宗争夺皇权、巩固皇权的斗争中出了大力,以至于玄宗认定这是一支绝对忠于他的力量,是可以也应该持续发挥重要作用的。所以,他打破先例,不仅大规模提拔重用宦官,还在制度设计上让宦官由后宫走向前朝,由朝廷走向了天下。

在他当政期间,宦官不仅数量达到了史无前例的三千人,而且职权大大拓展,有率军出征的,有监军地方的,有主管书院的,不一而足。四品、三品以上的宦官犹如过江之鲫,史书中有名有姓的就有杨思勖、高力士、赵惠琮、辅璆琳、冯神威、边令诚、黎敬仁、林招隐、尹凤祥、刘奉廷、王承恩[①]、张道斌、李大宜、朱光辉、牛仙童、孙六、杨八、韩庄、郭全等人。权力大了,利益跟着就来了,宦官们的个人财富急遽增长,大肆买田置地。当时京畿内最好的田产、果园、池苑,宦官竟占了一半。

史载:"宦官之盛自此始。"

---

① 与明朝宦官王承恩同名。

这些人当中，最受玄宗宠爱且权力最大的是杨思勖和高力士。

杨思勖的勇猛彪悍大家已经领教过了。景龙四年（710年）中宗遭韦后毒杀，杨思勖大为愤恨，果断参加了李隆基发动的唐隆政变，协助诛除韦后一党。这场政变高力士没有参加，但杨思勖参加了，在事后被提拔为从三品右监门卫将军。

李隆基晋位皇帝后，又恩诏将杨思勖列入关西六大姓之一弘农杨氏的家族谱系。啥意思呢？就是说杨思勖从此不仅不是蛮人了，而且还成了汉人中有头有脸的世家子弟。弘农杨氏可是出过隋朝杨家、太宗大小杨妃等大咖的豪门望族，如今在法律上都是杨思勖的族人了。

杨思勖还具备杰出的统帅才能。开元年间，他多次率军出征，先后平定了安南梅叔鸾①、五溪②覃行章、广西梁大海、广东陈行范等蛮酋的叛乱，为稳定大唐南部边陲立下了赫赫战功。玄宗对他的宠任也是肉眼可见的。杨思勖官至从一品骠骑大将军，受封虢国公，成为唐代第一个一品宦官和第一个宦官国公。两唐书《宦官传》均列杨思勖为第一。

玄宗也相当信赖倚重高力士，曾亲口说过："力士上直，吾寝则安。"有力士当值，朕睡觉很踏实。所以，尽管他为高力士在宫外置办了豪华宅邸，但高力士"多留禁中，稀至外第"，很少出宫居住。

有了信赖和倚重，自然就有了荣宠，很多很大的荣宠。高力士发迹后，岭南节度使找到他的生母麦氏，并一路护送至长安。高力士让养父母高延福夫妇与母亲同处高堂，一并供养。玄宗也来助力，特批由朝廷出钱供养三位老人，还于开元十七年（729年）追赠高力士

---

① 梅叔鸾，《旧唐书》作梅玄成，《新唐书》作"梅叔鸾"，《资治通鉴》作"梅叔焉"。本书采《新唐书》说。

② 所谓五溪，一说为辰溪、酉溪、巫溪、武溪、沅溪，一说为雄溪、樠溪、西溪、沅溪、辰溪，均在今湖南怀化境内，在当时则属唐黔中道。

之父冯君衡为广州大都督，封其母麦氏为越国夫人。高力士娶了京城小吏吕玄晤的女儿为妻。玄宗特加关照，不仅提拔吕玄晤为少卿、刺史，还将吕氏子弟都安排进诸王府当王傅。

当时，全国各地上来的表奏都是先呈给高力士阅览，然后才转到玄宗那儿。很多小事，高力士说了就算。这里面就有个模糊地带了，什么样的事算小事？有可能你觉得天大的事，比如职务提升，在玄宗看来是小事一桩，就让高力士拍板了。

于是，很多官员为了仕进，竞相抱高力士的大腿。宇文融、李林甫、李适之、盖嘉运、韦坚、杨慎矜、王𫓧、杨国忠、安禄山、安思顺、高仙芝……这些玄宗朝煊赫至极的人物，都是通过高力士进言才获得将相的高位。甚至就连皇亲国戚都要巴结高力士，太子称他为"二兄"，诸王公主尊称他"阿翁"，至于驸马们就得喊他"爷"了。

奴才圈里其实也有鄙视链。别看高力士位高权重，但王毛仲就特别看不上他，说话时都不拿正眼瞅高力士，视若无人。对宦官的头儿都这样，对其他宦官就更过分了，"小忤意，辄詈辱如僮仆"，稍有不如他意，就跟训奴才似的破口大骂。所以，宦官集团非常痛恨王毛仲。从前玄宗宠他，高力士等人就算想对付他，也不敢付诸行动。现在玄宗已经对王毛仲不满了，那高力士就准备出手了。

开元十八年（730年），王毛仲喜得贵子。孩子出生刚满三天，玄宗就派高力士代表他赏赐酒席和财物，还封这个孩子为五品散官。人比人得死，货比货得扔。这个娃娃才出生三天，就走到了李白、杜甫穷尽一生所无法达到的仕途高度。

高力士回来后，玄宗问他："毛仲喜乎？"

他以为天恩浩荡，王毛仲一定会满意。不承想高力士却悻悻然回道："王毛仲抱着孩子对臣说，你看这孩子不够做三品大员吗？"

王毛仲说的或许只是一句玩笑话，更有可能压根儿就没说过这话。玄宗勃然大怒："当年唐隆政变诛杀韦氏时，这个狗贼心怀两端没有参与行动，朕不是不知道，只是不说而已。现在他居然为了一个孩子埋怨我?!"

高力士见他的火儿上来了，趁机添柴火："北门禁军那几个人和王毛仲可是走得很近呢，如不早除之，必生大患！"

这话算捅到玄宗的腰眼儿了，因为王毛仲与北门禁军将领葛福顺、陈玄礼等人往来甚密，甚至还和葛福顺做了儿女亲家。北门禁军将领的提升，王毛仲都有说话。万一这厮动了反意可咋整？

开元十九年（731年）正月，玄宗出手了，以"不忠怨望"为由，将王毛仲贬为外州别驾，其四子皆贬为远州参军，葛福顺等人也遭贬官外放。这里顺便提一嘴葛福顺，他的父亲正是当年出卖刘黑闼的葛德威，他有一个表弟，正是大名鼎鼎的郭子仪。北门禁军将领仅有"淳笃自检"的陈玄礼安然无恙。王毛仲走到湖南永州时，被勒令自杀。

打从这儿起，朝中文武不论官儿当得多大，都不敢再忽视以高力士为首的宦官了。左金吾大将军程伯献、少府监冯绍正与高力士结拜为异父异母的亲兄弟。高力士的老母麦氏去世时，程伯献等把兄弟披麻戴孝，接待来宾，还主动担负哭丧任务。瞅那阵势，高力士不是亲儿子，他们才是！写这段历史的史官很有水平，点评时就用了四个字，"过于己亲"。高力士的老婆吕氏去世时，内外官员争相赠送祭祀物品，往来的车马从高力士的外宅一直延伸到了吕氏的墓地。

05. 两番再叛乱

朝中倒了王毛仲，边疆反了契丹人。契丹复叛其实是历史遗留问题，当年埋的雷现在爆了而已。

前文讲到，默啜意外身亡后，后突厥汗国几近崩溃。两番一看靠山要倒，马上归附唐廷。但彼时契丹王和奚王已经被架空，两番最高权力实际掌握在权臣可突干手上。开元八年（720年），可突干杀了两番的王，另立新君，逼得营州唐朝守军撤回内地。不知玄宗当时是怎么想的，居然赦免可突干，还承认了可突干拥立的两个傀儡王。七年后，可突干又逼走不听话的契丹王，另立新君。玄宗又默认了。玄宗的两次纵容令可突干极为膨胀，开元十八年（730年）他又杀契丹王，逼走奚王，裹挟两番部众投了突厥毗伽可汗。

这次他真把玄宗惹急眼了，因为玄宗对可突干的纵容是有前提的，只要两番不站到突厥人那边，名义上臣事大唐，他们内部愿意咋玩就咋玩。可突干偏偏捣毁了这个大前提，那玄宗就不客气了，准备调集十八路大军讨伐可突干。

全军主帅是他最喜欢的第三子忠王李浚，也就是后来的唐肃宗李亨。李亨初名李嗣升，中间陆续改名为李浚、李玙①、李绍，最终定名李亨。为了大家看着方便，本书统称为李亨。

李亨的母族是前隋皇族弘农杨氏，他的外公和武则天的母亲杨牡丹是亲兄妹。他妈怀他的时候，当时还是太子的李隆基被太平公主逼得十分狼狈。李隆基怕姑妈攻击他耽于女色，就让亲信搞来一些堕胎

---

① 玙，音于。

药,想把李亨堕了,但最终还是下不去手。

李亨他妈只是个良娣①,在李亨出生后就把他送给太子妃王氏抚养。王氏没孩子,对李亨喜欢得不得了。玄宗对李亨也很疼爱,开元五年就让年仅五岁的他遥领安西大都护,安抚河东、关内、陇右诸蕃大使,首开唐代诸王遥领节度使的先河。后来,玄宗又钦点贺知章等名士做了李亨的侍读。

这次平叛阵仗搞得很大,但十八路大军实际上并未立即出征,李亨也未亲临军中。一直拖到开元二十年(732年)正月,玄宗才派信安王李祎挂帅征讨可突干。

李祎的能力没得说,但幽州节度使赵含章却是个十足的草包。他这一路在行军途中遭遇了奚人,奚人望风而遁。赵含章大喜,命令全军追击。平卢军先锋将乌承玼②劝他,敌人明摆着是诱我深入,咱们不要上当,赵含章不听。结果,唐军在今辽宁朝阳喀喇沁左翼蒙古族自治县境内的栒白山遭到两番主力伏击。亏得乌承玼及时迂回包抄,才扭转了败局。随后,李祎率领主力杀到,大破两番,击降奚酋李诗琐高,但让可突干跑掉了。

只要可突干还活着,两番叛乱这事儿就没完。

聪明的小伙伴可能要支着儿了,靺鞨人的渤海国不是臣服大唐了吗,为什么不联合渤海夹击两番呢?这的确是个好办法,但谁让玄宗和渤海王大武艺闹翻了呢?!

咱们书接上文,接到《女皇则天》。武周十年(699年),大祚荣自立为王,创建大震国。开元元年(713年),玄宗册封大祚荣为渤海

---

① 良娣是太子侍妾中仅次于妃的存在。《旧唐书·后妃传》中载:"太子有良娣、良媛、承徽、昭训、奉仪。"
② 玼,音词。

郡王。大震国从此变成渤海国，名义上是大唐的一个州，实际上却是一个独立性较强的藩属国。六年后，大祚荣去世，其子大武艺即位。

大武艺是渤海历史上的杰出君主，他对内强化君主专制，对外积极扩张，尤其是对北邻——黑水靺鞨大打出手。

隋唐之际靺鞨有七大部落，比较强大的是粟末和黑水两部。渤海国是粟末靺鞨人建立的。黑水靺鞨活动在松花江流域和黑龙江下游两岸一带。顺便说一句，黑水靺鞨是女真人、满洲人、鄂温克人的祖先。靺鞨人没有民族概念，相互之间斗得很凶，尤其粟末、黑水两部，说是世仇也不为过。

渤海国全面汉化，与新罗同属"小中华"，所以总体实力要比黑水靺鞨强。大武艺上台后，打得黑水靺鞨满地找牙。黑水靺鞨受不了，于开元十四年（726年）遣使进贡，表示归顺大唐。玄宗当然很开心，就在黑水靺鞨设置了黑水都督府。这样，大唐在名义上将现东北三省全部纳入版图，首开中国历史先河。

但玄宗这么一搞，大武艺不干了，觉得唐廷要和黑水靺鞨夹击他，就让同母弟弟大门艺率军攻打黑水靺鞨。大门艺曾经入唐为质，知道大唐的富庶和强盛，力劝哥哥不要与唐朝为敌。但大武艺非是不听呢！

大门艺硬着头皮出征，一路上拖拖拉拉的，行至两部边境时，他再次致信兄长，请求停止用兵。大武艺大怒，改派他人统军出征，并征召大门艺回来，准备杀了他。大门艺也是有一帮兄弟的，提前得到风声，抛下军队，翻山越岭走小路来投唐廷。玄宗对他很是接纳，任为左骁卫将军。

此事越发激怒大武艺，他坚决要求玄宗杀了大门艺。玄宗左推右辞。大武艺气急，于开元二十年（732年）九月悍然派军渡海攻打登州（今山东烟台蓬莱区），杀刺史韦俊。玄宗也怒了，一面将大门艺派往幽州，调集重兵征讨大武艺；一面又令新罗从南线夹击。但北路军赶上大雪天，山路阻碍，士卒死者过半，无功而还。南路的新罗人虽然出了兵，也没发挥什么作用。

大武艺还不甘心，居然派刺客潜入洛阳，于光天化日之下在天津桥南行刺大门艺。亏得大门艺武艺高强，才幸免于难。玄宗大怒，诏命有司展开地毯式排查，将大武艺派来的刺客全部逮捕处死。

这事发生后，两国就彻底闹崩了，玄宗当然也就不可能指望渤海帮助对付可突干了。

06. 张守珪镇东

对可突干的征讨之所以久久不见成效，还有一个重要原因就是这几年宰相换得太频繁了，决策班子比较疲软。李元纮①、杜暹、宇文融、裴光庭、萧嵩、韩休……宰相跟走马灯似的换，每个时间都不长。

这些人里头也就宇文融有治国理政的大才，但他和信安王李祎不对付，只当了99天的宰相，就被李祎、裴光庭、萧嵩联手扳倒了，死于贬官途中。

一直到开元二十一年裴耀卿和张九龄上来后，最高决策班子才算比较稳定了。

张说一倒台，张九龄也被罢为太常少卿，不久又外放洪州（今江西南昌市）都督，在开元十八年（730年）转任桂州都督，充岭南按

---

① 纮，音红。

察使。

当年底，张说病逝，临终前再次举荐张九龄做集贤院学士。玄宗还是很给面子的，于开元十九年（731年）三月将张九龄召回京师，擢为秘书少监兼集贤院学士、副知院事。

看了张九龄的履历，大家就明白他为什么看不上贺知章了。第一个，他尽管比贺知章小十来岁，但仕途可比贺知章强太多了，无论在中央还是地方，任的都是实权要职，官阶也比贺知章高。此次入京，他不仅当选集贤院学士，而且还任了副院长，事实上是贺知章的领导。第二个，他对贺知章的态度受到了恩公张说的影响。张说也看不上贺知章的狂放，只是用贺知章的才华，在仕途上从来就不曾关照过贺知章。

虽说看不上贺知章，但张九龄和贺知章都继承了四杰、陈子昂倡导的诗歌改良主张，力排齐梁颓风，追踪汉魏风骨。

张九龄最为后世所推崇的作品是《望月怀古》：

> 海上生明月，天涯共此时。
> 情人怨遥夜，竟夕起相思。
> 灭烛怜光满，披衣觉露滋。
> 不堪盈手赠，还寝梦佳期。

他也用自己的张氏文笔记录了"开元盛世"：

> 三年一上计，万国趋河洛。
> 课最力已陈，赏延恩复博。
> 垂衣深共理，改瑟其咸若。
> 首路回竹符，分镳扬木铎。

戒程有攸往，诏饯无淹泊。
昭晰动天文，殷勤在人瘼①。
持久望兹念，克终期所托。
行矣当自强，春耕庶秋获。

这首《奉和圣制送十道采访使及朝集使》是后世提及"开元盛世"引用最多的诗篇之一。

开元二十一年（733年）底，张九龄晋升宰相。他不仅是唐代岭南籍宰相第一人，也是唐朝诗人里第一个官至宰相的。作为玄宗时代最后一名贤相，张九龄一上台，内外政事明显利索多了。

就在张九龄拜相当年，时任幽州节度使、薛仁贵第五子、薛讷之弟——薛楚玉派副将郭英杰率精骑一万及降附的奚人征讨可突干。郭英杰是已故河西、陇右节度使郭知运的长子。两军战于今河北秦皇岛青龙县与承德宽城县交界处的都山。可突干引突厥为援，又策反奚人，里应外合全歼唐军，杀郭英杰。

消息传来，举国震惊。盛怒的玄宗将薛楚玉削职为民。薛讷已于开元八年病逝。薛氏家族就此衰落。

当此关键时刻，张九龄举荐了瓜州都督张守珪。玄宗调张守珪为幽州长史、营州都督、卢龙节度副大使兼御史中丞，不久又加为河北采访处置使。

转年，突厥毗伽可汗病故。阙特勤和暾欲谷等牛人已先毗伽而去。突厥没了牛人当家，顿时陷入动荡。张守珪抓住这一有利的外部机遇，就开始琢磨可突干了。

张守珪早年在幽州就给两番留下了强烈的心理阴影。可突干不敢

---

① 瘼，音漠。

与他正面决战,就想出了诈降的办法。契丹人的肠子拐几道弯,张守珪都清楚,将计就计派部将王悔去可突干的营帐商量受降事宜。

王悔受到热情接待,他在酒宴上发现契丹高层对朝廷的态度并不一致,手握兵权的李过折与可突干貌合神离,互不服气。王悔趁机劝降李过折。

十二月的一个晚上,李过折突然反水,杀了可突干和傀儡王,率余部归降张守珪。

兵不血刃就除了可突干,解决了叛乱问题,张守珪这事儿办得太漂亮了!玄宗加封张守珪为右羽林大将军兼御史大夫,封李过折为北平王、检校松漠都督。此后,张守珪长期镇守河北,多次挫败两番进攻,成为帝国东北的坚强柱石。

当然,契丹人的反叛仍时有发生,但的确没再发生过像可突干这么大的动乱了。

张守珪还从河北军中发掘了两个优秀人才,一个叫窣①干,还有一个正是大名鼎鼎的安禄山。

武则天长安三年正月初一,即公元703年1月22日,当全国人民都在欢度春节时,营州柳城(柳城是营州治所,在今辽宁朝阳市)突厥部落的女巫阿史德氏诞下了一个男婴。这个男婴是阿史德氏和她的粟特族丈夫康某某坚持向战神轧荦山祈祷的结果,来之不易。两人为了感谢战神显灵,给这个男娃取名为轧荦山。

但这孩子命硬,出生后不久就把他爹带走了。孤儿寡母毕竟不是长久之计,阿史德氏转嫁粟特族部落官安延偃。从史书记载分析,轧荦山不仅在突厥部落中过得不开心,而且和继父安延偃的关系也不甚和谐,长期未改姓。我分析这可能与他的杂胡身份有关。突厥人的种

---

① 窣,音苏。

族观念很强，将自己与汉人并列，以胡人为贱种，必然看不起轧荦山这个突厥与粟特的串串儿。

开元元年，10岁的轧荦山曾经出走过一次，但被找了回来。几年后，部落爆发战乱，安延偃带着轧荦山和安思顺等侄儿出逃。这次经历感动了轧荦山，他这才承认了继父，"约与思顺等并为兄弟"，改姓为"安"，并以"荦山"的谐音"禄山"为名。安禄山就是这么来的。

营州地处边陲，自古就是多民族聚居之地。安禄山生于斯长于斯，很快就掌握了边境六番的语言。一般人能精通一到两门外语就很棒了，而他居然能同时掌握六门外语，这说明安禄山的智商很高，极具语言天赋，学习能力超强。靠着这项本事，他成功得到了人生第一份正式工作——互市郎将，说白了就是给不同民族的买卖双方当翻译，促成交易。

安禄山还结识了一个叫窣干的小伙伴。两人同年，窣干生于年三十，只比安禄山大一天，几乎就是同年同月同日生了。并且，两人都是杂胡，有共同语言，很快就走得比较近了，结下了深厚的友谊。安禄山是个胖子，长得高大魁梧、相貌堂堂。窣干则相反，虽然个子也很高，但却又瘦又丑。

安禄山手脚不干净，经常干些监守自盗、偷鸡摸狗的事。常在河边走，哪有不湿鞋？开元二十年（732年），他偷羊失败，被人告发。这次事情闹得比较大，都闹到新任幽州最高司令长官张守珪那里了。

新官上任三把火。张守珪一听，好嘛，在我管辖范围内居然有公务员监守自盗、作奸犯科，这还了得，来人哪，拖出去给我棒死。

紧要当口，安禄山竭尽全力发出一声呐喊，正是这声呐喊改变了唐朝的国运，也改变了中国的历史："大夫不欲灭奚、契丹两蕃耶，而杀壮士？"

此言一出，张守珪不由心中一凛，开始细细打量起这个语出惊人的家伙来。哎，你别说，这家伙长得身形高大、白白胖胖的，放在战场上说不定是个好苗子，关键是此人性命垂危之际居然能说出这样的豪言壮语，着实可贵。于是，他当场释放安禄山，并点招入伍，担任捉生将。捉生将不是"将"，而是负责抓舌头的侦察兵。

事实证明，安禄山天生就是吃军人这碗饭的，"行必克获"、"以骁勇闻"，他屡立战功，一路升迁为河北军中的宿将。张守珪是个颜控身材控，总嫌弃安禄山过于肥胖。安禄山害怕极了，不敢多吃食物。张守珪见他乖巧听话，又添了几分喜欢，干脆收为义子。

有张守珪做义父，安禄山步步高升，到开元二十四年（736年）已官至平卢讨击使、左骁卫将军。张守珪派他出击两番，安禄山轻敌冒进，打了败仗。张守珪很生气，奏请朝廷同意，准备斩了安禄山。临刑之际，安禄山又是同样的配方、同样的味道，喊出了："大夫不欲灭奚、契丹邪！奈何杀禄山?!"张守珪动了恻隐之心，让窣干将安禄山送往长安，请皇帝发落。

人其实是讲眼缘的。玄宗初见安禄山，就觉得这个胖胡人憨憨的，挺可爱。而张九龄一看安禄山，就觉得这是个造反的材料，力主杀掉他。这时玄宗和张九龄之间的关系已经产生了裂痕，他偏要在这件事上和张九龄唱反调，拍板儿赦免安禄山。

除了安禄山，玄宗对随行的窣干也十分欣赏，他拍着窣干的后背说："好好努力吧！你日后一定会显贵的。"随即加封窣干为平卢军参谋长——兵马使，并赐给他一个汉人名字——史思明。玄宗的龙嘴确实开光了，史思明后来果然显贵，只不过是用一种他最不能接受的方式达到的。

故事讲到这里，大家也品出来了，玄宗于安禄山有救命之恩，于史思明有提携之恩。这两人后来却造了他的反，确实很不地道。

在羁縻两番后，唐廷又重新拉拢了渤海。开元二十六年（738

年），大武艺去世，其子大钦茂继位。大钦茂一改武力征伐为文治，主动遣使向玄宗表态："永为藩屏，长保忠信，效节本朝。"玄宗加封大钦茂为渤海郡王。渤海从此款服。

此前三年，玄宗已正式承认了新罗对浿江①以南的主权。新罗也事唐恭谨。

这样，当时的东北亚三大强番——契丹、渤海和新罗均臣服大唐，且相互牵制，形成了一种稳定的平衡关系。东北亚就此进入一个难得的和平稳定时期。此后，唐朝的东北方向始终是稳定的，不复为帝国边患。

07. 唐蕃再战

赤岭会盟不过三年，开元二十五年（737年），唐蕃关系再度走到崩溃边缘。

这次要怪吐蕃人。当年赤岭会盟时，尺带珠丹小嘴儿那叫一个甜，态度那叫一个谦卑，但那都是为了韬光养晦，缓解唐廷的压制。经过三年休养生息，他又觉得他行了，突然发兵击破小勃律，"西北二十余国皆臣吐蕃"。

这脸打得啪啪作响，玄宗能不生气吗?！河西军中有个叫孙海的官员入朝奏事，建议玄宗在河西出击，报复吐蕃人。玄宗派宦官赵惠琮前往河西"审察事宜"，说白了就是研究论证，看看这么干行不行。

---

① 浿，音配，即今朝鲜大同江。

没想到赵惠琮和孙诲早捏咕好了，一到河西就对节度使崔希逸说，皇帝要他发兵攻打吐蕃。

崔希逸早年是宇文融手下的劝农判官，十分能干，深得玄宗的信用。接替牛仙客任河西节度使后，崔希逸发现唐蕃两国虽然合盟了，但边境地区的战略互信还不够，彼此都屯了重兵，啥也不干，就是盯着对方的一举一动。他觉得这样很不好，徒然浪费人力，而且也妨碍边民生产生活。所以，崔希逸主动致信吐蕃河西驻军大将乞力徐："咱们两国通好，现在是一家人，何必派兵防守，耽误老百姓种地呢？我希望你撤除边境驻军。"

其实乞力徐也是这么个想法，但他有顾虑："不行啊，哥们儿我算是看出来了，你老崔是个厚道人，但问题是你说了也不算啊！我若是罢兵务农，万一你们朝中有人搞事情，给我来个突然袭击，我上哪儿哭去？"

但崔希逸没有放弃，隔三岔五就遣使提议。乞力徐被打动了。于是，两人杀白狗祭天，各自撤去守备，让边境百姓安心务农。

崔希逸是谦谦君子，真心不愿干背信弃义的事，奈何皇帝现在有诏命，他只能率军出击。乞力徐被打了一个措手不及，脱身而走，其部众大部被歼。

吐蕃随即停了对唐廷的朝贡。两国关系彻底停摆。

河西大捷，玄宗龙颜大悦，派了一名监察御史来劳军。这名监察御史就是写出《相思》的大诗人王维。

放眼整个大唐诗人圈，王维的出身都是相当强大的，父族是太原王氏，母族是博陵崔氏，在当时的社会上连皇族李氏见了他都要高看三分。

这也就罢了，关键王维还非常有才华，诗词歌赋、琴棋书画、音乐舞蹈……无所不精，无所不妙，9岁就会写文章，14岁时闻名公卿，17岁就写出了名满天下的《九月九日忆山东兄弟》：

独在异乡为异客，每逢佳节倍思亲。
遥知兄弟登高处，遍插茱萸少一人。

这首诗至今仍是重阳节的代表诗作。

北宋苏东坡对王维有句极为经典的评价："味摩诘之诗，诗中有画；观摩诘之画，画中有诗。"一般文人，写诗好的不一定会画画，画画好的又不一定会写诗。而王维既是大诗人，又是大画家，所以他写的诗有画面感、画的画有诗意。

孟浩然是唐朝第一个以山水田园为写作内容的诗人。比他小12岁的王维继承了他的衣钵，一个不小心将山水田园诗发展成了一个流派，与孟浩然并称"王孟"。我们看王维的山水田园诗，每一首都是一篇优美的散文，并且有着跃然纸上又力透纸背的画面感，可谓写意传神、形神兼备。比如著名的《山居秋暝》：

空山新雨后，天气晚来秋。
明月松间照，清泉石上流。
竹喧归浣女，莲动下渔舟。
随意春芳歇，王孙自可留。

大家读过之后，是不是脑海里马上就闪现出一幅写意的古典山水画？

王维还是中国第一个兼习作画的文人，他以前的文人就是写诗文，没有画画的。明朝书画巨匠董其昌在《画旨》中说："文人之画，自王右丞始。"而且，王维画出了大名堂。当时的山水画主要有两个流派，一派是以李思训①、李昭道②父子为代表的青绿山水，一派是以吴道子为代表的写意山水。王维则创造了一种新的技法，"始用渲淡，一变勾斫之法"，这种画法后来被称作"破墨"山水。在董其昌的极力推崇下，王维被推为中国山水画"南宗鼻祖"。钱钟书评价他是"盛唐画坛第一把交椅"。只可惜王维的真迹并未流传下来，现存的《辋川图》《雪溪图》《江山雪霁图》都是后人的摹本。

此外，王维还是一名资深的佛教徒，这从他字"摩诘"、自号"摩诘居士"③能看得出来。王维崇佛始于母亲的熏陶，他们兄弟五人都是佛教的信徒。在佛教各宗派当中，王维最推崇禅宗，与禅宗多名大师交好，对禅宗理论有非常精深的了解。他的诗作里往往包含着禅宗的思辨和超然。也正因为如此，所以今人又称呼他为"诗佛"。

开元三年，王维离家到长安谋仕进。短短四五年，他就搭上了玄宗的妹妹玉真公主和弟弟岐王李范。开元九年（721年），王维高中进士，而且直接留在中央省台任太乐丞。这一年孟浩然还在为仕途苦苦奔波，李白还没走出四川的大山，而杜甫还在家里玩泥巴呢！

太乐丞是乐官，负责教习宫人音乐、舞蹈，以供朝廷祭祀、宴享之用。王维能获得这个职务，是因为他还具备极高的音乐天赋。《唐国史补》记载了这样一个故事：一次，有人弄到了一张残缺的乐谱，

---

① 李思训（651—716），唐朝宗室、官员、书画家，唐太祖李虎玄孙、华阳县公李孝斌之子。李思训工书，善丹青，书画称一时之绝，时人有"国朝山水第一"之评。明人董其昌尊其为"北宗"画派之祖。为与其子李昭道相区别，世称"大李将军"。

② 李昭道（675—758），李思训之子。擅长青绿山水，世称"小李将军"，兼善鸟兽、楼台、人物，并创海景。传世作品有《春山行旅图》轴，图录于《故宫名画三百种》《明皇幸蜀图》卷，现藏台北故宫博物院。

③ 诘，音杰。摩诘是梵语维摩诘的简称，意译为"净名"或"无垢尘"。《维摩经》中说维摩诘是毗耶离城中的一位大乘居士（在家修持佛法的佛教徒），曾经以称病为由，向释迦牟尼遣来问讯的舍利弗及文殊师利等人宣扬大乘深义。

但搞不清是何曲子。王维只看了一眼就说道:"这是《霓裳羽衣曲》的第三叠第一拍。"随后请来乐师演奏，果然分毫不差。

年少成名总的来说是好事儿，但也容易遭人嫉妒。当年，王维就摔了一个大跤。他手下的一个艺人私下里舞黄狮子，被人告发了。咱们今天舞狮很随意，什么人、什么时候、什么地点、舞什么样的狮子都可以，限制很少。但在唐代，黄狮只能舞给皇帝看，演给别人看属于犯罪。王维被追究领导责任，贬为济州（今山东东阿）司仓参军，其实就是库房管理员。

王维挺了五年，一看没啥出路，干脆辞了职。开元二十二年（734年），他献诗张九龄求汲引。转年，张九龄就给他安排了一个中央省台的职务——右拾遗。

现在，玄宗任命王维为河西节度使判官。王维在赴任途中，随手写出了他为数不多的边塞诗代表作《使至塞上》，留下了"大漠孤烟直，长河落日圆"的千古绝句。别说山水田园诗了，连边塞诗都能写出画面感，这就是王维。

王维到了凉州，却发现得胜的崔希逸毫无喜色。崔希逸自觉失信在前，有负乞力徐，对于这样的胜利很是惭愧。玄宗听说崔希逸居然同情敌人，一怒之下将他调任河南尹。崔希逸到任不久便愧疚而死。这是个厚道人！

随后，玄宗命人砸烂赤岭会盟碑，任用萧嵩为河西节度使、杜希望为陇右节度使、王昱为剑南节度使，在从甘肃到四川的漫长边境线上发起了对吐蕃的反击。

在这波战争中又出现了一位将星，此人便是武街驿之战中战死的王海宾的儿子王忠嗣。王忠嗣的起点很高，他是玄宗的养子，几乎享有和皇子一样的待遇。诸皇子中，以老三李亨和他关系最为要好。由于父亲死于吐蕃人之手，所以王忠嗣对吐蕃人怀有刻骨的仇恨，他如饥似渴地研习兵法,小小年纪就成了军事学大师。与玄宗谈论兵法时,他的对答如流令玄宗惊喜连连:"你今后必成良将。"

说归说,但玄宗一直不同意王忠嗣投军,他担心王忠嗣报仇心切,在战场上有什么闪失!但王忠嗣总是央求,搞得玄宗也没办法,就在开元十八年(730年)任命他为河西兵马使,在萧嵩帐下效力。但玄宗偷偷叮嘱过萧嵩,千万不能让吾儿当先锋。萧嵩落实得很好,王忠嗣在河西军待了三年,连一次上阵的机会都没有。

直到萧嵩要入朝了,王忠嗣才等到机会。适逢吐蕃赞普尺带珠丹前往今青海黄南州尖扎县境内的郁标川检阅部队,王忠嗣对萧嵩说:"我跟随您都三年了,连一次上阵的机会都没有,您看您也快回朝任宰相了,就让我出去练回手吧!"这话说得萧嵩老脸一红,只得同意。然后,王忠嗣带着数百精兵直奔郁标川。吐蕃人压根儿没想到他会来,被王忠嗣一行斩杀数千人,缴获羊马数以万计,连尺带珠丹都被撵得狼狈奔逃。王忠嗣一战成名。

这就是名将,你就算捂着他,他也总有冒头的那一天。

开元二十六年(738年),王忠嗣已官至左威卫郎将,协助陇右节度使杜希望在盐泉城(今青海海东循化县)大破吐蕃军。玄宗加授他为左金吾将军,不久又兼左羽林军上将军、河东节度副使、大同军使。

唐廷在河陇方向打得吐蕃满地找牙,却在剑南战场上一败涂地。剑南节度使王昱围攻安戎城(今马尔康市东南、汶川县西南岷江河畔)。八月,尺带珠丹大举援救安戎城。王昱大败,脱身而走,"粮仗军资皆弃之"。

正当玄宗一筹莫展之际,时任南诏王皮逻阁(细奴逻的曾孙)主动向王昱提出,只要朝廷支持他统一六诏,作为回报,他将驱逐吐蕃人,专心事唐。

王昱代为申奏,唐廷当然支持,还派了军事顾问团协助皮逻阁。

靠着唐廷的支持，皮逻阁吞并其余五诏，并驱逐了吐蕃人的势力。

关于皮逻阁的统一事业，有个"火烧松明楼"的传说。传说皮逻阁于大理城西松明楼宴请五诏诏主。邆赕诏诏主的妻子白洁夫人预感到这是一个阴谋，劝说丈夫不要参加。可丈夫不敢不去！白洁无奈，只好将自己的铁手镯戴在丈夫手上，保佑丈夫平安。结果，农历六月二十五日，皮逻阁一把火将五诏诏主烧死在松明楼。

白洁惊闻夫君罹难，手持火把连夜赶到松明楼下。她在火灰中挖了好久，终于挖出了一具戴着铁手镯的尸体，顿时痛哭不已。皮逻阁一瞅，这妮儿长得怪带劲嘞，就想强来！白洁誓死不从，转身投洱海而死。后人为了纪念这位贞洁少妇，就将六月二十五日定为火把节。如今，火把节已成为彝族、白族、纳西族、基诺族、拉祜族等民族的传统节日。

白洁是不是实有其人，这个不好说。但"火烧松明楼"肯定是个传说。皮逻阁能统一六诏，靠的主要是唐朝的支持。

统一六诏后，皮逻阁遣使长安朝贡。玄宗问使节："你们国家在哪里啊？"使节用手指着遥远的南边说："在南边的云彩下。"玄宗想了想，当场决定：赐皮逻阁名为蒙归义，并加封为特进云南王、越国公、开府仪同三司。这就是"云南"得名的由来。

在拉拢皮逻阁的同时，玄宗也重用剑南本地豪杰章仇兼琼为节度使。章仇兼琼还真是有两把刷子，于开元二十八年（740年）底策反安戎城中的吐蕃将领，里应外合攻破安戎城。时隔六十多年，唐朝终于又把这座城收了回来，这才扭转了在剑南的颓势。

第三章 政风日弛

01. 张九龄罢相

当初，崔隐甫、宇文融、李林甫组团斗垮张说，直以为今后这朝中就该他们几个说了算了。没想到宰相换了一茬又一茬，轮到张说的门人张九龄坐庄了。这时崔隐甫和宇文融已经凉凉了，只剩了一个李林甫。

我们知道，李林甫的政治资源是他舅舅姜皎和姜皎的亲家源乾曜，但这两人都已作古，怎么他还在政治舞台上呢？李林甫常青不倒是有秘诀的，他通过征服玄宗身边的红人征服了玄宗。

玄宗最得意的人都有谁？无外乎女人堆里的武惠妃和宦官群里的高力士。

武惠妃一直想把太子李瑛拉下来，把儿子寿王李瑁推上去。李林甫主动贴上来，表示愿意穷尽一切努力、用尽一切办法，帮助惠妃当上皇后、寿王当上太子。武惠妃太需要有人在前朝给她们母子造势了，从此见天儿在玄宗面前称颂李林甫。李林甫还倾心结交高力士，各种孝敬打点，出手极其大方。高力士明里暗里也没少帮他说好话。

通过武惠妃和高力士，李林甫可以在第一时间了解到玄宗对某个人、某件事的真实看法，所以每次奏事都能说到玄宗的心坎儿上。举凡领导，都喜欢能和自己想到一块儿去的人。因此，尽管姜皎、源乾曜、宇文融这些靠山都倒了，李林甫的恩宠却不减反增。

玄宗有意拜李林甫为相，并就此征求张九龄的意见。张九龄深知李林甫的为人，此人看着慈眉善目，说话不疾不徐，给人感觉亲切如邻家翁，其实城府极深，"未尝以爱憎见于容色"。大家就没见他和谁红过脸，但若是谁得罪了他或被他认定有威胁，那这个人轻则贬官罢官，重则身死族灭。时人给李林甫起了个外号叫"肉腰刀"，意思是说他的嘴是一把会杀人的刀。"肉腰刀"还被拓展成了六个字："口有蜜，腹有剑。"后世将这六个字浓缩成了成语"口蜜腹剑"。所以，张九龄当时就极力反对："宰相系国安危，陛下相林甫，臣恐异日为庙社之忧。"

奈何玄宗不听呢！开元二十二年[①]（734年）五月，他改裴耀卿为侍中、张九龄为中书令，并加李林甫为宰相。就职典礼上，张九龄和裴耀卿弯腰趋进，态度十分谦逊；而站在两人中间的李林甫却神情傲慢，眉目间颇为自得。现场有人说了一句玩笑话："一雕挟两兔。"不想日后果然应验。

李林甫早知张九龄反对他任相，表面"曲意事之"，暗地里却给张九龄使绊子。他的办法其实技术含量不算高，就是每当玄宗和张九龄、裴耀卿产生分歧时，他都在私下里表示对玄宗的支持。

比如，开元二十四年（736年）十月，玄宗想从洛阳回长安。张九龄和裴耀卿反对，说等秋收后再启程，以免车驾践踏农田。玄宗不大高兴。李林甫在场没表态，等两人走后，他却对玄宗说："哎呀，陛下想回个家而已，想啥时候回就啥时候回！不就是怕妨碍秋收吗？多大的事儿啊！即便妨碍了又怎样，免除农夫的租税不就可以了嘛？！臣请陛下宣示百官，即日西行。"玄宗龙颜大悦，当即决定启程回长安。

回到长安后，玄宗打算任用朔方节度使牛仙客为尚书。张九龄和

[①]《旧唐书》载为开元二十三年。

裴耀卿又反对："尚书在古代可是宰相。大唐开国以来，只有从相位上退下来的老臣或者德行名震天下的人才够格当尚书。牛仙客不过河湟地区①的一个统兵官而已，突然把他提拔到尚书这种岗位上，只怕会令朝廷颜面扫地。"

玄宗无奈，只得退而求其次，想给牛仙客加爵位、赏封地。张九龄仍旧反对，赏真金白银可以，裂土封爵不行。玄宗不说话了，但内心很不爽，怎么的呢，怎么用人朕说了不算吗？

凡是与张九龄、裴耀卿不对付的人，都是李林甫着力争取的伙伴，他力挺牛仙客，又私下向玄宗进言："仙客，宰相才也，何有于尚书！九龄书生，不达大体。"

第二天，玄宗就变了态度，坚持要给牛仙客加爵位。张九龄继续反对。玄宗勃然变色："事皆由卿邪？"

张九龄可不惯着他："陛下不知臣愚，使待罪宰相，事有未允，臣不敢不尽言。"玄宗怒气不解："你嫌弃牛仙客出身寒微，难道你就是名门之后了？"

这话说得很难听了。但张九龄不卑不亢："臣是从岭南蛮荒之地来的，确实不比牛仙客生于中华，但臣位居宰相已有多年，牛仙客不过一边陲小吏，且目不识丁，给他加爵位，大家心里不服气啊！"噎得玄宗哑口无言。

鸡贼的李林甫又偷偷来见玄宗："苟有才识，何必辞学！天子用人，有何不可！"

有他支持，玄宗就非要和张九龄较劲了，于十一月下诏加牛仙客为陇西县公，食封三百户。

当年底，张九龄就被李林甫扳倒了。

---

① 黄河与湟水的并称，泛指包括河西、陇右在内的黄河上游地区。

中书侍郎严挺之仗着大哥是张九龄，不把李林甫放在眼里。适逢户部侍郎空缺，张九龄想用严挺之，而李林甫想用自己的门人萧炅。可巧萧炅犯了一个低级语文错误，将"伏腊"读成了"伏猎"。严挺之可逮到机会了，跑到张九龄那里搬弄："省中岂容有'伏猎侍郎'！"咱们中书省里怎么能有伏猎侍郎呢?！张九龄顺势将萧炅外放，但他也提醒严挺之："李尚书方承恩，足下宜一造门，与之款昵。"严挺之不听，愣没去！

李林甫大怒，决心拿严挺之开刀，顺藤摸瓜扳倒张九龄。把柄很快就找到了。严挺之的前妻嫁给了蔚州刺史王元琰。日前，王元琰因贪赃下狱。前妻跑来求助，严挺之拗不过，只得出手相助。李林甫立即把这事儿捅了出来。张九龄和裴耀卿当然要为严挺之说话。玄宗大怒，觉得他们和严挺之沆瀣一气、罔顾国法，将二人一同罢相，贬严挺之为外州刺史，流王元琰于岭南。

张九龄、裴耀卿一倒，李林甫顺位晋级首相。

他上任办的第一件事情就是把所有谏官集中在一起训话，并说了一句千古名言："今明主在上，群臣将顺之不暇，乌用多言！诸君不见立仗马乎？食三品料，一鸣辄斥去，悔之何及！"如今明主在上，大家遵行旨意做事就好了，用不着多说话！各位没看过仪仗队的马儿吗？它们虽然是畜生，吃的却是三品标准的食料。可一旦它们在仪仗队中乱叫一声，马上就会被踢出队伍，后悔都来不及！言下之意，你们这些谏官要管好自己的嘴巴，别信口开河！

偏偏有个叫杜琎的谏官不信邪，非要上书言事。表奏刚递上去，第二天他就被贬官外放了。打从这儿起，谏官们再也不敢说话了。

李林甫的时代到了！

此前一年，当了十年太子右庶子、工部侍郎的贺知章终于晋升为太子宾客、银青光禄大夫兼正授秘书监，成为从三品的大员。时人尊称他为"贺监"。

张九龄居相期间并未提携这位老哥,现在他黯然倒台,主动向贺知章道歉:"昔日九龄多管闲事,让公多年不得升迁,九龄深表遗憾。"

贺知章却毫不介意:"知章蒙相公庇荫不少。"

张九龄就纳闷了:"我什么时候庇护过你呀?"

贺知章莞尔一笑:"因为之前您在朝为相,都没人敢骂我为'獠'[①]了。现在您要走了,以后朝中就只剩我这一獠了。"

两人相顾大笑,宿怨尽消。老话说,宁得罪君子,不得罪小人,是有道理的。

玄宗虽然罢黜了张九龄,但对张九龄的风度却念念不忘,以至于此后他筛选宰相人选时,都要问一句:"风度得如九龄否?"开元二十八年(740年)春,张九龄病逝于老家韶关曲江。他生前曾断言两个人将会祸国殃民,一个是李林甫,一个是安禄山,后事果然如此。后人剖析玄宗一朝的政治,都以张九龄罢相为转捩点。

18年后,玄宗在仓皇逃奔蜀地途中想起张九龄说过的话,痛悔不已,遣使至曲江祭奠张九龄,追赠其为司徒。

很多人和事单独摆出来不足称奇,但放在一起比较就很有意思了。张九龄比贺知章小十来岁,仕途比贺知章顺,官职比贺知章高,但去世却比贺知章早。

[①] 獠,当时北方人对南方人的蔑称。

02. 一日杀三子

张九龄一倒，太子李瑛也倒了，而且倒得很彻底，死了。

李瑛的靠山只有两个，一个是母亲赵丽妃，已于开元十四年去世；另一个就是张九龄。

经过多年坚持不懈的努力，开元二十四年（736年），武惠妃终于成功使玄宗下定废掉太子的决心。咋回事呢？太子李瑛和五弟鄂王李瑶、七弟光王李琚因为各自母亲失宠的缘故，经常凑在一起骂武惠妃，当然也会捎带表达几句对父皇的不满。武惠妃女儿咸宜公主的驸马杨洄知道后，就向岳母打了小报告。这下武惠妃可算逮到了，见天儿向玄宗哭诉李瑛、李瑶、李琚三人结党营私，想要谋害她们母子。玄宗大为光火，决意废掉李瑛。

当时张九龄还没被罢免，挺身而出，坚决反对："陛下继承大宝已经快三十年了，太子和二王都已成年，又没什么大的过错。陛下怎么能因为几句捕风捉影的话，就废掉他们呢？！"这话是大道理，玄宗虽然不高兴，却也不好发作。

李林甫这个时候当然要出来搞事情，对高力士说了这么一句话："此主上家事，何必问外人！"高力士转告玄宗。玄宗一看李林甫支持，这腰杆儿就硬了起来。

事情眼瞅着就要成了，偏在这时，急不可耐的武惠妃办了一件蠢事。她居然派人游说张九龄支持易储，话还说得特别露骨："有废必有兴，公为之援，宰相可长处。"张九龄当然没答应，而且马上报告给了玄宗。玄宗对武惠妃的用心有所警觉，从此不再提废立之事。

有张九龄护着，李瑛的太子之位是没问题的。但张九龄一倒，转年——开元二十五年（737年）四月，李瑛就被搞死了。

二十三日晚上，武惠妃忽然派人紧急通报李瑛、李瑶、李琚和李瑛的大舅哥驸马都尉薛锈，说宫中有盗贼出没，恐威胁陛下安全，要他们几个赶紧带兵入宫护驾。这几个年轻人都是社会经验、政治经验基本为零的公子哥儿，且身边又没啥能人，一听皇帝有难，想都没多想，立即披甲入宫。

接下来的事情，我不说大家也该猜到了。哪儿有什么盗贼?! 就是武惠妃设的一个局。李瑛等人一入宫，杨洄就跑到玄宗面前告状，说太子阴谋兵变，现已杀入宫中。玄宗大怒，调集禁卫军将李瑛等人拿下。

然后，他宣李林甫入宫，商议如何处置此事。李瑛等人是自己从悬崖上跳下去的，李林甫现在什么都不用做，剩下的事听从地心引力的安排就是了。于是，他只是轻飘飘地说了一句："此陛下家事，非臣等所宜豫。"

玄宗拿定主意，将李瑛、李瑶、李琚废为庶人并立即赐死。这就是唐朝历史上著名的"三庶人事件"。

虽然都是武家的女人，但武惠妃的心理承受能力照武则天可差远了，干出这种缺大德的亏心事，她吃也吃不好、睡也睡不稳，总说能看到李瑛等人的鬼魂，不久就病倒了。为了治好她，玄宗想尽了办法。但八个月后，武惠妃还是香消玉殒了，年仅38岁。玄宗追封她为贞顺皇后，总算圆了爱妃的皇后梦。

后来肃宗上台，看在老父的面上，没有褫夺武惠妃的后位，但却罢黜了她的皇后祠享。代宗可就不理旧账了，一上台就把武惠妃的皇后谥号废除了。

李瑛刚死，李林甫马上提请立寿王李瑁为太子。所以，我严重怀疑他参与了武惠妃构陷李瑛的阴谋。李林甫算盘打得响啊，李瑛一死，这储君之位舍寿王其谁，当然要支持寿王啦！没想到玄宗一直拖到武惠妃咽气都没办。这时的他还算英明，武惠妃拉拢张九龄那事儿是他心头的一根刺，让他很不舒服。

武惠妃一死，李林甫傻了眼。又过了半年，开元二十六年（738年）六月，玄宗下诏册拜第三子忠王李亨为太子，忠王妃韦氏同日晋升太子妃。

玄宗当然很喜爱李亨，但另有两人发挥了关键作用。

一个是张说。当年李瑛还是太子时，张说对玄宗说过："我曾看过太宗的画像，忠王长得特别像太宗，这真是社稷之福啊！"明摆着是在推李亨。其实，张说这么说也是有私心的，他儿子张垍①娶了李亨的亲妹妹宁亲公主，李亨有发展，他们张家的基业才能长久。李亨或许真的和太宗长得有点儿像，但也仅仅是像而已。

另一个推李亨的人连李亨自己都不知道，赫然便是高力士。李瑛死后，玄宗为新太子的人选煞费苦心。高力士见他闷闷不乐，问他所忧何事？玄宗反问："你是我家的老奴，还不知道我的心思吗？"高力士就是玄宗肚里的蛔虫，接道："莫不是因为太子人选未定？"玄宗长叹一口气，算是默认了。高力士就说了他的想法："您何必这么忧愁呢？只要遵照祖训立长子，谁敢说个不字！"玄宗听了，顿时坚定了决心，连声说道："汝言是也！汝言是也！"

就这样，28岁的李亨成为大唐新的储君。

李林甫更傻眼了，本想顺风投机推寿王，没想到半路杀出来个忠王截了胡。这位新太子能不恨他嘛？！这种恐惧只有一种解决办法，就是再把李亨搞下去。史载："自是林甫惧，巧求阴事以倾太子。"

连杀了三个儿子，又失去了心爱的女人，玄宗整日郁郁寡欢，我

---

① 垍，音季。

爱的人已经飞走了，爱我的人她还没有来到。这时就有人琢磨了，得给皇帝找个新欢啊！这一琢磨不要紧，天雷勾了地火，引出一段旷古绝今的梨花海棠恋来，直接断送了大唐的国运。

她来了，她来了，她脚踏祥云进场了！中国古代四大美女之一的杨玉环即将闪亮登场！

03. 杨玉环入宫

眼见皇帝没了武惠妃就跟没了魂似的，有人贴上来对玄宗说了这么一句话："寿王妃杨氏之美，绝世无双。"这人真是缺了十八辈祖宗的大德了，怂恿公公扒拉儿媳，这是人干的事儿吗?!

世人皆以为此女名叫杨玉环，但其实唐史三大典均未记载她的名字。白居易在《长恨歌》里也只说她是杨玄琰之女。直到她死后第一百年——唐宣宗大中九年，郑处诲在其编撰的《明皇杂录》里才第一次提及："杨贵妃小字玉环。"如果郑处诲的记载属实，说明"玉环"只是杨贵妃的字，而非其名。不过，既然已经满世界叫开了，我也不较真了，就称呼她杨玉环吧！

开元七年（719年）六月初一，杨玉环出生于四川的一个官员家庭。她的高祖父杨汪是隋朝的上柱国、吏部尚书。有人认为杨汪是隋朝宗室，理由是他出自弘农杨氏。但弘农姓杨的多了去，也不好都说是杨坚的亲戚，况且也没有史料佐证杨汪和杨坚有什么血缘关系。杨玉环的父亲杨玄琰只是一个七品下的州吏，而且在杨玉环很小的时候就过世了，抚养她的是在洛阳当七品小官的三叔杨玄璬①。

当代人看唐朝仕女图，普遍觉得唐代女人以肥为美。我并不这么觉得，我认为唐人是以壮为美，而非以肥为美。我们知道，李唐皇室是有鲜卑基因的，他们的审美观也受到了鲜卑人的影响。鲜卑人作为古代北方的少数民族，在女人的审美问题上应该和今天的蒙古人差不多，不喜欢瘦瘦巴巴的女人，而是喜欢丰腴健壮的女性。杨玉环体重应该不轻，但总不至于是个二百斤的大胖子。再说了，不只李隆基，当时的人都觉得杨玉环是个大美女。就算李隆基眼瞎口味重，总不至于一个时代的人都眼瞎口味重吧？杨玉环妥妥是大美女无疑。

杨玉环天生丽质，且出生于官宦人家，自幼受到良好教育，精通音律乐器，且擅长歌舞，是实实在在的貌美女文青。开元二十三年（735年）七月，武惠妃之女咸宜公主与杨洄在洛阳大婚。杨玉环受邀出席，当场就被咸宜公主的弟弟寿王李瑁惦记上了。当年十二月，她就成了寿王妃。

顺便说一句，杨玉环应该患有不育症。她和寿王李瑁共同生活了两年，并未育有子嗣，后来跟了玄宗十来年，也未生育一男半女。

本来，玄宗对这个儿媳是完全无感的。他有三十多个儿子，能把这些儿子认准就不错了，至于谁娶了谁，这些儿媳姓甚名谁长啥样，他根本不关注，记不住，也无心去记。否则，以他色欲狂魔的外号，只怕在李瑁的婚礼现场就能将杨玉环截胡。这事儿他真干得出来！

现在有人说起寿王妃貌美，他可能连思想斗争都没有过，就决定召见这位儿媳。这是玄宗第一次注意到这个儿媳。一照面，坏了，不多，就一眼，这一眼好比李治初次注意到武媚娘的那一眼，是电光石火的一眼，是色授魂与的一眼，是冤家路窄的一眼。只此一眼，玄宗

---

① 璬，音绞。杨玄琰兄弟三人，他是老大，老二杨玄珪，老三杨玄璬。

就把武惠妃、寿王都忘到爪哇国去了。什么夫妻恩爱、父子情深，什么纲常伦理、公媳之防，在动物本能面前都是毛毛雨。他满脑子就一个想法：这个女人，朕要定了！

武惠妃尸骨未寒，玄宗就对杨玉环色授魂与了。原来，爱情不会消失，只会转移。

打这以后，杨玉环就成了宫中的常客。玄宗隔三岔五就要召见她一次，一次一天。我不想知道杨玉环面对公公是否犹豫过、纠结过、抗拒过，因为最终她还是从了，甚至于她可能连犹豫一下都没有过。我就想知道李瑁的心路历程，顺便求一下他的心理阴影面积。

杨玉环不仅长得漂亮，卖萌撒娇样样行，还是个文艺女青年，很对玄宗的胃口。他们尽人皆知的地下爱情维持了一年多。开元二十八年（740年），玄宗以为亡母窦太后祈福的名义，敕令寿王妃杨玉环出家为女道士，赐道号"太真"。但这位女道士有些特别，不在道观修行，而是在皇宫里修行，也不知修的是啥，估计是生命大和谐之法吧！

后世有"臭汉脏唐"的说法，比如《红楼梦》第六十三回，贾蓉就曾说过："从古至今，连汉朝和唐朝，人还说脏唐臭汉，何况咱们这宗人家。谁家没风流事，别讨我说出来。"臭汉脏唐的意思是说，这两个朝代的宫闱极度肮脏混乱，甚至罔顾人伦。汉朝咱就不说了，单说这唐朝，的确当得上一个"脏"字。太宗李世民杀了亲弟弟李元吉，还强娶了弟媳妇，太子李承乾娈童，高阳公主面首成群，高宗娶了后妈武则天，武则天男宠一嘟噜，玄宗霸占儿媳……这一件件一桩桩的确刷新了世人的伦理观。别家的故事也有不好的，但总归没你家这么多、这么乱啊！

杨玉环一入宫，玄宗庞大的六宫粉黛就无颜色了。她虽然不是皇后，玄宗也不好意思让她当皇后，但她在宫中享有的待遇等同皇后，一如当年的武惠妃。

这时的玄宗觉得自己一生的事儿办得差不多了，已经倚天把剑观沧海了，现在可以斜插芙蓉醉瑶台了，于是就把大部分时间精力都投到了杨玉环身上。

04. 胡儿节度使

继让李林甫当上首相和让杨玉环入宫后，玄宗又一手将他事业路上的第三个掘墓人——安禄山送上了节度使宝座。

安禄山雄起是建立在义父张守珪倒霉基础上的。

开元二十七年（739年），幽州唐将赵堪和白真陀罗办了一件天大的蠢事，假传张守珪之命，命平卢军使乌知义出击叛乱的奚人。乌知义可能察觉不对劲，不肯听命，但赵堪和白真陀罗再次冒用张守珪的名义强令他出战。乌知义无奈出击，结果先胜后败，铩羽而归。

按理说，张守珪应该向朝廷检举赵堪和白真陀罗的矫命之举，但他护犊子，不仅替二人遮掩，还在奏表中将大败写成了大胜。

但这次败仗委实败得有点儿大，大到遮不住。玄宗派宦官牛仙童前往幽州调查。张守珪还是不开窍，居然重金贿赂牛仙童，把所有罪过都推到了白真陀罗身上，逼着白真陀罗自缢而死。张守珪的算盘打得很溜，牛仙童是圣上的近侍，他的话圣上一定会信。

理论上讲，玄宗最近的确很宠牛仙童。但张守珪万万没想到，宦官集团也不是铁板一块，牛仙童上升势头太猛，引起了高力士、杨思勖等人的嫉妒和不满，对他的一举一动盯得很紧。牛仙童刚回朝，高力士、杨思勖就检举他收了张守珪的贿赂,掩盖了战败的事实。

经调查,当然实有其事。玄宗大怒,命杨思勖将牛仙童杖毙。杨思勖可是出了名的狠人,足足打了牛仙童几百杖,然后生挖其心、砍去手足、剔肉以食。是的,大家没看错,史书就是这么写的,86岁的杨思勖活吃了牛仙童,而牛仙童直到肉尽骨现才死去。

可能是吃人肉中了朊病毒,第二年三月,杨思勖就病死了。

牛仙童丢了自然生命,张守珪则丢了政治生命,被贬到浙江丽水。一年后,这位开元年间声望、能力仅次于王忠嗣的名将就病死了,年仅57岁。

一同受牵连的还有宰相萧嵩。萧老爷子曾送给牛仙童良田数顷,被李林甫挖了出来,贬官山东青州。但萧嵩有个驸马儿子,不久即起复为太子太师,但很快就申请致仕了。这是个明白人,退休后不问政事,专心在家颐养天年,种花养草,优游自乐。天宝八载(749年),他才以八十多岁的高龄去世。

失去了义父这个政治资源,安禄山的仕途应该就难了!但事实恰恰相反,他反而实现了仕途上的飞跃。

安禄山不仅会打军事仗,还会打政治仗。凡是玄宗身边的人,凡是朝廷派往平卢的人,都是他倾力结交、拉拢的对象。所以,玄宗耳边总能听到对安禄山的赞美之词,越发觉得这是一员良将。

开元二十九年(741年),玄宗任命御史中丞张利贞为河北道采访使。安禄山把张利贞一行安排得明明白白的。张利贞回朝后自然极力推荐安禄山,说这可是一员良将啊,能堪大用!于是,当年八月,玄宗任命安禄山为营州都督,接替乌知义出任平卢军使,同时身兼松漠都督府、饶乐都督府、渤海都督府、黑水都督府四府经略使。

转年正月,玄宗放弃沿用了29年之久的"开元"年号,改元

"天宝"①。为什么要改元呢？主要原因有三：第一，玄宗认为他这一生中应该办的大事都办完了，在外，突厥乱了，两番降了，吐蕃扊了，外事无忧；在内，贤相李林甫上台，太子立了，漂亮儿媳也搞到手了，他高枕无忧了，可以享受前半生的奋斗成果了。第二，在过去的一年，他的两个哥哥李守礼和李成器先后去世，得去去晦气。第三，地方官吏给他上了一个祥瑞，这是促成改元的直接原因。他这一改，改得很不好，不仅改走了自己的运气，也改走了大唐的国运。

同月，玄宗又作出两个重大决策：一是将一主二辅三都制改成三京制，原先只有长安是国都，东都洛阳和北都太原是陪都；现在长安是西京，洛阳是东京，太原是北京，三者都是国都。所以，我国历史上也是有东京的，而且早于宋朝的东京开封，此外太原曾经也是北京。二是从幽州镇中分出平卢，单设一个节度使，以安禄山为首任平卢节度使。原幽州节度使改为范阳节度使。

就这样，杂胡小儿安禄山终于成为大唐的方面大员、封疆大吏。

---

① 天宝元年（742年），天宝二年（743年），天宝三载（744年），天宝四载（745年），天宝五载（746年），天宝六载（747年），天宝七载（748年），天宝八载（749年），天宝九载（750年），天宝十载（751年），天宝十一载（752年），天宝十二载（753年），天宝十三载（754年），天宝十四载（755年），天宝十五载（756年）。

第四章 天宝盛世

01. 击破突骑施

虽然事业路上的三个掘墓人已经凑齐了,但距离开牌还有一段时间。正是在这段等待期内,玄宗的事业进入了巅峰时代。

大家可能也发现了,目前大唐对外战争基本上就是东北和西边两个方向,东北和两番打,西边和吐蕃打,正北的后突厥自毗伽可汗上台后一直很消停,但最消停的却是西域。西域之所以很消停,主要是因为当地已有一个统一的地方性政权——突骑施汗国。

突骑施汗国的外部环境其实并不好,四周都是强国,突厥、大唐、吐蕃、大食,哪个都比它强大。但突骑施就是很稳,靠啥?一靠有雄兵二十万,二靠当家人苏禄的平衡政策玩儿得溜,虽然同时在四个鸡蛋上跳舞,但苏禄跳得安全、跳得优雅。

突骑施和突厥、大食的关系最差。后突厥是原东突厥人建立的,并且还是阿史那汗系,本就对原属西突厥的突骑施垂涎欲滴。而白衣大食,也就是倭马亚王朝,此时的势力范围已经扩展至中亚,下一个目标就是西域。突骑施和这两国的关系,斗争是主要的,合作是次要的。苏禄凭借卓越的统帅才能,多次挫败后突厥和白衣大食的入侵。尤其在西线,他先后在开元十二年(724年)的渴水日战争、开元十九年(731年)的塔什塔卡拉查之战、开元二十五年(737年)的行李日之战中大败大食军。大食人非常畏惧苏禄,送了他一个"抵顶者"的外号。

相对而言，突骑施和大唐、吐蕃虽也有矛盾和斗争，但要小得多。

既然谁都奈何不了突骑施，于是这个西域小霸就成了四大强国竞相拉拢的对象。而老奸巨猾的苏禄对此心知肚明，大搞平衡外交，时而联合这个搞搞那个，时而又联合那个搞搞这个，和谁都走动，但和谁都不亲，亲也亲不长久。最巅峰的时候，他同时娶了吐蕃、突厥、大唐三国的公主。这个老家伙也是会来事儿，三个公主不分正室侧室，全都是可敦。

苏禄对唐廷也没少下黑手。开元五年（717年），他联合大食、吐蕃攻打安西四镇，未果。开元十四年到十五年，苏禄再次攻打四镇，除龟兹外的其余三镇都被他拿下了。开元二十三年（735年），苏禄卷土重来，攻打龟兹和北庭都护府，但被北庭军击败。这波操作下来，苏禄基本上将安西蚕食得只剩一个龟兹了。

那玄宗对突骑施什么态度呢？一句话，忍让忍让再忍让。朝中不是没人建议发兵征讨苏禄，但都被他按住了。为什么呢？因为突骑施的存在对唐廷利大于弊，只要突骑施在，吐蕃人、突厥人、大食人就被牵绊住了手脚。所以，尽管苏禄一再蚕食安西，玄宗都忍了，不仅忍了，还越发用力地拉拢他，又是封国公又是封可汗的，甚至将西突厥十姓可汗阿史那怀道之女册封为交河公主，嫁给苏禄。

靠着强大的武力和平衡的外交，苏禄时代的突骑施立得稳稳的，国际地位很高。但进入天宝年间后，苏禄老了，有些镇不住场子了。

突骑施汗国由突骑施贺鲁施、车鼻施和处木昆律三个大部落组成，其中最主要的是突骑施贺鲁施和车鼻施二部，突骑施贺鲁施又称"黄姓"，车鼻施部又称"黑姓"，两大部落各有一个小可汗，彼此很不对付。

开元二十六年（738年），汗国内讧，"抵顶者"苏禄居然为手下的两个大酋长莫贺达干和都摩度所杀。因为分赃不均，二人决裂。都摩度拥立苏禄的儿子为吐火仙可汗，并与黑姓小可汗联盟；而处木昆部酋长莫贺达干则倒向了唐安西节度使盖嘉运。

天赐良机，玄宗立即诏命盖嘉运讨伐吐火仙和黑姓可汗。有莫贺达干当带路党，盖嘉运长驱直入，大破突骑施，生擒了吐火仙和黑姓可汗。突骑施各属部纷纷投降。

莫贺达干满以为唐廷会册封他为可汗，没想到玄宗却册封阿史那怀道之子阿史那昕为十箭可汗。显然，唐廷还是想用听话的阿史那汗系。莫贺达干怒了，不干了，就叛乱了。突骑施人其实并不想跟着唐朝走，纷纷追随他叛乱。玄宗一看不好弄啊，只得册立莫贺达干为可汗。

不管怎样，一个听话的突骑施总算出现了，是一件好事。

偏在这时，吐蕃人又在河陇地区搞事情，玄宗就把盖嘉运调去河陇了。

开元二十八年（740年）十一月，金城公主在吐蕃病逝，年仅41岁。她虽然身份要比文成公主尊贵，但由于唐蕃两国打得很凶，她在吐蕃的日子其实并不好过，要不然也不至于一度想逃回母国了。我们有理由相信，是长期抑郁的心情加高原缺氧的环境过早夺去了她的生命。史书虽然极力讴歌和亲女子的贡献，但我们也要看到她们付出了一生的代价。

转年春，吐蕃赞普尺带珠丹遣使报丧并求和。玄宗现在很硬气，不答应。吐蕃人一看和谈没戏，那就接着干吧！双方在河陇频频交手，但终究还是吐蕃人占了上风。当年十二月，他们趁唐军不备又夺回了石堡城。石堡城是什么？那可不仅仅是一座城，而是玄宗的脸面，他老人家能不生气吗？玄宗一生气，盖嘉运的政治生命就终结了，被罢官，从此不见于史书。

天宝元年（742年），突骑施可汗莫贺达干悍然杀害了名义上的西突厥可汗阿史那昕。玄宗大怒，派盖嘉运的部将——新任河西节度使羌族人夫蒙灵察率军讨伐。

天宝三年（744年）正月，玄宗诏命改"年"为"载"，不再称天宝几年了，改称天宝几载。这是中国古代纪年中首次出现"载"，成语"三年五载"就是这么来的。

五月，夫蒙灵察击杀莫贺达干，平定了叛乱。

莫贺达干是突骑施最后一个强人，他一死，突骑施的大势就去了，黄、黑二姓长期对峙争雄，可汗走马灯似的换。后来，铁勒中的葛逻禄部强盛起来，突骑施人大部分臣服葛逻禄，其余部众则投了回纥。

02. 后突厥覆灭

在天宝年代，姓突的日子都不好过。当突骑施走向衰落时，后突厥也日薄西山了。

自张仁愿修筑三受降城后，后突厥被迫退出漠南，总体实力相当于打了对折。毗伽可汗一死，后突厥的国运也跟着去了，可汗换得比突骑施都勤。开元二十九年（741年），一年之内居然换了三任可汗。有道是趁你病，要你命，玄宗立即遣使招降铁勒诸部中最强大的拔悉密、回纥、葛逻禄三部，并怂恿他们对付后突厥。

天宝元年，拔悉密牵头，三部联手攻杀突厥可汗。随后，铁勒诸部公推拔悉密酋长为可汗，回纥骨力裴罗和葛逻禄酋长分为左、右叶护。突厥残部则拥立阙特勒的儿子为乌苏米施可汗。漠北大乱。

唐廷要求突厥残部投降,乌苏米施不从。玄宗早有准备,已让朔方节度使王忠嗣陈兵边境,耀武扬威,震慑突厥。

有人说了,朔方节度使不是信安王李祎吗,怎么成王忠嗣了呢?李祎的军事才能没的说,但说起经济工作他就是门外汉了。他居然提议放任民间私铸货币,以解决国家用度不足的问题。这可让朝臣们逮到机会了,一顿弹劾,他就被褫夺了节度使的职务。朔方节度使换了几届,一直到开元二十九年(741年)王忠嗣接任。天宝二年(743年)十月,李祎病死在太子太师任上。

要说这经济工作也确实难搞。宋璟不让民间私铸货币,大家搞他。李祎放任民间私铸货币,大家还是搞他。那到底怎么搞?

乌苏米施看王忠嗣要动手了,只得答应投降,但还是磨磨蹭蹭不肯来。王忠嗣一看这厮给脸不要脸,联合拔悉密、回纥、葛逻禄三部前后夹击。突厥登时土崩瓦解,西叶护同罗酋长阿布思率部入塞投降,被安置于今内蒙古河套地区,不愿投降的突厥人则跟着乌苏米施在草原上打起了游击。过了一年多,天宝三载(744年)八月,拔悉密击杀乌苏米施。王忠嗣乘机出兵,再次重创突厥。突厥残部又抬出一个白眉可汗,继续顽抗。

就在这时,发生了一件大事,铁勒三部联盟破裂了。老二回纥和老三葛逻禄联手干掉了老大拔悉密。然后,老二就晋升老大了。回纥酋长骨力裴罗可是个聪明人,很早就和唐廷暗通款曲,博得了玄宗的好感。现在,他干掉了拔悉密酋长,自立为可汗,称酋长牙帐为可汗金帐,又遣使入唐表明臣服之意。玄宗就喜欢这种特别会来事儿、特别上道的外番,当即册封骨力裴罗为怀仁可汗。

漠北新的强权——回纥汗国诞生了。

拔悉密一除,回纥就是大漠草原上肌肉最硬的仔,现在又得到大唐的认证和加持，实力爆棚，很快就吞并了葛逻禄等铁勒部落。一年后，骨力裴罗击杀白眉可汗，传首京师。残存的后突厥人或投降回纥，或归附唐朝。至此，存在了半个多世纪的后突厥汗国覆灭。

自公元552年取代柔然、建立汗国起，阿史那氏突厥在半个亚洲纵横近二百年，陆续建立东突厥、西突厥、后突厥三个政治强权，如今终于退出了中国的历史舞台。

但需要注意的有两点：第一，阿史那氏的突厥是被终结了，但非阿史那氏的突厥仍然活跃在中国政治舞台上，比如突骑施、葛逻禄、沙陀突厥；第二，那些退出中国历史舞台的突厥人和当年的匈奴人一样，大规模向西迁移，在逐渐伊斯兰化的同时，也直接导致了中亚乃至部分西亚地区的突厥化。伽色尼王朝、保加利亚王国、塞尔柱帝国、花剌子模王朝、奥斯曼帝国、帖木儿帝国、莫卧儿帝国都是突厥人建立的。特别强调一点，突厥语民族和突厥民族不能画等号，这句话大家品，细品。

骨力裴罗迅速填补了后突厥汗国覆灭后的权力真空，"斥地愈广，东际室韦，西抵金山，南跨大漠，尽有突厥故地"，设汗庭于郁督军山①，成为大漠草原上的新晋霸主。

当年东突厥覆灭，薛延陀火速崛起；如今后突厥覆灭，回纥火速崛起。历史何其相似？玄宗理应学太宗，像防备、遏制薛延陀一样防备、遏制回纥，但他没有这样的觉悟。薛延陀没有为患大唐，而回纥后来却成了让大唐又爱又恨的存在。

---

① 郁督军山又名乌德鞬山，今蒙古国杭爱山，突厥人称之为燕然山。

03. 走向巅峰

以突骑施衰微、后突厥覆灭为标志,玄宗和大唐都进入了巅峰时代。没错,正是所谓的"开元盛世"。其实,盛世的顶点出现在天宝之初,之所以不用"天宝盛世",是因为在天宝末期爆发了安史之乱,大唐急转直下,用"天宝"盖不住"盛世"了。

不论从哪个视角来看,这段时期都称得上盛世。

在外,边疆安稳。玄宗对军事和武功十分重视,一手建立节度使制度,军队员额不仅达到唐朝峰值,而且战斗力也处于巅峰。所以,当时的唐朝对周边各国均处于压制态势。

东北方向,两番被范阳和平卢两镇压得死死的,再也没能掀起什么大的水花;黑水靺鞨款服;新罗、渤海成为忠实的藩属国。

正北方向,后突厥汗国彻底下线,新建立的回纥完全唯大唐马首是瞻。

西北方向,突骑施日薄西山,谨遵唐廷号令,唐廷又恢复了对西域的控制。

西部方向,吐蕃不仅想进进不来,反倒被大唐按在地上反复摩擦。

这是自高宗以来唐朝外部形势最好的时期,虽然版图面积没能超越高宗时期,但南至今越南河静,北括今俄罗斯安加拉河流域,西及今乌兹别克斯坦布哈拉,东临今吉林通化,也不算小了。

外部环境稳,内部环境就稳。

农业走上巅峰。历史学家普遍认为,天宝年间全国约有 1400 万户,近 8000 万人,是唐朝人口的峰值。人口滋生使土地得到大量开发。依现有史料推算，当时全国实际耕地面积约 850 万顷，折合今 6.6 亿亩。根据 2021 年国务院第三次全国国土调查领导小组办公室、自然资源部、国家统计局发布的《第三次全国国土调查主要数据公报》，我国现在的耕地面积是 19.18 亿亩，人均 1.35 亩。而天宝年间的人均耕地面积超过了 9 亩，相当于 2021 年的 6.6 倍，这在没有袁隆平的时代可是个相当了不起的成就。史书所载"开元、天宝之际，耕者益力，高山绝壑，耒耜①亦满"，绝非夸大之词。农业生产工具也得到了极大改进。曲辕犁和以前的耕犁相比，犁架更小更轻，掉头和转弯更加灵活，节省了人力和牲畜。筒车则完全靠水力驱动灌溉。整个玄宗时代，各地兴修水利工程 46 处，还在全国各州普遍兴建了大量平抑粮价的常平仓②。饮茶之风开始在唐朝盛兴，茶叶得到大范围的种植。世界上第一部茶叶专著——《茶经》就出现在玄宗时期，作者陆羽被后人称为"茶圣"。

农业的勃兴必然带来商业的繁荣。国内交通四通八达，玄宗从岭南运荔枝给杨玉环吃，荔枝到了长安居然还是新鲜的。如果没有便利快捷的交通，这是不可能实现的。对外贸易十分活跃，亚洲最西端的大食、欧洲最东端的拜占庭帝国都是唐朝的贸易伙伴。拜占庭的商人、大食的商人、波斯的商人……纷至沓来，长安、洛阳、广州、泉州成为国际化大都市，各种肤色、不同语言的商贾云集。唐代制瓷业已经成为独立的部门，景德镇的青瓷、邢窑的白瓷和唐三彩都是在这一时期出现的。诗人陆龟蒙以"九秋风露越窑开，夺得千峰翠色来"赞美青瓷。最难能可贵的是，陶瓷制品由"旧时王谢堂前燕，飞入寻

---

① 耒耜，音垒四。
② 常平仓，中国古代政府为调节粮价而设置的粮仓。在市场粮价低的时候，适当提高粮价进行大量收购；在市场粮价高的时候，适当降低价格进行出售。

常百姓家",人人都能用得起了,"天下无贵贱通行之"。

文化也达到了巅峰,唐诗的最高潮来了。唐朝最有才华的诗人,如李白、杜甫、王维、岑参、高适、贺知章等都生活在这个时期。其他如音乐、绘画、雕刻、塑像等艺术也都有显著成就。文教事业同样得到了极大发展。《新唐书·艺文志一》载:"藏书之盛,莫盛于开元,其著录者,五万三千九百一十五卷,而唐之学者自为之书,又二万八千四百六十九卷。呜呼,可谓盛矣!"玄宗于开元二十六年(738年)令天下州县每乡都要设置学校一所,以教授学生。这样推行政教的结果是:"于时垂髫之倪,皆知礼让。"连小毛孩子都知道礼仪。

当时的吏治也十分清明。中宗朝和睿宗朝的政治腐败大家是见识过的。玄宗任用姚崇、宋璟、张嘉贞、张说、张九龄等贤相,这些人普遍重视弹抑权贵、整顿吏治,腐败现象得到极大遏制。虽然已经开始重用李林甫、安禄山等人,但这些人目前还没有表现得太坏。

唐朝能够取得这样的成就,是靠开国以来历代君王和贤臣打下的基础,但玄宗卓越的个人能力无疑是最重要的因素。领导重视,用人得当,治理肯定能搞好。

作为后世人,我们是怎么知道有"开元盛世"的呢?主要的载体有两个,一个是史官的记载,一个是诗人、文学家的作品。尤其后者,以生动美丽的文字见证和记录了"开元盛世"。

接下来,我就为大家隆重介绍站在大唐诗歌圈顶端的两位大咖,"诗仙"李白和"诗圣"杜甫。

04. "诗仙"李白

人生皆有来处，但大诗人李白身世成谜，出生地也是谜。这也是没办法的事情，古代官史中的本纪只记录帝王，列传只记载将相枭雄，像他这样的文人没有单独列传的资格，史家才懒得去考究他的家世生平。李白靠文艺才能跻身两唐书《文艺列传》已经很不错了。

我们先说他的家世。《旧唐书》压根儿没提，《新唐书》倒是提了一嘴，说李白是兴圣皇帝、凉武昭王李暠九世孙。我在《李唐开国》中讲过，李暠是唐朝皇室很远很远的远祖。如果《新唐书》记载属实，那也只能证明李白出自陇西李氏，虽说和皇族李氏同源，但两个"李"已经远得不能再远了。

史书上也没留下关于李白祖父、父亲的任何记载。李白好友范伦的儿子范传正在为李白写的《唐左拾遗翰林学士李公新墓碑并序》中，说李白的父亲叫李客，还说："客以逋其邑，遂以客为名。高卧云林，不求禄仕。"李客客居他乡是真的，但"高卧云林，不求禄仕"绝对是溢美之词了，他倒是想求禄仕，奈何他是个商人啊！

有一种说法是这样的：李白的祖先是李唐宗亲，因为政治原因遭到打击。一些学者甚至论证说李白是李建成的玄孙。这不可能，李建成的儿子已经在"玄武门之变"当日被杀绝了，况且以李世民的狠劲儿，绝不会容忍大哥有子嗣存世。

李白的出生地也是谜。主要说法有四种：一说是四川绵阳江油；二说是甘肃天水秦安；三说是湖北孝感安陆；四说是中亚碎叶城，即今吉尔吉斯斯坦托克马克市。

秦安其实是李白的祖籍，而非其出生地。李白在《与韩荆州书》

中说他祖籍陇西成纪，即今秦安。

江油和安陆围绕"李白故里"之争还打了一场官司，最终江油胜出。因为，唐人魏颢、李阳冰、刘全白、范传正在文章里都说李白祖籍甘肃，生于江油。这几个人都和李白有渊源，尤其李阳冰还是李白的族叔，李白就是死在了李阳冰面前，所以他的话可信度还是很高的。并且，安陆其实是李白第一任妻子许氏的家乡，李白入赘许家后在安陆生活了许多年。

碎叶说最早是清代学者王琦提出来的，得到了现代学者李宜深、陈寅恪、胡怀琛、幽谷、郭沫若等人的支持。这一说最大的问题是并未得到史籍和唐人文字记载的支持。《新唐书·文艺传》说："（李白）其先隋末以罪徙西域。"李阳冰在《草堂集序》中说："中叶非罪，谪居条支。"只有范传正明确地说："隋末多难，一房被窜于碎叶。"可见，李白祖先因罪流放西域是有的，可能确实也流放到了碎叶，但并不能必然得出李白生于碎叶的结论。

20世纪90年代以后，国内历史学界普遍认同李白出生于江油，而且给出了具体的地址——青莲镇。

所以，我们大致可以得出这么一个结论：李白祖籍甘肃，其祖先因罪流放西域，可能到他父亲这一辈就回国定居江油了，而李白就出生于当地。

那么，李白这个名字是怎么来的呢？《草堂集序》说："逃归于蜀，复指李树而生伯阳。惊姜之夕，长庚入梦。故生而名白，以太白字之。"范传正也记载道："公之生也，先府君指天（李）枝以复姓，先夫人梦长庚而告祥，名之与字，咸所取象。"二人所提到的"长庚"，其实就是李世民"玄武门之变"前"太白经天"中的那个"太白"，也就是今日所说的金星、启明星。李白他妈梦到了金星，所以就给这孩子定名为李白。

他的诗才就不用多说了，天生的，"五岁诵六甲①，十岁观百家"。这里我重点说说李白除了写诗外的三大爱好：舞剑、旅游、喝酒。

唐人尚武，那时的年轻人普遍向往军旅生活。李白也一样，他最喜欢的其实不是诗文，而是剑器，并且还是个剑术高手，"十五好剑术"，"剑术自通达"。今人考证《全唐诗》中李白的诗作，"剑"字共出现了107次之多，除去作为地名的"剑阁"3次、"剑壁"1次外，武器之"剑"仍有103处之多。他和杜甫一样，都是剑术大家公孙大娘②、裴旻③的铁杆粉丝。唐文宗御封李白的诗歌、裴旻的剑舞、张旭的草书为"三绝"。

李白生性豁达豪爽，爱旅游，爱交友，酒量惊人，颇有侠义之风。他的名声之所以那么大，除了确有才华外，爱旅游和爱喝酒也是重要原因。在那个没有互联网、没有传媒的年代，他如果只在四川待着，鬼知道他是何等人物？他如果不爱喝酒，就无法结识贺知章、岑参、杜甫、孟浩然、高适等众多名人文士和玉真公主、张说、韩朝宗等达官贵人，谁给他造势？哪儿来的流量？

开元十三年（725年），25岁的李白生平第一次走出四川的大山，

---

① 六甲，唐代的小学识字课本。

② 公孙大娘，郾城北街（今河南省漯河市境内）人，是开元盛世时的唐宫第一舞人。她在继承传统剑舞的基础上，创造了多种剑器舞，如《西河剑器》《剑器浑脱》等。杜甫有《观公孙大娘弟子舞剑器行》："昔有佳人公孙氏，一舞剑器动四方。观者如山色沮丧，天地为之久低昂。霍如羿射九日落，矫如群帝骖龙翔。来如雷霆收震怒，罢如江海凝清光。绛唇珠袖两寂寞，晚有弟子传芬芳。临颍美人在白帝，妙舞此曲神扬扬。与余问答既有以，感时抚事增惋伤。先帝侍女八千人，公孙剑器初第一。五十年间似反掌，风尘澒洞昏王室。梨园弟子散如烟，女乐余姿映寒日。金粟堆南木已拱，瞿唐石城草萧瑟。玳筵急管曲复终，乐极哀来月东出。老夫不知其所往，足茧荒山转愁疾。"

③ 裴旻，唐代剑舞大家，祖籍河东闻喜（今山西闻喜），曾镇守卢龙，先后参与对奚人、契丹和吐蕃的战事。据《新唐书》记载，裴旻官至左金吾大将军。

就跟撒欢儿似的，一口气从大西头的四川江油干到了大东头的江苏扬州。他一路走，一路写，一路喝，一路交朋友，在陈州（今河南周口淮阳区）认识了大文豪、书法家李邕，在襄阳认识了山水田园诗派大咖孟浩然，在安陆寿山还征服了一个姓许的妹子。

这个姓许的女孩儿可不是一般战士，她的太爷爷许绍是高祖李渊的同学，因战功获封安陆郡公、谯国公，她爷爷许圉师是高宗的宰相。名门望族的千金小姐涉世未深，就喜欢有才华的小伙儿。李白小词儿咔咔一顿整，就给许大小姐整动心了。开元十五年（727年），李白在安陆和许小姐完婚，算是落地了，但并未生根，因为他这个人天生无根。

今天的我们看这件事很小，自由恋爱，看对眼儿就扯证呗！但以当时的价值观看，李白可是出了大格，干了一件非常离经叛道的事情。因为他是倒插门，不是他迎娶了许小姐，而是他入赘了许家。

李白这么选择，也不一定是出自真爱，功利心其实挺强的。他是商人子弟，没资格参加科举，只能走干谒的路子。干谒这事儿，除了经济实力打底，还需要政治资源辅助。李白想，宰相之家的政治资源肯定丰富得要耍的，入赘后还愁将来没官做？！

他出川两年多，中间没回过一次家，入赘大概率是他自作主张，可能都没有跟父亲书信沟通过。所以，当李家人得知李白入赘的消息后，马上断了给他的资助。

他以为他以为的就是他以为的，却被现实啪啪打脸。许圉师当年被武则天一伙儿给扳倒了，许家虽然还有点儿实力，但已经不占据政治舞台的咖位了。并且，李白的大舅哥很是看不上他这种攀附的商人子弟。李白傻了眼，入赘不仅没能得到许家的帮助，还失去了李家的支持。

因为人在安陆，所以李白最初想走本州长史裴某的门路，多次登门拜访，以诗文干谒。但干谒路上人满为患，有人诋毁他，搞得裴长史对李白很有意见。李白满怀愤懑写了著名的《上安州裴长史书》。

一上来开宗明义，说明写作目的——解释澄清。"敢剖心析肝，论举身之事，便当谈笔，以明其心。而粗陈其大纲，一快愤懑，惟君侯察焉。"今天我不揣冒昧，向您说说心里话，讲讲我这个人为人处世的原则和事例，相当于用笔谈心了。顺便我也发泄下胸中的愤懑，希望您能明察秋毫，不要误会我了。

然后就是讲自己的各种优点。一是勤勉好学，"五岁诵六甲，十岁观百家。轩辕以来，颇得闻矣。常横经籍书，制作不倦，迄于今三十春矣"。二是轻财好施，"曩昔东游维扬，不逾一年，散金三十余万，有落魄公子，悉皆济之"。三是存交重义，一同出游的伙伴死了，我当时就把他葬了，几年后我还以礼迁葬他来着。四是养高忘机，隐居深山，谢绝广汉太守的推荐。很多达官贵人都肯定过我的才华，比如那个谁谁谁，还有谁谁谁。潜台词，他们我都不服，就服您，就想走您的门路。这条肯定是瞎掰，他急于干谒，任何一朵云彩都不会错过的。

接着就是花式夸奖裴长史。夸是应该的，求着人家，好话总是要说的。但李白明显是社会经验和政治经验不足，夸得用力过猛了。"高义重诺，名飞天京，四方诸侯，闻风暗许。倚剑慷慨，气干虹霓。"这是夸裴长史的气节和声望，到这里还是能看的。可是你夸裴长史的颜值是几个意思？"鹰扬虎视，齿若编贝，肤如凝脂，昭昭乎若玉山上行，朗然映人也。"关键用的还是夸美女的词儿，感觉不怪吗？裴长史看了是该笑呢，还是该哭笑不得呢？最要命的是这几句："月费千金，日宴群客。出跃骏马，入罗红颜。"裴长史您有钱，相当有钱，一个月花费千金，天天大宴宾朋。您的生活也很气派，出行有宝马，回到家中则有美女环列。大唐也是有执纪部门的，你这么说到底是在夸裴长史，还是在威胁人家？

用词都这么生猛了，李白还在恳求裴长史不要相信他人对他的毁谤："愿君侯惠以大遇，洞天心颜，终乎前恩，再辱英眄。"希望您宽大为怀，恢复对我的信任和器重。这话倒是也可以，毕竟写这篇文章就是为了说这个话。

可李白偏偏画蛇添足："若赫然作威，加以大怒，不许门下，遂之长途，白既膝行于前，再拜而去，西入秦海，一观国风，永辞君侯，黄鹄举矣。何王公大人之门，不可以弹长剑乎？"如果您还是很生气，不让我进您的门，那我只能跪在您门前告别了。我将西行入关，到天子脚下寻找机会去了。您家的门不对我打开，难道别的王公大人的门就都不对我开放了吗？！

听听，这还是求人吗？我给你机会原谅我了，你要是把握不住，那就拜拜了您嘞！此处不留爷，自有留爷处。文人那点儿小傲娇体现得淋漓尽致。

搁你是裴长史，能遭得住这样的文章吗？遭不住！裴长史本就生气，看了文章更生气了，从此不再理会李白。

这是心高气傲的李白所无法接受的，他决定北上长安，到天子脚下去，靠自己的诗文蹚出一条路来。

开元十八年（730年）夏天，李白来到长安公关。靠着才和财，他结识了当时的文人领袖、前宰相张说，以及张说的儿子——驸马都尉张垍。但没什么效果，张说已经被李林甫扳倒了，自顾尚且不暇，怎么可能帮李白说话？！张垍除了顶着个驸马身份外，别的说了也不算。李白在长安待了一年多，钱花得差不多了，付不起房租了，不得不在开元二十年年底返回安陆家中。

初入长安失利对李白的打击很大，回来后他就想隐居了，在白兆山桃花岩建了一座石室，又在山里开垦了几亩薄田，且耕且读。快乐吗? 当然不! 他不思进取、自甘堕落，许家人难免对他指指戳戳。李白自个儿也坐不住啊，再说了，他内心其实也并未完全放下对出仕的眷恋。

所以，当他听说玄宗将于开元二十二年（734年）正月巡幸东都洛阳，就精雕细琢写了一篇《明堂赋》进献。李白想得美，他用大唐最宏伟的建筑明堂类比"开元盛世"，称赞大领导玄宗。

《明堂赋》全文我就不贴了，全是在炫文字。写得挺好，但依旧没用! 因为他号错脉了，他觉得明堂对玄宗意义很大。其实不然，明堂是女皇和武周的象征，玄宗看到明堂就浑身不舒服。

献赋失败，李白那个郁闷啊，于开元二十三年离开安陆，又跑到西边游历。巧了，恰逢玄宗下敕要举行冬季狩猎活动。李白感到机会又来了，二入长安，又写了一篇《大猎赋》进献，夸耀大唐幅员辽阔，"圣朝园池遐荒，殚穷六合"，还特意在文中讲了道教的玄理，以迎合崇尚道教的玄宗。

确实用心了，但依旧没什么效果。玄宗日理万机，除非有人特别推荐，否则怎么可能去看一个无名小子的文章?! 李白滞留三年，实在是没钱花了，感叹"行路难，归去来"，黯然离京回家。

大概在开元二十九年（741年）到天宝元年间，不甘心的李白第三次来到了长安。

可能也是老天爷看不下去了，这次他的干谒活动出奇地顺利，搭上了两个牛人，一个是玄宗的亲妹妹——女道士玉真公主，另一个就是贺知章。晚辈遇到前辈要怎么做呢? 当然是拿自己的作品请老师批评指正啦! 贺知章连看了李白写的《乌栖曲》和《蜀道难》，直看得两眼冒绿光，天啦噜，此人简直就是天纵奇才呀! 当场盛赞李白是"谪仙人"。意思是说，凡人写不出这样的诗，李白能写出来是因为他本非凡人，是被贬下凡间的仙人。到底是贺老师，这个评价既切中要害又极其妥帖，李白"诗仙"的美誉正是来自贺知章。当然了，贺知章也一语成谶了，后来李白果然遭到贬谪。

贺知章的超高评价予李白以极大鼓舞，两人一见如故，大有相见恨晚之意。

然后，贺知章就请李白喝酒。这次他可碰到对手了，李白那也是相当能喝的人，把老贺头喝到位了。最后结账时，贺知章发现酒钱不够了，正好腰间挂着金龟袋，一把解下来，扔给店主充抵酒钱。

龟袋是盛放龟符的小袋。什么是龟符呢？简单地说，龟符就是唐代的高级干部证，只限于五品以上文武持有，因为呈龟形，所以叫龟符。在武则天以前，袋子里装的不是龟符，而是鱼符。武周代唐，五品以上官员统一改佩鱼为佩龟。为啥是龟而不是别的动物呢？因为龟在古代雅称玄武，正好契合武则天的姓氏。龟符一般长约6厘米、宽约2厘米，分左、右两半，上面刻有官员的个人信息。两半呈榫卯结构，左符放在内庭，作为"底根"；右符由持有人随身携带，出入宫廷时须经检查，以防作伪。

武则天这一改，起码改出了两个典故。

第一个是金龟婿。李商隐写过一首《为有》："为有云屏无限娇，凤城寒尽怕春宵。无端嫁得金龟婿，辜负香衾事早朝。"云母屏风后面的美人格外娇媚，京城寒冬已过却怕春宵苦短，只因她无端嫁了个做高官的丈夫。高官丈夫不恋温暖的香衾，只想着去上早朝。后世因此以"金龟婿"代指当大官的乘龙快婿。现在对"金龟婿"的理解已经庸俗化了，有钱就行。

第二个就是发生在贺知章和李白之间的"金龟换酒"。龟符是中高级官员的证件，并非私人物品。贺知章是真敢当，李白是真敢看着他当，而店主这个"傻狍子"也是真敢收。三个愣货成就了中国文化史上的一段佳话。

李白已经在干谒道路上奔波十来年了，屡屡不得奏效，而这次结识贺知章却让他成功叩开了仕途的大门。在贺知章的极力推荐下，玄宗破格召见李白。

根据史书记载，会见当天，玄宗隆重礼遇了李白，不仅降辇步迎，还"以七宝床赐食于前，亲手调羹"。按照文人圈的传言，玄宗还向李白问政来着，李白对答如流，深得玄宗赞赏。这肯定是瞎掰，从后事来看，玄宗有可能说的是场面话，其实对李白所答根本就不满意，更有可能压根儿就没有问政这回事儿。但见了皇帝就不愁没官做了，会见后，玄宗即诏命李白供奉翰林。

通过贺知章，李白也进入了一个很高级的小圈子，一个爱喝酒的文人圈子，也可以说是爱文艺的酒友圈子。经常聚在一起喝酒的有八个人，除了贺知章、李白，还有玄宗长兄李成器的儿子汝阳王李琎①、李承乾的孙子宰相李适之、崔日用的儿子齐国公崔宗之、兖州都督苏珦②的儿子苏晋、"草圣"张旭和草根文人焦遂。当时的文人对他们这个狂浪的小团体推崇有加，称他们为"饮中八仙"。这是文雅的叫法，通俗地讲就是八大酒蒙子。

杜甫甚至专门写了一首《饮中八仙歌》，描述这几个人喝酒时的状态。排第一的就是贺知章。杜甫说他："知章骑马似乘船，眼花落井水底眠。"贺知章喝醉后骑在马上摇摇晃晃的，就像在坐船一样。有时，他醉眼昏花地掉在井里头，干脆就在井底睡着了。这肯定是口枯井，要是有水，贺老师早淹死了。

初入翰林院的李白很是激动振奋，但很快他就开心不起来了，玄宗根本不与他议政，只是让他陪侍左右，写诗文娱乐。宴会了、春游

---

① 琎，音进。
② 珦，音向。

了、狩猎了，去，把那个李什么、什么白叫来，作个诗，给朕助助兴。

大家可以看看李白这个时期写的《宫中行乐词》十首。比如《其二》："柳色黄金嫩，梨花白雪香。玉楼巢翡翠，金殿锁鸳鸯。选妓随雕辇，征歌出洞房。宫中谁第一，飞燕在昭阳。"《其三》："卢橘为秦树，蒲桃出汉宫。烟花宜落日，丝管醉春风。笛奏龙吟水，箫鸣凤下空。君王多乐事，还与万方同。"全是命题作文，写的都是宫廷生活，对比李白的其他诗作，在立意、题材、艺术水准上差得不是一星半点儿。

本想指点江山，不料却成了侍宴的陪玩。李白的理想抱负遭到沉重打击，只能借酒浇愁。

天宝二年（743年）的一天，玄宗和杨玉环在宫中沉香亭观赏牡丹，此情此景得有人作诗啊，去，把那个写诗的叫来！当时李白在外头已经喝大了，迷迷瞪瞪就来了。文人一喝酒，便见真性情，仗着酒劲，他居然要求高力士为他脱靴，杨玉环为他研墨。

他的这个要求令玄宗、杨玉环、高力士三人都极为尴尬，你算老几，敢这么安排我们几个？当着那么多人的面，玄宗也不好发作，只得迁就。

李白看着高力士替他脱完靴，等杨玉环研好墨，借着酒力在金花笺上作了三首诗，这就是著名的《清平调》三首。

其一

云想衣裳花想容，春风拂槛露华浓。
若非群玉山头见，会向瑶台月下逢。

其二

一枝红艳露凝香，云雨巫山枉断肠。
借问汉宫谁得似？可怜飞燕倚新妆。

其三

名花倾国两相欢，常得君王带笑看。

解释春风无限恨，沉香亭北倚阑干。

随后，大唐第一美人杨玉环献舞，大唐皇帝玄宗吹紫玉笛伴奏，大唐"乐圣"李龟年引吭高歌，诗仙之词惊艳浪漫，玉环之舞骞凤翔鸾，明皇之奏虎啸龙吟，乐圣之歌婉转缠绵，诚可谓天作之合、大唐绝唱。这个瞬间是整个"开元盛世"最具代表性的缩影。

但诗写得再好，惹领导不高兴了也是白搭。玄宗非常恼火，在李白退下时指着他的背影对高力士说："此人固穷相。"这话骂得挺狠，翻译成现代汉语就是：这个人天生一副穷相。

平心而论，这事儿李白确实办得过了火，换我是玄宗，我也恼火，你个小文人清高好面子可以理解，但你故意挫我的面子，在我这里秀存在，是可忍孰不可忍?！

高力士对李白也大为愤恨。某日，杨玉环正在吟诵李白的《清平乐》，高力士趁机说道："始以妃子怨李白深入骨髓，何反拳拳如是耶？"我本以为您受了李白的侮辱，一定对他恨之入骨，没想到您还这么爱他的诗！杨玉环就很惊诧啊："何翰林学士能辱人如斯？"高力士解释说："以飞燕指妃子，贱之甚矣！"赵飞燕出身歌女，后来虽然成为皇后，但作风不正，最终被贬为庶人。李白将赵飞燕跟您相比，不是把您看得太下贱了吗？杨玉环听了勃然大怒，自然跑去向玄宗吹风。

李白也感觉到这种变化了，他已经开了眼界，知道怎么混都没有自己的位置，萌生去意。天宝三载（744年），压倒他心态的最后一根稻草来了：他的忘年交贺知章申请致仕归家了。

05. 知章仙逝

一个八十多岁的老头仍然疯狂饮酒，铁定出事。是年，贺知章得了一场大病，几乎就去见阎王了。大病过后，他意识到时日无多了，申请致仕。玄宗几经挽留无果，只得同意，并下诏于长安城东门设宴为贺知章饯行。

这是一场超高级、超豪华的退休宴。不仅政界、文艺界的名流齐聚一堂，而且玄宗本人亲自出席，还当场赠给贺知章两首御诗。李白作诗：

镜湖流水漾清波，狂客归舟逸兴多。
山阴道士如相见，应写黄庭换白鹅。

另一诗人卢象赠诗：

青门抗行谢客儿，健笔连羁王献之。
长安素绢书欲遍，主人爱惜常保持。

大家可能注意到了，他们称赞的都是贺知章的书法。特别是卢象，他将贺知章比作唐朝的王献之。很多人并不知道，除了诗歌，贺知章在书法上的成就也很大，尤其善于草书，这可能与他经常和张旭混在一起有关系。贺知章任秘书监时，同僚将他的草书与秘书省的落星石、薛稷画的鹤、郎余令绘的凤，合称为秘书省"四绝"。

贺知章逝世八十多年后，刘禹锡在洛阳发现了他当年的题壁，并在《洛中寺北楼见贺监草书题诗》中写道:"高楼贺监昔曾登,壁上笔踪龙虎腾。"晚唐的温庭筠评价:"知章草书,笔力遒健,风尚高远。"贺知章仅有《孝经》一件书法真迹存世。代宗大历年间成书的《述书赋》称赞《孝经》"落笔精绝""与造化相争,非人工即到"。这件书法珍品于17世纪后半期被倭寇抢走了,现藏于日本三之丸尚藏馆。

宴会结束后,玄宗让太子李亨执学生之礼,率文武百官为贺知章送行。在大唐,从来没有一个文人享受过如此高的待遇,此后也没有。

在阔别五十多年后,贺知章终于回到了心心念念的故乡。时为早春二月,江南柳芽初发,春意盎然,微风拂面。犹如脱笼之鸟的贺知章沉醉在早春嫩柳的迷人风姿中,写下了他最广为传颂的代表作《咏柳》:

碧玉妆成一树高,万条垂下绿丝绦。
不知细叶谁裁出,二月春风似剪刀。

虽然已是满鬓斑白,但回乡的喜悦却冲淡了旅途的舟车劳顿。在村子里,他碰到了一群玩耍的孩童,便用一口正宗的吴音向他们打听事情。小孩子们却反问他从哪里来。出走半生,归来却是物是人非,半生飘摇惊回眸,一念转瞬负清秋,贺知章触景生情:

少小离家老大回,乡音无改鬓毛衰。
儿童相见不相识,笑问客从何处来。

离京时,玄宗将镜湖(今绍兴鉴湖)赏赐给了贺知章。耳里频闻故人死,眼前唯觉少年多。归家的贺知章也只能守着镜湖水,独自回味这一生:

> 离别家乡岁月多，近来人事半消磨。
>
> 惟有门前镜湖水，春风不改旧时波。

当年底，这位唐朝最高寿的诗人走向了人生的终点。

五代之后的文人将贺知章与司马承祯、卢藏用、陈子昂、宋之问、王适、毕构、李白、孟浩然、王维，并称为"仙宗十友"。

作为知名的大诗人，贺知章现存的诗歌却不多，只有十九首。这倒不是因为他创作量小，而是他性格过于洒脱，写了就写了，从没想过将作品结集。

在唐代诗人中，贺知章不是最有才的，李白、杜甫、元稹、白居易都比他有才；他也不是官儿最大的，张九龄、元稹、李绅官至宰相，高适官至节度使。但贺知章有两点却让所有大唐诗人望尘莫及、羡慕不已。

第一，他这一生太顺了，没有经历半点儿坎坷，在长安惬意地工作生活了五十年，并且还是唐朝最好的五十年，官居三品，别说被贬黜了，连一个处分都没有。其他诗人大多很惨，李白、杜甫到处流浪，穷得叮当响，杜甫连儿子都能饿死。柳宗元困死在柳州。宋之问被赐自尽。李绅被认定为酷吏，削除一切官爵，子孙永远不得入仕。罗隐"十上不第"。

第二，贺知章是唐代诗人里最受皇帝尊崇的一个，没有之一。退休时皇帝赠诗，太子率百官相送。李白有才吧，玄宗只把他当宴饮时取乐的陪玩，喝高兴了，需要他写诗助兴了，才把他喊来，助完兴，哪儿凉快你就哪儿待着去。白居易文名虽大，却被宪宗指责"白居易小臣不逊，须令出院"。

这么一对比，贺知章绝对是空前绝后只此一人了。

就在贺知章去世前不久，再无留恋的李白主动向玄宗打了辞职报告，哥儿们不伺候了！玄宗给了他点儿钱，顺势让他滚蛋了。后世文人往他们这个群体脸上贴金，将这个故事演绎成了著名的"赐金放还"。其实哪儿有什么赐金放还啊，明明是拿钱滚蛋！

在事业基本无望的同时，李白的家庭也亮起了红灯。

这也正常，别人出门按天论，李白出门按年论，一出两三年，关键他还总出门。爱上一个不回家的男人，许氏的命也真是够苦的！她给李白生了一儿一女，儿子叫李伯禽，女儿叫李平阳。大约在李白被赐金放还后，许氏可能是病死了，也可能是把李白扫地出门了。一看你没个出息，你跟皇帝说拜拜，我跟你说拜拜，这也是有可能的。

但李白的天空飘过五个字：那都不是事。从此，他彻底放飞自我，吃了咸菜滚豆腐，皇帝老子不及吾，到处旅游，采风喝酒，交友写诗。许巍唱："曾梦想仗剑走天涯，看一看世界的繁华……"这一点李白确实做到了，他其实是一个用脚写诗的人，不比后世的徐霞客差。

虽然当官的希望破灭了，但三入长安特别是宫廷供奉的经历，使李白蜚声海内，成了大唐官方认证的第一网红。名气是可以当饭吃的，以至于后来李白无论走到哪里，都有大把的人请他喝酒吃肉。至少在安史之乱发生以前，李白没缺过钱花，没少过酒喝。

惊闻贺老师仙逝，李白隔空举杯，写下了《对酒忆贺监二首》。

其一

四明有狂客，风流贺季真。

长安一相见，呼我谪仙人。

昔好杯中物，翻为松下尘。

金龟换酒处，却忆泪沾巾。

其二

狂客归四明，山阴道士迎。

敕赐镜湖水，为君台沼荣。

人亡余故宅，空有荷花生。

念此杳如梦，凄然伤我情。

06."诗圣"杜甫

天宝三载（744年）夏天，李白游历到了洛阳，在这里他遇到了另一个到处游历的诗歌奇才。此人比他小11岁，姓杜，名甫，字子美，正是后日大名鼎鼎的"诗圣"。

与商人子弟李白不同，杜甫的出身相当之好，他的远祖是汉武帝时期的著名酷吏杜周。杜甫和"小李杜"里的杜牧确实是同宗，都是西晋学者、名将杜预的后代，大杜是杜预次子的后代，小杜是杜预少子的后代，他俩除了有一个共同的姓氏外，其实已经隔得非常远了。

杜甫祖籍襄阳，到他曾祖父这一代，因为出任巩县县令，就举家移居到了今河南郑州巩义。杜甫的爷爷就是与崔湜、宋之问、沈佺期、张说同为珠英学士的杜审言。杜审言年纪轻轻就高中了进士，写得一手好文章，与李峤、崔融、苏味道并称"文章四友"。但此人在政治上却是个投机分子，依附张昌宗、张易之兄弟，官至膳部员外郎。中宗复辟后，他被流放越南，后来虽然回朝了，但已经是政治的边缘人。杜甫的父亲杜闲发展得也不错，娶了豪门战斗机——清河崔氏的女子，出任京兆奉天（今陕西咸阳乾县）县令。

杜甫就出生在这样一个富贵人家。可能是家族遗传,杜甫天生诗才,"七龄思即壮,开口咏凤凰"。从他所写的"忆年十五心尚孩,健如黄犊走复来。庭前八月梨枣熟,一日上树能千回"来看,我们的大诗人小时候顽皮得很呢!

由于家庭条件优越,杜甫的前半生过得那叫一个舒坦。他曾坐在VIP席上近距离欣赏舞蹈大咖公孙大娘的剑器舞,在玄宗弟弟岐王李范和崔湜他弟崔涤家中当面聆听国民歌唱家李龟年的歌声,还曾在洛阳北邙山玄元皇帝庙里欣赏过"画圣"吴道子的《五圣尊容》《千官行列》……

小小年纪便与各界名流勾肩搭背、称兄道弟,对比他穷困潦倒的后半生,真是让人不胜唏嘘。

年轻的杜甫和李白一样,也是个资深驴友,到处浪游打卡。开元二十四年(736年),杜甫在洛阳参加了人生第一次科举,结果落第。这时的他有家境做支撑,有父亲做依靠,加之又年轻,也没太把功名当回事儿。

正巧他爸调任兖州(今山东济宁兖州区)司马,杜甫就跑到山东、河北一带浪游,过了四五年"裘马轻狂"的快意生活。著名的《望岳》就是在这时期写成的。"会当凌绝顶,一览众山小",年轻人的雄心壮志一览无余。

天宝三载,李白辞官游历到了洛阳。作为后学晚辈的杜甫兴冲冲地登门拜访。虽然两人的写作手法和方向都不同,但李白很是认可杜甫的才华,二人一见如故,成了忘年交。

"诗仙"和"诗圣"的这次会面,绝对是中国诗歌史上空前绝后的一刻。

两人结伴同游河南,邂逅了当时还籍籍无名的诗人高适。高适是太宗、高宗时代名将高侃的孙子,也是后来边塞诗派的代表人物。三人评文论诗,喝酒吃肉,结伴同游,好得都睡一张床、盖一床被子。杜甫有诗为证:"醉眠秋共被,携手日同行。"杜甫也是在这时写下了他对李白的经典评价:"笔落惊风雨,诗成泣鬼神。"之后,三人分道扬镳。

一年后,李白和杜甫又相约在山东见面,一起拜会了隐士范野。临别之际,两人互赠诗歌。杜甫赠给李白的诗是:

> 余亦东蒙客,怜君如弟兄。
> 醉眠秋共被,携手日同行。

李白回赠:

> 秋波落泗水,海色明徂徕。
> 飞蓬各自远,且尽手中杯!

此次一别,终有生之年,二人再未相见。隔开他们的不是理想和志趣,而是无可奈何的生活。

杜甫出生于睿宗退位、玄宗登基的那一年,所以他是生于玄宗时代、长于玄宗时代。他青年以前的人生刚好是开元盛世时期。

同样是写大唐盛世,李白和杜甫完全是两个路数,李白用的是"云想衣裳花想容,春风拂槛露华浓"这样的浪漫主义手法,而杜甫用的是纪实手法。

他写大唐盛世最著名的诗篇是《忆昔二首·其二》:

> 忆昔开元全盛日,小邑犹藏万家室。
> 稻米流脂粟米白,公私仓廪俱丰实。

九州道路无豺虎，远行不劳吉日出。

齐纨鲁缟车班班，男耕女桑不相失。

宫中圣人奏云门，天下朋友皆胶漆。

百余年间未灾变，叔孙礼乐萧何律。

回想开元盛世，一个小县城就有万家人口。农业丰收，无论是百姓的粮囤还是官家的仓库，里面满满的都是粮食。那时的社会秩序也相当好，路上没有豺狼虎豹，出个远门都不用算吉日。人们都穿着各式各样布料的衣服。车辆往来，不绝于道。男耕女桑，各安其业，各得其所。宫中天子奏响太平祥和的乐曲，普天之下的亲朋如胶似漆。一百多年间，这个国家没有发生过大的灾祸，无论礼乐还是律法都很规范健全。

进入天宝时代，与唐朝冲上巅峰的同时，杜甫的人生也达到了巅峰。他结束了漫游的生活，在洛阳偃师县西北的首阳山下盖了豪宅，然后迎娶了出身弘农杨氏的女子为妻。而这时的他刚刚年过三十。

07. 高僧一行

玄宗时代，佛教出了两位有大贡献的新星，一个法号一行，一个法号鉴真。

僧一行，本名张遂，河南濮阳南乐人。两唐书都说他是贞观朝凌烟阁二十四功臣中郯国公张公谨的曾孙，但两书的《张公谨传》中却均未记载他有个后代是一行和尚①，所以学界对此是有争论的。

张遂"博览经史，尤精历象、阴阳、五行之学"。梁王武三思非常欣赏他，非要和他结交。张遂可不想和武家人有所瓜葛，就跑到嵩山嵩阳寺出了家，法号"一行"。

开元五年（717年），玄宗专门派一行的族叔——礼部郎中张洽到荆州请一行出山。你不是躲吗？朕让你叔去请你。一行迫于无奈，只得前往长安。

玄宗请一行出山的目的是编修新历法。从高宗到玄宗之初，唐朝用的历法一直是李淳风编制的《麟德历》。但这部历法还不够完善，好几次预报日食都不准。玄宗想编制新历，可朝廷没有这方面的人才，有人告诉他僧一行对天文历法颇有研究，或可担此重任，玄宗这才延请一行出山。

一行的助手——太子卫率府兵曹参军梁令瓒研制出黄道游仪和水运浑天仪，解决了天上的数据测量问题。水运浑天仪还附带设计出了全世界最早的机械时钟装置。李约瑟②在《中国科学技术史》第四卷中说："梁令瓒和僧一行所发明的平行联动装置，实质上就是最早的机械时钟，是一切擒纵器的祖先，走在欧洲14世纪第一具机械时钟的前面；西方关于钟表装置是14世纪早期欧洲的发明这一说法，是完全错误的。"

---

① 根据相关史料可以确定，一行的父亲名叫张擅，曾任京兆武功县令。一行的从祖父是张公谨次子张大素，他还有个族叔是玄宗朝礼部郎中张洽，而张洽是张公谨第三子张大安的儿子。张公谨只有三子，既然一行不是张大素或张大安的直系后代，那他只能是张公谨长子张大象的孙子。但问题来了，张大象见诸史书的儿子只有一个张忱，张忱和张擅是不是同一个人，这中间是缺乏史料或考古实物支撑的。

② 李约瑟（1900—1995），出生于英国伦敦，生物化学和科学史学家，美国国家科学院外籍院士，中国科学院外籍院士。

一行则组织领导了地面数据的测量工作。他选了 13 个测量点，最北边的点是位处北纬 51° 左右的铁勒回纥部（今蒙古国乌兰巴托西南），最南边的点则是位于北纬 18° 附近的林邑国（今越南中部地区）。这个测量范围在纵向上已经超出了现在中国南北的陆地疆界，即便放在当今世界，其测量范围都是相当惊人的。

太史监南宫说带队的项目组负责测量中原地区的四个点，由北向南依次是滑州白马（今河南安阳滑县）、汴州浚仪太岳台（今河南开封西北）、许州扶沟（今河南周口扶沟县）和豫州上蔡武津馆（今河南驻马店上蔡县）。除白马位于黄河以北外，其余三个点均位于黄河以南。这四个点都位于东经 114.2°—114.5°，差不多在同一经度上。经过测量，南宫说测出白马至上蔡的距离总计 526 里 270 步，北极高度相差 1.5°。

一行根据这一数据，"以南北日影较量，用勾股法算之"，得出了大约 351 里 80 步，北极高度相差 1° 的结论。一行肯定意识不到，他居然算出了地球子午线 1° 的长度。这个数值和现在的数值相比，相对误差大约为 11.8%，但在当时已经是最精确的数值了。

测定了基础数据后，开元十三年（725 年），一行开始编制新历。经过两年的工作，他在开元十五年（727 年）完成了历书的草稿。然而天不假年，当年十月，一行在随玄宗巡幸途中突然圆寂，年仅 45 岁。玄宗悲痛万分，亲赐谥号"大慧禅师"。这个谥号选得非常好，一行确实当得起"大慧"二字！

张说等人审定草稿，并取《周易·系辞》中"大衍之数"一句，定名为《大衍历》。经过检验，《大衍历》比唐代已有的历法都精密。于是，开元十七年（729 年），玄宗下诏废止《麟德历》，同时将根据《大衍历》编算成的历书颁行全国。这部历法一经问世，便震惊了东亚文化圈。还是日本下手最快，在开元二十一年（733 年）即引入

《大衍历》，行用近百年之久。

鲜为人知的是，一行的作为并不仅仅限于天文，他在老本行——佛学上同样取得了巨大成就。

密教作为佛教的一个新兴宗派，直到公元7世纪初才在天竺形成。开元年间，有三位天竺密教僧人不远万里来到唐朝传教，创立了汉传密宗。这三人便是著名的"开元三大士"——善无畏、金刚智和不空。

善无畏和金刚智都是天竺人，一个是东天竺乌荼国王，刹帝利种姓，一个是南天竺摩赖耶国王子，婆罗门种姓。金刚智的徒弟——斯里兰卡人不空大概率是吠舍种姓。善无畏入唐走的是陆路，和玄奘西天取经反方向，于开元四年（716年）抵达长安；金刚智和不空走的是水路，于开元七年（719年）抵达广州。三人刚好是老中青三代人，善无畏年纪最长，不空最幼，金刚智居中。

密宗区别于其他宗派的最大特点，在于其崇拜对象为大日如来。密宗理论认为，世界东、南、西、北、中五方各有一个佛主持，分别是中央的毗卢遮那佛（大日如来）、东方阿閦佛（不动如来）、西方阿弥陀佛、南方宝生佛和北方不空成就佛，统称为"五方佛""五智佛""五方如来""五智如来"。其中，以中央佛大日如来为最尊，宇宙中一切事物都是大日如来所显现的，表现其智德方面者称为"金刚界"，表现其理性方面者称为"胎藏界"。所以，密宗进一步细分为胎藏界和金刚界两种密法。善无畏研习胎藏界，金刚智和不空研习金刚界。

金刚智和不空入唐后，一行主动拜访，并求不空为他灌顶①。顺便

---

① 灌顶，原为古印度帝王即位的仪式。佛教密宗效此法，凡弟子入门或继承阿阇梨位时，必须先经本师以水或醍醐灌洒头顶。

说一句，今天我们常用的"醍醐灌顶"一词其实最初是佛教用语。

开元十一年（723年），金刚智受诏组织翻译金刚界经典《瑜伽念诵法》和《七俱胝陀罗尼》。大家想，天竺人肯定不懂汉文啊，只能口授，而负责缀文的正是一行。第二年，善无畏随驾入东京洛阳，奉诏于福先寺翻译胎藏界最高经典《大日经》。负责执笔的还是僧一行。所以，一行深得开元三大士真传，博通胎藏、金刚两界。

开元十三年（725年），一行在启动编修《大衍历》的同时，完成了他的佛学思想代表作——《大日经疏》。《大日经疏》本质上是对《大日经》的注解。一行用二十卷的篇幅，对七卷本的《大日经》进行了逐字逐句的详注，把《大日经》中一些隐含的意义都解释出来，使密教特别是胎藏界的教理更趋完备，由此也奠定了他密宗一代宗师的地位。

08. 鉴真东渡

北有一行，南有鉴真。

鉴真于睿宗垂拱四年（688年）出生在江苏扬州，俗姓淳于，比一行小5岁。他14岁出家，成年后游历洛阳、长安等地，师从汉传佛教律宗①创始人道宣法师。所以，大家要记住，玄奘是法相宗，一行是密宗，鉴真是律宗，他们是不同宗派的杰出代表。学成后，鉴真

---

① 律宗的发源地是陕西西安净业寺，因着重研习及传持戒律而得名。因实际创始人道宣住终南山，又有"南山律宗"或"南山宗"之称。

返回老家扬州大明寺①讲律传法四十余年，成为江淮一带声望卓著的名僧大德。

天宝元年（742年），忽然有四名日本僧人登门拜访，领头的两个，一个法号荣睿，一个法号普照。

这里需要强调一下，日本将遣唐使团视为最重大的外交任务，使团成员都是千挑万选出来的，每一个人都担负着特定的使命。荣睿和普照受领的任务有两项：一项是明面的任务，留学大唐，学习汉传佛教经典；一项是秘密任务，从大唐迎请高僧赴日弘法。可他们用10年时间到处请汉地高僧，却无一人同意东渡。

日本为什么非得从大唐迎请高僧呢？原因很简单，日本是佛教北传的末端，其佛学水平处于最下游。佛教的母国是天竺，北传到西域是第二手，东传到唐朝是第三手，再传到新罗是第四手，最后传到日本时已经是第五手了。日本佛教不仅理论不发达，正规化建设水平也不高，队伍很混乱。日本天皇为此很苦恼，就想着从大唐迎请一位高僧赴日指导。

唐朝的高僧们又为什么不想去日本呢？原因同样很简单，水往低处流，人往高处走嘛！大唐僧人如果出国，首选肯定是天竺，谁稀罕去末流的日本呢？这就跟今天留学似的，欧美和毛里求斯你选哪个？在鉴真以前，只有一个法号道叡的和尚曾赴日本讲《行事抄》。但关于此人的资料特别稀少，故而历史知名度不高。

面对荣睿和普照的邀请，大明寺众僧"默然无应"，唯有鉴真表示："是为法事也，何惜身命?!"他为什么会答应呢？我分析可能的原因是这样的，律宗当时还是个小宗，传至鉴真也才刚第二代，在国内

---

① 大明寺，位于江苏省扬州市区西北郊，被国务院批准列入第六批全国重点文物保护单位名单。

的影响力并不大，鉴真接受东渡是为了弘扬律宗思想。

然后，一段坎坷而传奇的故事就开始了……

当年冬天，鉴真连同弟子共 21 人，外加荣睿、普照等 4 名日本僧人，开始在既济寺造船，准备东渡。因为荣睿、普照已经从宰相李林甫堂兄李林宗手上拿到了朝廷的批文，所以他们的东渡行动得到了扬州地方政府的大力支持。不料，鉴真的弟子道航和如海开玩笑，道航瞎掰，非说鉴真私下里批评如海学习不够、修为不行。如海信以为真，便诬告鉴真等人造船并非为了东渡，而是阴谋暗中勾结海盗攻打扬州。扬州地方官大惊，立即拘捕了鉴真等人。虽然经调查证实是诬告，但官府却勒令日本僧人立刻回国。第一次东渡还未开始，就已经结束。

经过一年多的周密准备，天宝三载（744 年）正月，鉴真等 15 位僧人连同潜藏下来的荣睿、普照，外加手工艺人 85 人，总计一百余人，终于踏上了开往日本的大船。这次人和倒是有了，但天时不给力，船还没出海，便在今江苏南通狼山附近的狼沟浦遇到了风浪，触礁搁浅了。鉴真不甘心，待船修好后再次出海，结果又遇到大风，船只漂流到了舟山的一个小岛上。地方政府派人营救，将他们转送到宁波阿育王寺安顿。刚好赶上别的寺院盛情邀请鉴真讲法，这次东渡只能夭折。

讲学结束后，鉴真准备再次东渡。这次老天爷虽然开了眼，可是人不开眼。绍兴的僧人不想鉴真离开中土，就向官府控告日本僧人荣睿、普照潜藏大唐是为了"引诱"鉴真去日本。这其实不算诬告，因为荣睿、普照的目的的确是带走鉴真。官府随即抓捕了荣睿，荣睿比较机灵，在押赴杭州中途装死脱逃。第三次东渡也吹了。

有了这三次偷渡经历，鉴真算是彻底把"行情"搞坏了，扬州官府开始重点盯梢他。换一般人估计早放弃了，但鉴真一诺千金，既然已经答应了荣睿和普照,即便这两人现在不在身边,他也要东渡日本。考虑到老家管控得太严了,鉴真就想从管理比较松懈的福州出海。没想到,他们一行三十余人刚走到台州黄岩禅林寺,又被官府截住了。原来,鉴真的弟子灵佑担心师父安危,苦求官府阻拦。官府一出手,这次东渡又黄了。

天宝七载(748年),荣睿和普照奇迹般地又出现在大明寺山门前。也是,求了那么多人,就鉴真答应了,高低得薅住他呀!

这次比较顺利,船都上了东海,但又遇到了大风,居然被一路吹到了海南三亚。鉴真在海南停留一年,才踏上了归途。行至广东肇庆时,荣睿病死于鼎湖山龙兴寺。走到韶关,普照觉得五次东渡不成是上天的意思,万念俱灰之下,黯然与鉴真分手。

故事写到这里,我要由衷地给日僧荣睿点一个大大的赞。荣睿大师不仅信仰虔诚、信念坚定,而且极具百折不挠的精神。七年间,他五次协助鉴真东渡,虽均遭失败,却始终不弃,最终将自己永远地留在了大唐。

为了纪念这位伟大的国际友人,我国于1963年在鼎湖山香界桥对面建了一座"荣睿大师纪念碑"。1980年,日本奈良唐招提寺森本孝顺长老一行专程到鼎湖山拜谒荣睿碑。森本长老即席题写"山川异域,风月同天"八个大字赠给庆云寺留念。

既然讲到著名的"山川异域,风月同天"了,我多说一句,这八个字其实出自日本奈良时代皇族公卿长屋王写的和歌《绣袈裟衣缘》:"山川异域,风月同天。寄诸佛子,共结来缘。"刚好和鉴真是同一时代。

没有日本人协助,东渡的困难其实更大了。但荣睿的去世和普照的放弃,反倒越发坚定了鉴真的决心:"不至日本国,本愿不遂。"可惜造化弄人,话音刚落,他的双目就失明了。瞎了还怎么东渡?但鉴真说了,瞎了都要渡,不淋漓尽致不痛快,信仰多深,只有这样才足够表白……

可现在居然连玄宗皇帝都亲自出面阻挠他了。玄宗崇信道教，一直想派道士去日本传道，但日本对道教没兴趣，给拒了。玄宗不太高兴，禁止大唐僧人赴日弘法，特别是鉴真。

天宝十二载（753年）十月十五日，扬州大明寺山门前又出现了一伙日本人。但这次的规格很高，不是普通的日本留学僧，而是以遣唐使藤原清河为首的日本使团。

鉴真五次东渡虽未成功，但他的事迹已经传到了日本。孝谦女天皇①遂派出第十批遣唐使，于天宝十一载（752年）年底入唐。此批使团虽然也执行外交任务，但同时还承担着天皇亲自指派的秘密任务：恭迎鉴真大师到日本。因此，在外交任务完成后，他们特意取道扬州东归。需要指出的是，一行人中还有已经入唐34年的日本留学生阿倍仲麻吕。

藤原清河、阿倍仲麻吕对鉴真说："弟子等早知大和尚五回渡海，向日本国，将欲传教，故今亲奉颜色顶礼欢喜。弟子等先录大和尚尊名并持律弟子五僧，已奏闻主上，向日本传戒。主上要令将道士去，日本君王先不崇道士法，便奏留春桃原等四人，令住学道士法，为此大和尚各亦奏退，愿大和尚自作方便。弟子等自在载国信物船四舶，行装具足，去亦无难。"

已经64岁的鉴真都没带犹豫的，毅然决然地答应了。皇帝又怎么了，你还能管得了我去哪儿？

十一月十六日晚，鉴真偷偷跑到苏州黄泗浦（在今张家港市塘桥镇鹿苑东渡苑内），上了日本遣唐使预先准备好的大船。一同乘船

---

① 孝谦天皇，日本第46代天皇（749年8月19日—758年9月7日、764年11月6日—770年8月28日在位），也是日本史上第六位女天皇。

的还有从余姚赶来的普照。浙江地方政府千算万算，肯定也算不到日本遣唐使团会偷偷带走鉴真呀，根本没有防备。

但这次东渡其实更加凶险。五天后，由四条船组成的船队又遭遇了海风，藤原清河和阿倍仲麻吕乘坐的船不幸触礁。其余三条船也没法等他们啊，只能继续前行。然而，十二月初六，其中的一条船又触礁了。不幸中的万幸是鉴真乘坐的船安然无恙，继续前行。经过14天的海上颠簸，鉴真终于在二十日登陆日本萨摩秋妻屋浦（今日本九州南部鹿儿岛大字秋目浦）。

从天宝元年到现在，鉴真12年间六次东渡，终于成功了！

鉴真一行受到萨摩地方政府的热烈欢迎和隆重礼遇。孝谦天皇派执政大臣藤原仲麻吕迎接鉴真等人至国都平城京（今日本奈良）。刚见面，孝谦就赐鉴真封号"传灯大法师"，尊称"大和尚"，出任日本佛教管理局副局长——"少僧都"，并安置于东大寺。

孝谦给鉴真的第一项任务，就是请他给日本佛教立规矩："自今以后，传授戒律，一任和尚。"

日本佛教的戒律很松弛，当时流行的做法是自誓受戒。啥是自誓受戒呢？就是说无须任何上师来授戒，修行者只要自己在佛祖、菩萨像前立个誓，说我受戒了，然后就算受戒了。说句实在话，这其实就等于无须受戒。内容与形式相比，当然是内容重要，但有时候若无必要的形式，内容则无从体现。这也是荣睿和普照坚持请律宗鉴真的原因所在，日本佛教急需律宗来进行规范化改造。

问题是本土佛教听说打西边来了个和尚，手里拎着五斤戒尺，要用戒律来给他们立规矩，打心里一百二十个不愿意，激烈反对。孝谦觉得兹事体大，便决定让鉴真和本土派代表——兴福寺僧人贤璟公开辩论。

以鉴真的佛学修为，在辩论中碾压日僧就跟玩儿似的，但他考虑得很长远，他是外来户，得先在这里立足，然后才能传教，不能一开始就站到本土僧人的对立面。所以，他在辩论时承认"自誓受戒"仍可存在，但对于最正规的一道手续——具足戒，这是承认修行者是出家人的最基本程序，这个决不能妥协，还得按三师七证①的程序来。

贤璟本以为鉴真会给他们来个推倒重建，万万想不到，人家居然提出了一个妥协折中的方案。很合适有没有？当然也就不顶牛了，欣然接纳。

一看本土佛学界松了口，政界人物马上开始带头发动。圣武上皇、光明皇太后、孝谦女天皇等皇族代表以及本土佛教的头面人物纷纷宣布接受新戒。鉴真在东大寺中起坛，为上述约五百人集体授戒。打从这儿起，日本佛教就进入了一个新的发展阶段，正规化建设水平有了质的飞跃。

天宝十五载（756年），孝谦又将鉴真扶正为"大僧都"，统领日本所有僧尼，这事实上奠定了鉴真日本佛教领袖的地位。

但日本的政治同样很复杂，天皇只是虚君，政权实际掌握在执政大臣手中，孝谦和藤原仲麻吕的矛盾日益激化。肃宗至德二载（757年），在藤原仲麻吕的强力推荐下，庶出的大炊王成为皇太子，并逐渐架空孝谦。转年，孝谦因为要侍奉生病的光明皇太后，不得不传位于大炊王。大炊王登基，是为淳仁天皇。

孝谦是鉴真最主要的支持者，她这一倒台，鉴真跟着也失势了。淳仁很快就以"政事烦躁，不敢劳老"为由，解除了鉴真的"大僧都"一职。同时，他又将一位已故亲王的官邸"赐"给鉴真，其实就

---

① 三师七证其实是10个人。三师，包括讲述佛门戒律的得戒和尚、主持投票仪式的羯摩和尚和教授威仪作法的教授和尚。七证师则指证明修行者受戒的佛门代表。

是让鉴真搬离东大寺。

有没有权力对鉴真来说无所谓，正好可以有更多时间从事佛学研究和传播事业了。经过一年的艰辛劳动，鉴真和他的弟子们将该官邸改成了一座寺庙。因为采用的是唐朝的建筑工艺，所以最终落成的寺庙唐风满满。淳仁场面性地赐名"唐招提寺"。

当然了，毕竟是西方来的高僧，日本政治、宗教还须仰仗这块招牌。所以，淳仁又明确：从今往后，日本僧人在受戒前必须前往唐招提寺培训，经培训合格后才能受戒。此举不仅使唐招提寺成为日本律宗的总本山（祖庭），也使其一跃成为当时日本佛教的最高学府。

鉴真又在唐招提寺生活了五年，于代宗广德元年（763年）圆寂，享年76岁。

入灭①之前，其弟子为鉴真膜影，立夹纻作像②，传世至今。鉴真干漆夹纻坐像是日本美术史上最早的雕塑，被日本视为"国宝"，迄今仍供奉在唐招提寺御影堂内。1980年，中日友好团体曾将该像运到北京、扬州两地，供中国人民包括佛教徒瞻礼。

如果将玄奘视为中国佛教"请回来"的优秀人物，那鉴真无疑是"走出去"的杰出代表。他不畏艰难险阻，矢志传教，12年间六次东渡，在64岁时终于登陆日本。此后，他又在日本生活工作了12年，头七年在东大寺，后五年在唐招提寺，几乎是以一己之力规范了日本佛教的戒律和仪式，并成为日本律宗的开山鼻祖、日本佛教的最高领

---

① 入灭，即指高僧或圣者在达到一定修行层次后，放弃物质身体的存在，从而进入一种不生不灭的境界。

② 所谓夹纻，是一种古老的中国手工技艺，其制作过程是：先将泥塑成胎，然后用漆把麻布贴在泥胎外面；待漆干后，反复再涂多次，使最外层的麻布定型；最后，把里面的泥胎取空，便制成了夹纻。所以，夹纻又称为"脱空像"。用这种方法塑像，不但柔和逼真，而且质地很轻，便于搬运，因此又被称为"行像"。

袖。他的博大精神、高深修为和正直人品,赢得了日本人民的普遍认可和尊重,被尊称为"过海大师""唐大和尚"。

09. 阿倍仲麻吕

既然说到了日本和鉴真,那有一个人就不得不提了,此人便是上文提到的阿倍仲麻吕。

开元五年(717年),倭国的第八批遣唐使船队又一次出现在大唐东海岸。这也是后世知名度最高的一批遣唐使团。之所以最知名,是因为使团里后来出了两大厉害人物,其中之一便是时年19岁的留学生阿倍仲麻吕。

阿倍氏其实也是天皇血脉,按我们的说法就是皇室宗亲。日本平安时代①以后,这个姓改作"安倍氏"。圣历元年(698年),仲麻吕出生在奈良附近的一个贵族家庭,他的父亲官居正五位上②,相当于今天的部长级。也就是说,仲麻吕不仅是皇室宗亲,还是高干子弟。

另一个厉害人物则是比仲麻吕大三岁的吉备真备。此人学成归国后官至正二位右大臣,是日本家喻户晓的学者型政治家。日语中的片假名就是他结合汉字偏旁部首创制的。明治时期,吉备真备被追赠为勋二等。

---

① 日本将本国历史划分为早期文明、飞鸟时代、奈良时代、平安时代、幕府执政、明治维新、大正时代、昭和时代、平成时代、令和年代等阶段。平安时代相当于794年至1185年。

② 日本古代的官阶一共分八品16阶,从正一位到从八位。

仲麻吕如果归国，以他的出身和才干，发展肯定比吉备真备好，在日本的政治地位和历史地位也一定比吉备真备高。但他居然永远地留在了大唐。至于原因，我们这边官方的解释是他"慕中国之风"而做出的选择。其实，仲麻吕固然非常喜欢大唐，但在后来漫长的岁月中，他不止一次地想过和试过回国，但都因为各种原因没能成功。

玄宗特赐仲麻吕入国子监学习。为了方便日常交流，仲麻吕给自己起了个汉人姓名——晁衡（又作朝衡），字巨卿。他天资聪颖，又酷爱汉学，入了国子监后如饥似渴地疯狂学习。毕业后，仲麻吕参加了科举，并一举高中进士。

这里插入一个知识点，早在太宗贞观时代，唐廷就对外国留学生开放了科举考试，考中者也被称为进士，但前面多了"宾贡"两字。这一政策引得四方异域学子纷至沓来。可以想见，宾贡科举考试的科目和难度肯定不及本土生参加的科举考试。但入唐的留学生多了，能考中宾贡进士那也不是一般战士。

仲麻吕是外国人，入唐前大概率是不会说汉话、写汉字的，即便会，也不可能有多高的水平。但他通过数年的学习，居然高中了宾贡进士。说句实在的，这个难度不亚于玄奘在天竺那烂陀寺获得"三藏"法号。这起码说明了两点：第一，仲麻吕是个天才；第二，人家确实很刻苦地学了。

开元十三年（725年），入唐八年的仲麻吕拿到了他在大唐的第一份正式工作，在洛阳左春坊司经局任正九品下校书郎，负责整理典籍。一个外国人居然能给中国人整理高大上的典籍了，可见这时的仲麻吕无论汉学积淀，还是语言文字水平，都已经远超普通唐人了。

他性格豪爽，喜好交友，又有外国人和公务员双重身份加持，很快就成了社交圈里的网红。当时的大诗人李白、王维、储光羲、赵晔、包佶等都是他的好朋友。有这些大文人指点教导，仲麻吕的唐诗写作水平提高很快。

山水田园诗派的储光羲曾经专门作诗夸奖仲麻吕:"万国朝天中,东隅道最长。吾生美无度,高驾仕春坊。出入蓬山里,逍遥伊水傍。伯鸾游太学,中夜一相望。落日悬高殿,秋风入洞房。屡言相去远,不觉生朝光。"

天下万邦的使节、留学生都到洛阳朝见天朝圣君,以东边的日本最为遥远。日本留学生朝衡风度翩翩、才智超群,在左春坊司经局任校书郎。他经常游览青山绿水,恣意快活。他像东汉的梁鸿[①]一样,在太学里刻苦学习,经常读书到深夜。西下的残阳挂在高高的殿角上,秋天的金风吹入深邃的居室。我们促膝长谈、浑不知倦,好几次都说要再见了,可聊着聊着就到了第二天早上。

开元十九年(731年),33岁的仲麻吕迎来了仕途上的大转机,提任从七品上左补阙。

两年后的秋天,日本第九批遣唐使团入唐。

第八批和第九批遣唐使团之间相隔了足足16年。仲麻吕阔别故乡亲人16年,中间连一次信都没通过,说不想家是不可能的!他打算和吉备真备一起随本批使团回国。万万没想到,玄宗居然亲自出面挽留他。大唐皇帝都开口了,这面子必须得给啊,仲麻吕只好放弃了这次归国机会。第二年,他眼睁睁看着老同学吉备真备踏上了回乡的路途。

吉备真备可不是空手回去的,带走了一大批在唐朝淘到的宝贝,包括各种典籍、天文历书、计时器、乐器、弓箭等。《唐礼》的引入对日本朝廷礼仪的完善和改进产生了巨大影响,《大衍历经》《大衍历

---

① 梁鸿,东汉隐士、诗人,经书、诸子、诗赋等无所不通,与妻恩爱,举案齐眉。

立成》则促进了日本的历法改革。《乐书要录》[①]推动了唐乐在日本的传播，这本书我们这边现在已经没有了，但却完好地保存在日本，已经是研究唐代音乐的重要资料了。

玄宗留人，当然不会白留。伴随着唐朝全面进入盛世，仲麻吕也步入了仕途的快车道，历任卫尉少卿、秘书监兼卫尉卿。开元盛世，他其实是一个特殊的见证者。

说书唱戏，这一留又是十来年，直到天宝十一载（752年）年底日本第十批遣唐使入唐。正使是出自当时执政的藤原氏家族的藤原清河，而副使赫然便是吉备真备。

留唐的老乡，混得最好的就数仲麻吕了，藤原清河自然要向他请教朝见大唐皇帝的礼仪。这对已经是大唐通的仲麻吕来说是小菜一碟。果然，经过仲麻吕的指导，藤原清河在朝见玄宗时礼仪不凡、举止得当。玄宗惊喜非常，当场给予高度评价："闻彼国有贤君。今观使者，趋揖有异，乃号日本为礼仪君子国。"

结果，这批使团享受到了之前所有使团都未曾享受过的超高待遇。玄宗让仲麻吕当向导，带着他们参观了大明宫、国库以及收藏儒、释、道经典的三教殿，还让宫廷画师给藤原清河等人画了像。

次年正月初一，玄宗在含元殿接见各国使臣。之前的席次是这样的：分东西两班，东班首位是新罗、次位是大食，西班首位是吐蕃、次位是日本。藤原清河提出抗议，说他们国家不服新罗，位次不能在新罗之下。玄宗特批日本和新罗互换位置，日本居东班首位，新罗居西班次位。看着不过是个座位安排的小事儿，但在外交领域却是个大事件，因为这代表着东亚文化圈一哥——大唐对日本的认可，说明日本在大唐心目中的位置已经超过了"小中华"新罗。

[①]《乐书要录》是武则天敕命编纂、元万顷等人编制的10卷本乐律学书。

仲麻吕当然要和老朋友吉备真备叙叙旧了。吉备真备回国后受到重用，官至从四位上，成为日本政坛的重要人物，他劝仲麻吕回国发展。入唐 34 年的仲麻吕当然也很想家，马上就向玄宗提出了归国申请。

玄宗感念他仕唐几十年功勋卓著，割爱允求，并任命他为唐朝回聘日本使节。啥意思呢？就是让仲麻吕这个日本人担任大唐遣日使。任命一个外国人为使节，这在唐朝历史上还是第一次，充分体现了唐廷和玄宗对仲麻吕的信任与器重。

仲麻吕获准回国的消息传出，他的中国朋友们都泪目了，纷纷写诗相赠。

王维写了《送秘书晁监还日本国》：

> 积水不可极，安知沧海东。
> 九州何处远，万里若乘空。
> 向国惟看日，归帆但信风。
> 鳌身映天黑，鱼眼射波红。
> 乡树扶桑外，主人孤岛中。
> 别离方异域，音信若为通。

辽阔的大海不知哪里是尽头，我们也不知道大海以东的地方是个什么样子。中华九州距离那里有多远？相隔万里之遥的日本国就好像在天空上一样。回国时，兄弟你只要看着太阳的方向就行了，对了，坐船时别忘了观察信风，信风起才能出发。海中大鳌的身影把天都遮黑了，无数鱼儿的眼睛将大海的波浪照红。你故乡的树木生长在扶桑国的土地上，你国家的主人居住在孤岛上。此次一别，我们就要天各一方了，真不知道还能不能互通音信呢？

包佶也写了《送日本国聘贺使晁巨卿东归》：

上才生下国，东海是西邻。
九译蕃君使，千年圣主臣。
野情偏得礼，木性本含真。
锦帆乘风转，金装照地新。
孤城开蜃阁，晓日上朱轮。
早识来朝岁，涂山玉帛均。

仲麻吕满怀惜别之情，写了《衔命还国作》赠答友人：

衔命将辞国，非才忝侍臣。
天中恋明主，海外忆慈亲。
伏奏违金阙，騑骖去玉津。
蓬莱乡路远，若木故园林。
西望怀恩日，东归感义辰。
平生一宝剑，留赠结交人。

我带着使命将要离开大唐了，自问不是什么人才，却有幸侍奉大唐皇帝。回到祖国后，我只能隔空怀念皇帝陛下和朋友们了。这把宝剑伴我多年，就送给你——我的朋友吧！

这首诗后来被宋人收录进了《文苑英华》[①]中，是该书中唯一一首由外国人写成的诗作。

[①]《文苑英华》与《太平广记》《太平御览》《册府元龟》并称"北宋四大部书"。

玄宗也挺讲究，不仅派人专程护送使团到扬州，还赐了御诗，这是他现存为数不多的诗作之一：

> 日下非殊俗，天中嘉会朝。
> 念余怀义远，矜尔畏途遥。
> 涨海宽秋月，归帆驶夕飙。
> 因惊彼君子，王化远昭昭。

后面的故事大家知道了，仲麻吕跟着藤原清河偷带鉴真东渡。出发当天晚上，皓月当空，皎洁的月光洒满大江，53岁的仲麻吕遥望海天，归心似箭，写下了著名的《望月望乡》：

> 翘首望长天①，神驰奈良边。
> 三笠山顶上，想又皎月圆。

然后，他们的船队在海上遭遇了风暴，仲麻吕和藤原清河乘坐的船触了礁。

很快，内地友人们就得到了一条消息，说日本遣唐使团的船队遭遇风暴翻船了，晁衡不幸溺死。大家都很悲痛。李白回忆二人交往的点点滴滴，挥泪写下了《哭晁卿衡》：

> 日本晁卿辞帝都，征帆一片绕蓬壶。
> 明月不归沉碧海，白云愁色满苍梧。

---

① 一说苍天，一说东天。

其实仲麻吕没有死，他们的船虽然触了礁，但并未沉没，而是被海风吹到了安南驩州（治所在今越南荣市）海岸。但登陆后，他们遭到了当地土著的袭击，全船一百七十余人大部被杀，只剩下仲麻吕和藤原清河等十余人。

他们徒步北上，一路翻山越岭，历经千辛万苦，终于在天宝十四载（755年）六月又回到了长安。

仲麻吕回到长安，就听到了李白写给他的诗。可这时的李白早已在庐山隐居了，仲麻吕感受到了李白的拳拳真情，也为好友的遭遇而痛惜，写了一首《望乡》遥和：

卅年长安住，归不到蓬壶。
一片望乡情，尽付水天处。
魂兮归来了，感君痛苦吾。
我更为君哭，不得长安住。

此后直到去世，两人再也没有见面。

能活着回来本是一件好事，但仲麻吕他们回来的又不是时候。当年十一月，安禄山范阳起兵。随后，大唐王朝急转直下，玄宗被迫西奔入蜀。仲麻吕、藤原清河只能跟着玄宗跑路。直到肃宗至德二载朝廷收复两京，这两个日本人才又跟着玄宗回到长安。

此时已是物是人非，仲麻吕的一帮老友风流云散。李白头脑发热，参加了永王李璘的叛乱，被判长流夜郎。王维因被迫接受伪职而降官。储光羲也因接受伪职而贬谪岭南。因为失节，两唐书都没有给储光羲列传，以致这位大诗人在后世的知名度不高。但得益于有仲麻吕这个好友，储光羲的诗名居然远播日本，还被日本人供奉在了京都的诗仙祠中。

这时的仲麻吕已经是个年过六旬的老头子了。中间他有过一次回国的机会。乾元二年（759年），淳仁天皇曾派人来接藤原清河归国。但彼时安史之乱尚未平息，来使到了渤海国就没法继续前进了，只能折返。

心如死灰的仲麻吕彻底放弃了归国的念头。别说遇到战乱和风暴，光海上颠簸就能让他这把老骨头散了架。来的时候好好的，可回不去了，这是仲麻吕当年万万想不到的。

他只能继续在大唐工作生活，中间又见证了这个国家的许多风云，直到代宗大历五年（770年）病逝于长安，终年72岁。去世前，仲麻吕的官职是光禄大夫兼御史中丞，封爵北海郡开国公。代宗又追赠他为二品潞州大都督。

从19岁入唐，到72岁病逝，仲麻吕将自己成年后的人生全部奉献给了大唐，他也亲眼所见、亲身见证了大唐盛极而衰的这段历史进程。他的牺牲是巨大的，在这漫长的五十多年里，他没有回过一次国，没有见过一次父母。我们不知道他来唐前是否婚配，是否育有子女。如果有的话，他连妻子儿女都没再见过。我们也不知道他留唐后是否娶妻、是否生子，一切都是谜团。

站在今天回头看，阿倍仲麻吕绝对是中日友好和文化交流的先驱者，他是遣唐留学生中成就和贡献最大的一位，以杰出的才干和高尚的品德赢得了大唐朝野的尊重和喜爱，并通过他在唐朝的地位和影响，有效促进了中日官方和民间的友好交流，帮助母国大大提高了国际地位。玄宗评价："闻彼国有贤君。今观使者，趋揖有异，乃号日本为礼仪君子国。"王维在《送秘书晁监还日本国序》中说："海东国日本为大，服圣人之训，有君子之风。"

为了纪念他的不朽功绩，日中两国分别于1978年、1979年在奈良和西安建立了"阿倍仲麻吕纪念碑"。西安碑坐落在唐兴庆宫故址上兴建的兴庆公园，高 5.36 米，正面镌刻碑名，背面镌刻阿倍仲麻吕事迹，两侧分别是李白的《哭晁卿衡》和阿倍仲麻吕的《望月望乡》。

仲麻吕死后，藤原清河就更孤独了，他娶了汉人女子，生了一个叫喜娘的女儿。代宗大历十二年（777 年），日方派人接他回国。可这时的藤原清河垂垂老矣，故国他也回不去了。第二年，喜娘跟随使团回国。女儿走后不久，藤原清河就客死在大唐了。

日本光仁天皇得知后，追授藤原清河为从二位大臣。藤原清河曾写过一首非常著名的和歌：

妖娆春日野，祭祀祈神援。
社苑梅花绽，常开待我还。

我想，如果让他来选，宁肯不要这些生前身后的荣耀，也想回到故乡的原野上赏梅吧?!

第五章 群奸当道

01. 李林甫弄权

处于巅峰时期的玄宗绝对意识不到,就好比坐过山车,他已经冲到了顶点,马上就要急速坠落了。

他这一朝的宰相,论才具和贡献,首推姚崇和宋璟,次数张说和张九龄。但要说起得宠的程度和长度,没人比得过李林甫。姚崇、宋璟、张说、张九龄四个人加起来干了17年,而李林甫一人就任相19年,其中专权长达15年。

李林甫是以门荫入仕的,文化水平并不高。《旧唐书》说他"自无学术,仅能秉笔",这一点确实是实情。他分管吏部时发现有名候选官员的判语中有"杕杜"二字。李林甫不认识"杕"字,便问一旁的吏部侍郎韦陟:"此云'杖杜',何也?"韦陟"俯首不敢言"。表兄弟太常少卿姜度喜得贵子,李林甫手书贺函:"闻有弄獐之庆。"古代称生男为"弄璋",意思是男孩长大后将执璋(玉器)为王侯,可李林甫却写成了畜生的"獐"。满堂宾客看后,无不掩口失笑。时人因此称李林甫为"杖杜宰相""弄獐宰相",讥讽他才疏学浅。

虽然才疏学浅,但李林甫琢磨人、整人的本事可是大唐一绝。他也特别舍得在琢磨人上花时间、下功夫。李府中有一个形如偃月的厅堂,名为"月堂"。每当李林甫想构陷某人时,都会跑到月堂中静坐苦思。门打开后,如果他眉开眼笑地走了出来,那就说明被他构陷的人离倒霉不远了；如果他愁眉不展，说明一时还没想到构陷的办法，尽管这种情况极少出现。

某年，玄宗驾临勤政楼观赏乐舞。演出结束后，兵部侍郎卢绚以为皇帝已经离去，便扬鞭策马从楼下缓缓而过，其风度"绚风标清粹"，引得玄宗赞美不已，甚至"目送之"。李林甫瞧见，哟，这个老卢很招皇帝喜欢啊，可不能让他被重用咯！随后便将卢绚的儿子招来："你父亲素有名望，岭南道的交州、广州现在缺乏有能力的官员，陛下有意让你父亲去，可以吗？如果他不肯，肯定会被贬官。这样，李叔给你出个主意，不如让你父亲到东都洛阳当个太子宾客或太子詹事，这可是清闲职务，怎么样？"卢绚肯定不想去岭南呀，就按照李林甫的建议申请调任洛阳。李林甫怕违背众望，还假惺惺地改任卢绚为华州刺史。但不久后他就对玄宗说卢绚患病不能理事，导致卢绚被降为太子员外詹事。

还有一次，玄宗忽然想起严挺之了，对李林甫说："严挺之今安在？是人亦可用。"严挺之当初被贬出朝廷，现任绛州刺史。李林甫担心他入朝后会重新受到重用，便忽悠其弟严损之："陛下非常敬重你哥，何不让你哥上书说得了风疾，请求回京就医。这样他就可以回到朝中了。"严损之转告兄长。严挺之果然按李林甫的建议上书玄宗。李林甫却对玄宗说："严挺之年事已高，近来又患了风疾，应该给他一个闲散官职，让他安心养病。"玄宗还觉得李林甫有人情味，就将严挺之打发到洛阳任太子詹事了。

更有甚者，天宝三载的一天，李林甫梦到一个白皙多须、个子高大的男子一个劲儿地往他身上贴，怎么推都推不开。醒来后，他心有余悸地对家人说："这个人长得特别像户部尚书裴宽，八成是裴宽想取代我的地位了。"随即指使党羽诬告裴宽，致使裴宽被贬为睢阳太守。

但我们要看到，即便李林甫如何如何阴险，只要玄宗足够英明，他也不会长久。关键是玄宗自己发生了变化。执政前半期，玄宗干了不少大事儿、好事儿，成绩单很漂亮，隐隐以太宗第二自居，甚至于他可能觉得自己已经超越了太宗。随着国家各项事业欣欣向荣，随着年龄的增长，他的骄娇二气就上来了，觉得这锦绣大唐已经上了轨道，就算自己闭着眼睛，大唐也不会出轨。骄娇二气越是膨胀，他看人的眼光越是直线下滑，居然视李林甫为贤相，目安禄山为干城。所以，"开元盛世"之所以蜕变为"安史之乱"，根本责任不在李林甫、安禄山、杨国忠，而在玄宗自己。

在一次闲谈中，他甚至问高力士："朕已经有近十年没有离开长安了，如今天下无事，朕想把政事都交给林甫打理，你觉得怎么样啊？"这次连一贯敲顺风锣的高力士都看不下去了，委婉地说："天子外出巡幸狩猎，这是从古代流传下来的制度。人君的大权怎么能交给大臣呢？万一李林甫立起威望、形成势力，谁还敢议论他？"这绝对是正经话！可玄宗听了却勃然变色。高力士吓坏了："臣狂疾，发妄言，罪当死！"毕竟是老伙计，玄宗也没再计较。但高力士"自是不敢深言天下事矣"。

高力士何等人物，却动摇不了李林甫分毫，足见玄宗对李林甫的宠信。

除了朝中大臣可能当宰相外，地方节度使也是可以入朝为相的，即"使相"。李林甫想堵塞这条通道，绞尽脑汁想了一个破坏的办法：大规模任用胡人为节度使。

天宝六载（747年），他来了一手以退为进，请求辞去兼任的朔方节度使之职，并举荐安思顺继任。在奏疏中，他是这么解释原因的："文臣为将，怯当矢石，不若用寒畯胡人；胡人则勇决习战，寒族则孤立无党，陛下诚心恩洽其心，彼必能为朝廷尽死。"文臣畏惧刀剑，当不了良将。胡人天生好战，打起仗来十分生猛，而且他们都是蛮夷，不会抱团形成势力。陛下只要施以隆恩，他们必定鞠躬尽瘁，死而后已。听着都对，但动机相当不纯。

玄宗还真就信了，从此大规模任用胡人为节度使。羌族的夫蒙灵察、高句丽族的高仙芝、突厥族的哥舒翰等人，都因此当上节度使。

《资治通鉴》史官将李林甫的执政套路总结为"四个以"：一是"媚事左右，迎合上意，以固其宠"；二是"杜绝言路，掩蔽聪明，以成其奸"；三是"妒贤嫉能，排抑胜己，以保其位"；四是"屡起大狱，诛逐贵臣，以张其势"。可谓相当精到。

天宝元年七月，李林甫扶植的宰相牛仙客病死。次月，刑部尚书李适之顶了牛仙客的缺。

李适之也是皇室宗亲，但同皇家的血缘关系要比李林甫近。李林甫的曾祖父李叔良不过是李渊的堂弟，而李适之的爷爷却是李渊亲孙子、太宗朝废太子李承乾。李适之看不惯李林甫这个两面派，又仗着自己是皇室嫡系血脉，一上台就和李林甫正面 PK。

双方各有一拨小弟。李适之这边主要是太子李亨的大舅哥——御史中丞韦坚，显然李亨暗里是挺他的。李林甫的两位助手也是御史台的干部，但品阶要比韦坚低，一个是隋炀帝的玄孙杨慎矜，另一个是名将王方翼的孙子王𬭎，都任监察御史。此外，李林甫还有两个专门替他害人的马仔，河南人吉温和浙江人罗希奭。这两人继承了周兴、来俊臣等酷吏老前辈的传统，专以刑讯逼供、构陷迫害为能事，时人称他们为"罗钳吉网"。

二李斗法，终究还是李林甫技高一筹。天宝四载（745 年），他通过明升暗降的手法，将韦坚推为刑部尚书，变相褫夺其掌管江淮漕运的大权。转年正月，李林甫又借开采华山金矿一事，让正主李适之失了宠。

事情的经过其实很简单。李林甫先找李适之谈心，说华山那边发现了金矿，开采出来肯定能增加国用。李适之也觉得这个想法不错，就奏请开采华山金矿。玄宗当然要问问李林甫的意见。李林甫却皱眉做忧思状："臣早知道华山有金矿了，但考虑到华山是陛下王气所在，担心开采会坏了您的王气，所以才没敢说。"玄宗听了十分感动，还是李爱卿体贴朕啊！理所当然地，他就对李适之做事情考虑不周很不满了："从今往后，你奏事要先和林甫商议一下，免得冒冒失失办错事。"

不久，河陇节度大使皇甫惟明入朝，一见玄宗便说李林甫是个奸臣，劝玄宗罢免李林甫，任用韦坚。

皇甫惟明为什么要和李林甫作对呢？他在帮主子太子李亨出气。

02. 憋屈的太子

李亨虽然是太子了，但他这个太子可不好当！武惠妃是死了，可李林甫还想把寿王李瑁推上去。

太子立了又怎样？谁规定当上太子就一定能接皇帝的？李林甫这么想不无道理，毕竟大唐开国至今，高祖朝的李建成，太宗朝的李承乾，高宗朝的李忠、李弘、李贤，中宗朝的李重润，这几个太子哪个立住了？只要锄头舞得勤，哪有太子扳不倒？打从李亨当上太子那天起，他就被李林甫盯上了。

有三位兄弟当前车之鉴，李亨所能做的就是小心小心再小心、谨慎谨慎再谨慎。他从不发表对政事和人事的看法，几乎就是个隐形的存在。但他很累很累，因为他的全部心思和精力都用到小心谨慎上了。

一次，宫廷宴会吃烤羊腿，玄宗让李亨割肉吃。李亨割完羊肉，满手都是油，顺手就拿起一旁的胡饼擦拭。玄宗当时脸就黑了，哼，纨绔子弟，忍了几忍，没有发作。父亲的表情早被李亨瞥见了，但他装作没看见，不慌不忙地擦完后，顺手把饼子送到嘴里嚼了起来。玄宗转怒为喜："这就对了，做人就该惜福。"

玄宗这个人对兄弟没的说，好得都大被同眠了，但对儿子们太过苛刻和绝情。他杀了李瑛、李瑶、李琚三个儿子，抢了李瑁的老婆，把李亨震得小心翼翼的。无论从哪个角度来看，他都称不上一位好父亲。

而李林甫呢，紧盯李亨言行，小的过失他立即报告玄宗，如有大的过失，他就大做文章、极力构陷。玄宗几乎从不阻拦李林甫对李亨的冲击，因为他也不想看到儿子羽翼壮大。

上有虎父，旁有奸臣，李亨的日子过得那叫一个难！

但李亨身旁也是有一拨人的。驸马中的张垍，文臣中的李适之、韦坚，武将中的皇甫惟明、王忠嗣，这都是他的人。

对李亨帮助最大的其实是他的亲妹夫张垍。前文说过，张垍是前宰相张说的次子，娶了李亨的同母妹妹宁亲公主。有这层关系，张家人自然力挺李亨。

张垍继承了张说的才华，又娶了玄宗的爱女，是玄宗最宠爱的女婿。玄宗对他宠到什么程度呢？居然特许他在宫中居住，赏赐珍玩不可胜数。张垍经常拿着皇帝岳父的赏赐对哥哥翰林学士张均显摆。张均也只能酸溜溜地说："这是岳丈赐给女婿的，不是天子赐给学士的。"正因为张垍深得玄宗宠爱，所以李白和杜甫才会极力巴结他，杜甫还写了《奉赠太常张卿垍二十韵》给张垍。

王忠嗣就不用多说了吧，和李亨从小耍到大，好得几乎要穿一条裤子了。现在人家已经是朔方节度使了。

皇甫惟明是李亨的嫡系，因促成唐蕃赤岭会盟有功而步入仕途的快车道，官至陇右节度使。他多次大败吐蕃军，甚至还击杀了吐蕃赞普尺带珠丹的儿子琅支都。年初，玄宗又让他兼任了河西节度使。

除了以上诸人，李亨其实还有两个人庇佑，一个是高力士，另一个就是他的长子李俶[①]。

当初就是高力士三言两语，才坚定了玄宗册立李亨的决心。此后的岁月里，每逢李亨有大难，高力士总会出言相助。再加上还有张垍这个权重，两人你一言我一语，任李林甫有通天彻地之能，也难奈李亨分毫。对高力士的相助，李亨应该是知情的，因为不是一回两回了。他后来那么刻薄对待高力士，实属不应该。

玄宗之所以始终支持李亨，还有一个很重要的原因：他特别特别喜欢李亨的长子李俶。

玄宗嫔妃多，子女也多，女儿有记载的高达29个，儿子更是达到了37个，所以他的皇孙也多，超过了100个。而李俶正是他的嫡长孙。

李俶出生第三天，玄宗亲自跑到东宫探视李俶的生母吴氏，特赐纯金浴盆一个。但婴儿李俶精神萎靡，看着不招人喜欢。李亨担心父皇不喜欢这孩子，就让奶妈找了一个同日出生、但精气神更好的孩子，抱给父皇看。

不料，玄宗接过孩子一看，生气了："这不是我孙子！"奶妈赶紧磕头请罪。玄宗斜着眼睛对她说："这不是你所能知道的，快把我孙子抱来。"奶妈只得将李俶抱来。玄宗抱着孩子，眉眼都笑开了花："这个孩子的福禄远超他的父亲。"他还对一旁的高力士说："这个殿里有三个天子，朕真是高兴啊！可以跟太子喝酒了。"

---

① 俶，音处。

长大后的李俶也的确没有让玄宗失望,"宇量弘深,宽而能断。喜惧不形于色。仁孝温恭,动必由礼。幼而好学,尤专《礼》《易》"。"玄宗钟爱之"。因为李俶的缘故,玄宗即便对李亨偶有不满,也不至于动了废立之意。

但以上这些人只能保证李亨的太子之位不会丢,并不能保证他的储君生活过得舒心。李亨依旧小心翼翼地活着。

03. 韦坚谋反案

皇甫惟明觉得自己都是帝国藩篱了,已经具备了和李林甫叫板的资格,所以刚到京城就敢告李林甫的状。但他可能不知道,有些人是得罪不起的。李林甫一个反击,他这些年的奋斗成果就付诸东流了。

正月十五夜,有眼线向李林甫汇报了这样一个情况:太子出游,与韦坚见了一面,聊了一会儿;随后,韦坚赶到一间道观见了皇甫惟明,又聊了很久。由此可见,李亨还是很谨慎的,深谙储君不宜结交军将的规则,转托韦坚捎话给皇甫惟明。

李林甫又进了一次月堂,很快就笑眯眯地走了出来。他先指使杨慎矜告发内臣韦坚与边将皇甫惟明私会,继而亲自出马检举韦坚和皇甫惟明合谋推立太子。

当皇帝的最忌讳这个,玄宗马上将韦坚和皇甫惟明下狱。主审官杨慎矜、王鉷、吉温都是李林甫的人,当然办成了铁案。

按照刑法,韦坚、皇甫惟明必死无疑,李亨的太子之位肯定也保不住了。可玄宗已经杀了三个儿子,这要是再废了李亨,自己也觉得说不过去，就没动李亨。但韦坚、皇甫惟明就没这么好运了，均被贬官。李适之也吓坏了，主动辞去宰相一职。

本来事情到这里就可以打住了，偏偏韦坚的两个弟弟——将作少匠韦兰和兵部员外郎韦芝坚持为哥哥申冤，还总拿李亨说事儿。这可把玄宗气坏了！李亨很机灵，马上就和太子妃韦氏离了婚。玄宗放心了、满意了，可以放手对付韦家了。李林甫趁机说李适之也是韦坚一伙儿的，玄宗将李适之、韦坚等数十人一锅烩，全部流放边远之地。

这下连李林甫都准备收手了，虽然没能扳倒太子，但除掉李适之一伙儿也不错了！偏偏老天爷来凑热闹，紧接着又发生了一件意外。

左骁卫兵曹柳勣和老婆杜氏一家不对付。杜氏有个妹妹是李亨的良娣。柳勣想害杜家，就告发老丈人赞善大夫杜有邻"妄称图谶，交构东宫，指斥乘舆"。玄宗震怒，又让李林甫调查，负责办案的还是吉温。结果，杜有邻、柳勣等人全被杖死，妻子被流放远方。李亨又离了一次婚，把杜良娣也休了。这太子当得真是太窝囊了！

转年正月，李林甫奏请玄宗分遣御史，将皇甫惟明、韦坚兄弟赐死。李适之仰药自杀，其子也被杖死。

经过这一波操作，李林甫不仅扳倒了强悍的政敌，还狠狠打击了太子，令朝野为之一震。接替李适之任相的陈希烈是李林甫举荐的，根本不敢违逆李林甫，"凡政事一决于林甫，希烈但给唯诺"。

唐制，宰相在省台办公，午后六刻才能下班。李林甫嫌累，上奏玄宗，说当今天下太平无事，他想早点儿下班，如果有事就在家中处理了。玄宗当然同意，可不能把朕的李相累着咯！

于是，李林甫每天不到11点就下班回家了。百官只能跑到他家中办公，当然啦，总不能回回空手去吧！陈希烈虽然在省台办公，却没一个人来找他。机关办事人员只要抱着李林甫签过的文件，找他签个名就可以了。同为宰相，含权量判若云泥。

同年，玄宗求贤，诏命天下：只要有通一艺以上者，即可到京师自投。李林甫一听，坏了，万一这些人里头有人说老夫坏话呢？再说了，当官还能不经老夫的门路?！那老夫的权力到哪里寻租去？不行，绝对不行！

于是，他建议玄宗，还是应该举行个考试，以示公平。玄宗同意了。结果可想而知，应试的人的确不少，其中还有我们的大诗圣杜甫，但一个都没及第。说句实在的，压根儿就没打算让尔等及第。事后李林甫还上表祝贺玄宗，说当今盛世野无遗贤，大唐的人才都在朝中，民间已经没有了。玄宗开心极了，朕有林甫无忧矣，可以安心陪玉环了。

年纪轻轻就享尽人间富贵，有时未必是一件好事。父亲的突然去世，成了杜甫人生的转捩点。由于母亲崔氏早在他小时候就已过世，继母范阳卢氏对他又不好，父母双亡的杜甫从此不得不为仕途积极奔走了。为了尽可能多一些机会，他卖掉了老家的大别墅，举家搬到了长安的老破小。

杜甫等了好多年，终于等到这么个机会，却被李林甫轻轻松松就毁掉了。唐代不同于现代，社会就业十分有限，况且像杜甫这样的名门之后、文化人，也不屑于从事体力劳动。因此，他们一家在长安坐吃山空，只有出，没有进，日子越过越紧张。

富贵人家出身的子弟往往容易想当然，有地位，有名望，吃得好，穿得好，交往的也都是有头有脸的人物，以为世界就是这个样子的，岁月静好得耍耍的。然而，等他们当中的有些人滑落到了底层，才会发现生活的真实面目残酷得吓人。

羁留长安数年，千金散尽的杜甫变成了穷人，很穷，穷得就剩身份和情怀了。他的全部生活只有两件事，一是准备科举、参加科举，二是用诗文干谒权贵。

都说科举很难，"三十老明经，五十少进士"，但干谒其实更难，偌大一个国家还缺你一个写酸诗的人了？再说了，你诗文写得好，我就该提携你、帮助你吗？你给我啥好处了？干谒的 BUG 就在于：不是你干了，我就一定让你邪！

人家李白好歹还占个有钱，说攒酒局就攒酒局，喝高了大手一挥，今晚的消费全部由李公子买单！杜甫裤兜翻出来比脸还干净，混圈子，拿什么混？干谒，拿什么干？

一直到三年后，天宝九载（750年）冬天，玄宗下诏将于来年正月举行祭祀太清宫、太庙和天地的三大盛典。

杜甫的机会又来了！举凡盛典，都需要歌功颂德的文章。杜甫呕心沥血，咬文嚼字，一口气写了《朝献太清宫赋》《朝享太庙赋》《有事于南郊赋》三篇文章，提前呈给有司。这三篇文章都流传下来了，感兴趣的小伙伴可以搜一下，都是些看着很高大上其实没啥内涵的虚文。

可这样的文章管用，好使！玄宗阅罢，大为满意，嗯，这个姓杜的小子文章不错，把他划拉进咱们的队伍里吧，先让他在集贤院待制，参列选序，等候分配。

这就是现实，领导对你忧国忧民、悲天悯人的情怀和文字不感兴趣，因为用不上，人家需要的是能写材料、写大材料的人。杜甫写了那么多优秀的诗作，到处干谒都没用，还不如三篇歌功颂德的材料来得实在。

这是杜甫距离机会最近的一次，大领导发话了，应该板上钉钉、十拿九稳了吧？非也！大领导只管小领导，小领导才是掌握草民命运的人。参列选序只是给了你资格，可没说一定要用你，还得走程序——考试，以示公平。偏偏这次的主考官还是李林甫，杜甫哪儿有钱去公关啊？毫无悬念地再次落选。

04. 远征小勃律

在韦坚、皇甫惟明被杀当年，李亨的另一个得力助手王忠嗣也失了势。王忠嗣倒台，直接原因是李林甫的构陷，间接原因则是他拒绝为玄宗夺回石堡城。

人死尚且有个回光返照，一朝政治也是如此。在急转直下以前，玄宗迎来了个人武功的巅峰。这个巅峰便是唐朝在西方的扩张达到了顶点。之所以能出现这样的结果，一方面是因为突骑施衰微使西域缺少了强有力的地方政权，另一方面则是因为杰出将领军事才华的展现。

这位杰出将领便是高句丽族帅哥高仙芝。当年太宗、高宗两朝三讨消灭高句丽，将不少高句丽人迁入内地，高仙芝正是内迁高句丽人的后裔。开元年间，他随父亲高舍鸡在安西从军，迅速崭露头角，二十岁出头即已升任将军，与父亲品级相同。

早先的安西节度使田仁琬、盖嘉运等人均未发现高仙芝过人的军事才华。安西军中第一个注意到高仙芝的高级领导是疏勒镇守使夫蒙灵察。夫蒙灵察在击破突骑施汗国时立有大功，官职不断提升。高仙芝跟着水涨船高，到夫蒙灵察由河西节度使转任安西节度使后，他已经官至安西副都护、四镇都知兵马使了。

高仙芝不仅长得帅气，还特别爱讲排场，每次出征都贴身带着三十多名衣甲奢华的随从。安西军中有个叫封常清的小吏，每每看到高仙芝出征的排场，都会由衷赞叹："太帅了！"他太想跟高仙芝了，就主动投书，毛遂自荐。

高仙芝就见了他一面，一见，很不满意。为啥呢？封常清长得太丑了，身材干瘦还斜眼跛足，这是严重颜控的高仙芝所无法接受的。

但封常清并没有灰心,第二天又来了。高仙芝就很不耐烦了,这人怎么不开眼呢,我的侍从名额已经满了,你不用再来了!

他没发火,封常清倒发火了:"我仰慕您的高义,愿意侍奉您,所以才毛遂自荐。您为什么要拒绝呢?以貌取人,失之子羽,您还是考虑一下吧。"发火就发火,高大将军还能怕他发火?依旧不同意。以为这样就可以让封常清退却吗?才不,人家天天都来高仙芝帐前打卡,也不说话,就在他眼前晃。高仙芝实在没辙了,只得接受他。

天宝初年,西突厥达奚诸部叛乱。玄宗诏命安西军平叛。在此次战役中,高仙芝仅率两千精骑,在今新疆阿克苏乌什县境内的天山别迭里山口全歼达奚主力。

战斗刚结束,一贯不受高仙芝待见的封常清凑了上来,递给他一份奏报。高仙芝打开一看,赫然是此次作战的情况报告。这份作战报告写得非常好非常实,既有战役经过、战术运用,也有战后总结、下一步建议,条理十分清晰,质量相当之高。高仙芝大为吃惊,想不到这个丑八怪居然有这样的才华?!好啊,这份报告写得好,就按这个上报!

回军后,高仙芝发现情况不对劲,节度使夫蒙灵察居然带着军中高级将领亲自出城迎接,隆重程度那叫一个前所未有。大家纷纷问高仙芝,不问他仗怎么打的,就问他报告是谁写的,你军中原来有高人哪!高仙芝倍儿有面子,心里明明乐开了花,嘴上还得装,哎呀,是我的侍从封常清写的。

安西军中的文臣武将视封常清为奇人,对他以礼相待,又是让座,又是向他谈话取经。打从这一刻起,高仙芝才算真正接纳封常清。在他的提携下,封常清迅速跻身安西军高层。

平定达奚诸部叛乱后,玄宗就想解决小勃律这个历史遗留问题了。自开元二十五年(737年)吐蕃攻破小勃律后,十年间,三任安西节度使——田仁琬、盖嘉运、夫蒙灵察都尝试过收复小勃律,却均未成功。

天宝六载（747年）春，玄宗以高仙芝为行营节度使，率军万人出征小勃律。为了体现对这件事的重视，他还特别委任心腹宦官边令诚随军出征。

小勃律不好打，并非它兵强马壮，而是因为有地利之便——葱岭（帕米尔高原）。此前，只有张孝嵩的北庭军成功翻越过葱岭，并一举击破小勃律。高仙芝决心再创传奇，兵分三路，约定三军于七月十三日辰时在吐蕃要塞——连云堡（今阿富汗东北部喷赤河南源兰加尔）下会合。

三路唐军经过一百多天的艰苦行军，成功翻越帕米尔高原，进入瓦罕河流域。这正是：翻过了一座山，越过了一道湾，撩动白云蓝天蓝，望眼平川大步迈向前。

七月十三日，三军如期抵达。次日，唐军奇袭连云堡。吐蕃在连云堡驻有精兵一万，另有天险为恃，战斗打得异常艰苦。

关键时刻，安西军中的陌刀军立下了奇功。

陌刀是唐刀的一种，由于不允许陪葬，至今无实物出土，所以其具体样式已不可考。我们只知道，这是一种步兵用的长柄两刃刀，重约二十斤，主要用于对付骑兵。《新唐书·张兴传》有记载："兴擐①甲持陌刀重十五斤乘城。贼将入，兴一举刀，辄数人死，贼皆气慑。"可见，这是一种威力巨大的刀。

安西陌刀军的统帅名叫李嗣业，身高七尺，也就是2.1米，力大无穷。每次作战，李嗣业的陌刀军都是前锋，且他本人从来都冲在最前头，所向无敌。战前，高仙芝给李嗣业下了死命令，到中午前必须打败敌人，否则全部处死。李嗣业也豁出去了，带头出击，终于大破吐蕃军，"杀五千人，生擒千人，余并走散。得马千余匹，军资器械

---

① 擐，音换。

不可胜数"。

下一个进军目标是阿弩越城（今巴控克什米尔北部德尔果德山口下之古皮斯）。已经走了这么远路的边令诚尿了，"以入虏境已深，惧不敢进"。行吧，作为一个宦官，能跟着走到连云堡已经不错了，高仙芝没有强迫他，留三千老弱士兵给边令诚守卫连云堡。

随后，经过三日的急行军，大军来到了坦驹岭，翻过此岭便是阿弩越城。问题是这坦驹岭可不是那么好翻的！坦驹岭即今巴基斯坦北部兴都库什山的达尔科特山口，海拔4688米。要想登临山口，必须沿雪瓦苏尔冰川或达尔科特冰川而上，别无蹊径。这两条冰川的长度都在1万米以上，稍不注意，脚一滑，人都省得埋了。

1913年，英国探险家奥雷尔·斯坦因在勘察了高仙芝大军的行军路线后说："数目不少的军队，行经帕米尔和兴都库什，在历史上以此为第一次，高山插天，又缺乏给养，不知道当时如何维持军队的供应？即令现代的参谋本部，亦将束手无策……中国这一位勇敢的将军，行军所经，惊险困难，比起欧洲名将，从汉尼拔，到拿破仑，到苏沃洛夫，他们之越阿尔卑斯山，真不知超过若干倍。"

唐军将士都很害怕，一两个人拒命好说，全军拒命，主帅就不好办了。

高仙芝对自己人玩了一个套路，偷偷派出20名骑兵，乔装打扮成阿弩越人的样子，前来迎接大军。一看前面有人接应，将士们畏惧心理顿消，迅速下岭，攻占阿弩越城，随后直指小勃律国都孽多城（今巴控克什米尔之吉尔吉特）。

小勃律王和吐蕃公主慌忙逃入石窟躲避。离城六十里有一座藤桥，是连接小勃律和吐蕃的唯一道路。高仙芝入城后，立即派人去砍断藤桥。得亏安排及时，这边刚刚砍断藤桥，吐蕃的援军就到了桥的那一边。在无干扰的情况下，修好藤桥尚且需要一年多的时间。问题是唐军已经控制了小勃律,怎么会放任吐蕃人修桥呢?!小勃律王只得携吐蕃公主出降。

唐军大破小勃律的消息很快传遍了中亚,附近诸国纷纷遣使降附。随后,高仙芝留三千军马驻守小勃律,押着小勃律王和吐蕃公主凯旋。

回师途中,高仙芝办了一件不太地道的事,未请示节度使夫蒙灵察,直接派人进京向皇帝报捷!夫蒙灵察就很不高兴了:一来皇帝问他,他都不知情,很被动;二来高仙芝明显已经不把他这个节度使放在眼里了。

于是,等高仙芝回来后,夫蒙灵察非但不派一人前来迎接慰劳,而且一见高仙芝就破口大骂:"啖狗肠高丽奴!啖狗屎高丽奴!于阗使谁与汝奏得?"吃狗肠的高丽奴,吃狗屎的高丽奴,于阗镇守使的职务是谁给你的?

高仙芝很惶恐:"中丞。"是御史中丞您给的!

夫蒙灵察又问:"焉耆镇守使谁边得?"

"中丞。"

"安西副都护使谁边得?"

"中丞。"

"安西都知兵马使谁边得?"

"中丞。"

夫蒙灵察怒气不解:"既然你都知道,为什么不经过我就上奏捷报?奴才实属该杀,看你刚立了功,暂且饶了你。"

高仙芝忧虑万分,不知如何是好。

然后,边令诚的高光时刻就到了,他密表向玄宗报告此事,并说:"如果高仙芝立了功勋却忧愁而死,以后谁会为朝廷卖力呢?"

这道密表管了大用,直接动摇了安西军的领导班子。不久,玄宗一纸敕书下达，提升高仙芝为鸿胪卿、代理御史中丞、安西四镇节度使。至于夫蒙灵察嘛，调回朝中，另有任用。

远征小勃律的胜利进一步激励了玄宗，既然能夺回连云堡、收复小勃律，为什么不能重夺石堡城呢？

05. 王忠嗣贬官

玄宗对石堡城有很强的执念。唐蕃双方对石堡城的反复争夺，其实也是两国长期角力的一个微观缩影。开元十七年（729年），信安王李祎千里奔袭，收复石堡城。11年后，吐蕃人又从盖嘉运手上夺走石堡城。继任的皇甫惟明虽然试了几次，但都失败了。

早在收复小勃律之前，天宝五载（746年），玄宗已经让朔方、河东节度使王忠嗣兼了河西、陇右节度使。后来的安禄山至多也就兼领三镇，而此时的王忠嗣却同时兼领四镇，从青海到山西的这一大片地区都归他管，其直接指挥的军队占到帝国军队总数的一多半，一跃而成为天宝第一节度使。

不过，王忠嗣也深知水满则溢、月盈则亏的道理，到任不久就主动辞去了朔方、河东节度使的职务。

玄宗为什么调王忠嗣到河陇来？很简单，就是要他收复石堡城。但面对皇帝的一再催促，王忠嗣的态度始终很消极，能拖就拖。

他这个人其实和李勣很像。李勣在回顾军旅人生时曾经说过："我年十二三为亡赖贼，逢人则杀。十四五为难当贼，有所不快者，无不杀之。十七八为好贼，上阵乃杀人。年二十便为天下大将，用兵以救人死。"王忠嗣也一样，年轻时的他一心为父报仇，上阵只求勇猛杀敌。但战争在让他加速度成长的同时，也让他的思想境界升华了。王忠嗣深切感受到了战争的残酷，认识到战争的最高境界不是攻掠杀伐，而是止戈为武、遏制战争。

并且，王忠嗣还是一个尊重生命、关爱士兵的人。很多杰出的将领有才归有才，但不关爱士兵，甚至于在他们心目中，士兵就是一台杀人机器而已，是他们实现国家意志、谋求个人利益的工具。王忠嗣则不同，他真正做到了爱兵如子，这是相当难能可贵的。

石堡城三面环山，易守难攻，唐军若是强攻，不付出惨重代价根本拿不下来。可即便拿下来又怎样，"得之未足以制敌，不得亦无害于国"，毫无意义。

可问题是他不想干，有的是人想干。这不，天宝六载（747年）十月，将军董延光自荐带兵收复石堡城。玄宗很高兴，马上让王忠嗣分派数万军队给董延光。王忠嗣无奈，只得听从，但对董延光的其他要求，比如明确奖赏细则、第一个登上城头的奖励多少绢帛，他根本不予理会。其实，府库中绢帛多的是，王忠嗣之所以不肯明确奖赏细则，就是不想刺激将士们去拼命。

可这样做无异于变相抗旨。别人可以不说，但他最器重的小弟却不能不提醒他。这位小弟是谁呢？正是后来与郭子仪齐名的李光弼。

很多人可能并不知道，李光弼其实是契丹人。他的父亲名叫李楷洛，是武周时降唐的契丹将领李楷固的女婿，曾追随幽州大都督孙佺参加冷陉之战。李楷洛屡立军功，官至朔方节度副使，封蓟国公。所以，李光弼其实是高干子弟。

他沉稳严毅，擅长骑射，喜读《汉书》，少年即步入军旅，一直在朔方军中任职。王忠嗣节制朔方，对李光弼极为欣赏，曾说："他日得我兵者，光弼也。"后事果然如此。这次调任河陇，王忠嗣谁都没带,就从朔方军中带了一个李光弼,任命为赤水军使。

李光弼提醒老领导、老大哥:"咱们军府很充裕,为什么不给董延光呢?万一他失利了,肯定会向圣上咬您的!"

但王忠嗣态度很坚决:"动用几万人马争夺一座城,拿下来也不是说就能压倒敌人了,拿不下来对国家也没害处,所以我不想干。我即便违逆圣意,也不过被调回朝中任金吾将军或者羽林将军而已,顶多了也就把我贬到贵州去。但我决不会拿数万将士的性命去换一顶官帽!李将军,你不必多言了!"这番话真的很感人!为了保全数万将士的性命,王忠嗣宁可得罪皇帝。

王忠嗣都这么坚决了,李光弼还能说什么。但后事果如李光弼所料,由于没有封赏做激励,将士们出工不出力,董延光最终没有打下石堡城。恼怒的他上书弹劾王忠嗣不支持、不配合,耽误了国家大事。玄宗大怒,王忠嗣这小子想干吗?!

如果没有李林甫搅和,王忠嗣最终的结局可能和他本人设想的差不多,回朝任个羽林将军也就过去了。偏偏李林甫瞅着这机会要弄他,不仅要弄他,还想通过他扳倒太子,就指使亲信诬陷王忠嗣,说他曾经对人自夸"幼养宫中,与忠王相爱狎",想发动兵变推尊太子。

玄宗召王忠嗣入朝。十月,王忠嗣一到长安,即被下狱受审。不过,玄宗保护李亨的心思很强烈,直接指令有司:"太子长居深宫,不可能和外人通谋,你们不要牵连太子,只调查王忠嗣阻挠军功的事就行了!"

王忠嗣既已下狱,则河陇军政需得重新安排。关于新任河西节度使,玄宗已确定要用河西军大斗军使安思顺了;陇右节度使也有了初步人选,便是大斗军副使哥舒翰。但玄宗此前从未见过哥舒翰,需要亲自考察一下这个人怎么样,就召哥舒翰入京。

和李光弼一样,哥舒翰也是一员番将,而且也是高干子弟,他的父亲是西突厥十箭哥舒处半部的酋长,当过安西都护府的副大都护,母亲尉迟氏是于阗王的公主。

青年时代的哥舒翰,公子哥儿有的优点他都有,仗义疏财,性情豪奢;公子哥儿有的缺点他也有,沉迷酒色,嗜好赌博。一直浪荡到40岁时父亲去世,这位公子哥才真正成熟起来,想走仕途,重振家世。朝廷应付他,塞给他一个长安县尉的工作,相当于现在的县公安局局长,在高官如林的京城啥都不是!哥舒翰嫌官职太小,一怒之下跑到凉州投了军。

事实证明,哥舒翰生来就是吃军人这碗饭的:一方面,他治军严整,号令严明,三军无不为之震服;另一方面,他具备杰出的指挥才能,屡屡大败吐蕃人,成长为河西军中的名将。

河陇百姓视哥舒翰为保护神,甚至编歌赞颂他。著名的《哥舒歌》就是其中之一,作者"西鄙人",意思就是西北的边民。歌曰:"北斗七星高,哥舒夜带刀。至今窥牧马,不敢过临洮。"黑夜里北斗七星挂得很高,哥舒翰大将军夜带宝刀、勇猛守边。至今吐蕃的牧马只敢远望,再不敢南来越过临洮。清代诗人沈德潜评价《哥舒歌》"与《敕勒歌》同是天籁,不可以工拙求之"。

哥舒翰不仅深受下里巴人的爱戴,而且也得到了"诗仙"李白、"诗圣"杜甫等同时代文人的极力推崇。狂放不羁的李白一生几乎从未服过人,但却在诗作《答王十二寒夜独酌有怀》中以优美而恭敬的笔触写道:"……人生飘忽百年内,且须酣畅万古情。君不能狸膏金距学斗鸡,坐令鼻息吹虹霓。君不能学哥舒横行青海夜带刀,西屠石堡取紫袍。吟诗作赋北窗里,万言不值一杯水……"杜甫也写过一首《投赠哥舒开府二十韵》:"开府当朝杰,论兵迈古风。先锋百姓在,略地两隅空。青海无传箭,天山早挂弓。"

王忠嗣兼任河西、陇右节度使后,对哥舒翰十分欣赏,一路提拔为大斗军副使。哥舒翰和正使安思顺的关系很紧张。因为哥舒翰是纯正的突厥人，视粟特人出身的安思顺为杂胡，他不仅看不上安思顺，也看不上安思顺的堂兄弟安禄山。

哥舒翰入朝前，河西军中有人劝他多带金帛，到了京城替王忠嗣活动活动。哥舒翰却说："如果正道尚存，王公一定不会冤死。如果正道将丧，多贿赂又有什么用?!"他啥都没带，只带了一个包裹就上路了。

到了京城，哥舒翰面对玄宗的询问对答如流。玄宗很满意，拿定主意要用他。当时，对王忠嗣的调查审问已经结束。三法司给出的处理意见是当死。哥舒翰说完公事，便向玄宗求情，极言王忠嗣无罪，还表示愿意用自己的官爵换王忠嗣不死。玄宗不愿听，站起身就要走。哥舒翰跪着追他，涕泗横流。玄宗被感动了，终于高抬贵手，答应免王忠嗣一死。朝廷上下对哥舒翰交口称赞。

十一月，玄宗颁敕将王忠嗣贬为汉阳（今湖北武汉汉阳区）太守，任命安思顺为河西节度使、哥舒翰为陇右节度使。

王忠嗣被贬后，军中将领再也不敢违逆玄宗开疆拓土的心愿了。哥舒翰接任后，经过一年多的准备，于天宝八载（749年）六月发动了收复石堡城的战争。果如王忠嗣所料，唐军在付出伤亡数万人的代价后，才攻克了石堡城。城中吐蕃守军除四百余人被俘外，其余全部战死。玄宗大喜，拜哥舒翰为特进、鸿胪员外卿，加摄御史大夫，赐物千匹、庄园一座。但安史之乱爆发后，石堡城又为吐蕃所夺。

当年，王忠嗣暴死于汉阳，年仅45岁。此人能征惯战，持重安边，实属国之良将。他若是没有失势，没有郁郁速终，安禄山绝不敢造反。但历史没有假设，王忠嗣还是早早地落了幕，这既是他个人的悲哀，也是大唐的悲哀。

06. 杨钊来了

兔死狗烹，李适之、韦坚、皇甫惟明一倒，李林甫就对可能拜相的杨慎矜翻了脸。

在扳倒杨慎矜的斗争中，李林甫的另一个马仔王铁冲在了最前头。

王铁的父亲和杨慎矜是姨表兄弟，王铁是通过姨父杨慎矜才攀上了李林甫的高枝儿。他能干、会来事儿，又有李林甫和杨慎矜加持，很快就当到了御史中丞，与杨慎矜平级。

杨慎矜是个大大咧咧的人，以长辈和伯乐自居，每每见到王铁，也不分人前人后就直呼他的名字，有时甚至喊小名，二柱子，我是你大爷。并且，他逢人就讲，二柱子出身不好，母亲很卑贱，靠才干才走到今天这一步，实属不易啊！这本是句好话，但讲得不分场合、逢人就讲，搞得王铁很不爽，好像杨慎矜故意揭他老底似的。

这一切都被心细如发的李林甫看在眼里，就怂恿王铁帮他对付杨慎矜。

杨慎矜不仅大嘴巴，行为也不检点，与术士史敬忠结交。高祖朝的刘文静、太宗朝的张亮、高宗朝的李义府、武周朝的刘思礼都因结交术士而被搞死。有这么多前车之鉴摆着，杨慎矜依旧我行我素。

一次，他家墓地里的草木忽然"流血不止"。杨慎矜就请史敬忠夜里到府上跳大神。过了十天，草木停止流血。要我讲啊，流的可能是红色分泌物，未必是血；并且，十天后断流其实是流干了。杨慎矜还觉着史敬忠有能耐，居然以贴身侍婢明珠相赠。

史敬忠兴冲冲地用车载着美女回家。也是合该有事，路上偏偏被杨贵妃的表姐柳氏看到了。没错，杨玉环现在已经是贵妃了。天宝四载（745年），玄宗另给寿王李瑁挑了一个老婆，将杨玉环晋位贵妃。柳氏看明珠漂亮，想收在身边做个贴身侍女，便向史敬忠张了嘴。史敬忠当然舍不得，但他可不敢得罪贵妃的姐姐，只得忍痛割爱。到嘴的"天鹅肉"没吃着，还是没福！

第二天，柳氏就带着明珠入宫串门了。玄宗见了明珠，也不由得多看了几眼，随口问她什么来历。明珠说自己原是杨慎矜大人家里的婢女，被送给了道士史敬忠。玄宗不免好奇，杨慎矜怎么舍得将如花似玉的大美人拱手送给这个姓史的，这不科学啊！明珠就说了，有一天晚上，史敬忠到府上替杨大人作法驱邪，杨大人很高兴，这才把自己送给了史敬忠。玄宗当时就不淡定了，大臣与术士结交，还行巫蛊之事，这是要上天啊！

不过，如果仅仅到这一步，杨慎矜可能还死不了。偏偏明珠又把这事儿告诉了另外一个人。此人姓杨，单名一个"钊"字，是贵妃的堂兄。这位杨钊在后来有个大名鼎鼎的马甲，乱唐奸相杨国忠是也。

杨钊和贵妃有一个共同的曾祖父，没出五服，但其实也比较远了。顺便说一句，当年将武则天迷得死去活来的张易之、张昌宗正是他的亲舅舅。杨钊年轻时放荡无行，嗜酒好赌，受到亲族鄙视。他一个气不过，从老家蒲州永乐（今山西运城永济市）跑到蜀地从军，因为屯田工作干得不错，得了一个新都（今四川成都新都区）县尉的小职务。

唐朝的基层县尉工资很低，杨钊日子过得紧，好在他有一个富商朋友——蜀地大豪鲜于仲通，时不时还能得到一些接济。早在杨玉环入宫后，鲜于仲通就意识到杨钊是奇货可居，帮他获得了金吾卫兵曹参军的职务。

天宝四载，杨玉环获封贵妃。一人得道，全家升天。玄宗追封贵妃之父杨玄琰为太尉、齐国公，母亲为凉国夫人，册拜贵妃的三叔兼养父杨玄珪为光禄卿，堂兄杨铦拜殿中少监，另一堂兄杨锜还当了玄宗的驸马。三个健在的姐姐均获封一品诰命夫人，大姐封韩国夫人，三姐封虢国夫人，八姐封秦国夫人。五杨皆被玄宗"赐第京师，宠贵赫然"。

鲜于仲通当即将杨钊引荐给了剑南节度使章仇兼琼，说此人可是贵妃的堂兄，如能通过他搭上贵妃的天线，将来何愁不发达？！

章仇兼琼随即准备了大量贵重的土特产，委托杨钊进京献给贵妃和五杨。贵妃兄妹在举荐章仇兼琼的同时，自然也举荐了杨钊。玄宗见杨钊"仪观甚伟，言辞敏给"，很是喜欢，留他在京任了监察御史。

五杨都是只知吃喝玩乐的庸人，唯独这位杨钊却是个醉心仕途的官迷。他根基尚浅，急需靠山，见王鉷正得势，便主动靠拢，并将杨慎矜因结交史敬忠而惹玄宗生气的事情告诉王鉷。

王鉷和李林甫很快就商量出一个法子，诬说杨慎矜暗怀克复隋室的念头，私藏谶书，结党不轨，妄议国家吉凶。玄宗震怒，将杨慎矜兄弟和史敬忠下狱。主审官员或是李林甫的人，或是想通过办好这件大案上位的人，都很卖力，实在找不到所谓的谶书，干脆伪造了一份。

天宝六载（747年）十一月，距李适之、韦坚、皇甫惟明身死还不到十个月，杨慎矜兄弟三人被族灭，史敬忠等人被流放远边。杨慎矜被族灭，也意味着隋炀帝的最后一点血脉被彻底断绝！

扳倒杨慎矜，杨钊有功焉。李林甫本来很厌恶杨钊，因为此人与裴宽长得极为相似，但杨钊得力呀，害人时很利索、挺好使，且又是贵妃的堂兄，从此极力提携杨钊。

天宝七载（748年）六月，杨钊升迁为度支员外郎兼侍御史，随后在不到一年的时间里身兼15个使官，成为朝廷重臣。转年二月，他为了出政绩，要求各地将积存的粮食变成轻货，送到京师充实国库；又勒令将天下义仓及丁租、地税全部换成布帛，充实到玄宗的内库。天宝九载，玄宗召公卿百官参观国库，看到货物钱币堆积如山，当场赞不绝口，立即给杨钊加三品紫衣、配金鱼袋，兼代太府卿事。

这两年也是李林甫最巅峰的时代。玄宗对他的宠幸达到了极致，"凡御府膳羞，远方珍味，中人宣赐，道路相望"。李林甫过着极其奢华的生活，"溺于声妓，姬侍盈房"，"舆马被服，颇极鲜华"，"田园水硙，利尽上腴"。就这，玄宗还觉得不够，甚至于将已故五弟薛王李业那栋全长安最好的别墅赏给了李林甫。史载："宰相用事之盛，开元以来，未有其比。"

07. 杨氏显贵

杨玉环虽然是贵妃，但实际地位等同皇后，除了没有皇后的名，皇后该有的她都有，皇后没有的她也有。每次乘马，给她执辔授鞭的只能是高力士，其他宦官不够格。宫中光是保障她衣着的织绣工人就高达七百人。

玄宗到底有多宠她呢？贵妃爱吃荔枝，但荔枝只有岭南地区才有。玄宗居然动用国家驿站系统，安排专人从岭南往长安运荔枝。为了确保荔枝运到京城还是新鲜的，速度必须得快。负责运送的人员就跟跑奥运会4×400米接力赛似的，你负责一段，我负责一段，到了交接点立马交接，片刻都不耽搁。沿途路上所有公私人等，哪怕有天大的事情和理由，也必须得给运送人马让路。

我专门查阅了资料，广州到西安的陆路里程是 1600 余公里，马最快的速度大约是每小时 60 公里，这么算的话，大概跑一趟得 26 个小时，绝对能保证荔枝是新鲜的。那么多的人和马拼命地奔驰，为的就是让贵妃吃上一口新鲜的荔枝。玄宗此举和烽火戏诸侯的周幽王并无二致。后来的大诗人杜牧在《过华清宫》中嘲讽道："一骑红尘妃子笑，无人知是荔枝来。"

这样的待遇，中国历史上只有杨玉环一人独有。

贵妃喜欢泡温泉。长安近郊，唯有骊山有温泉。太宗时代已在当地建起了汤泉宫，高宗时更名为温泉宫。玄宗于开元十一年命人进行改建扩建。白居易的《骊宫高》记录了这座宫殿的雄伟富丽："高高骊山上有宫，朱楼紫殿三四重。"天宝六载（747 年），玄宗将此宫更名为华清宫。宫中的温泉就是著名的华清池。他和贵妃几乎每年十月都要到华清池度假，待到年底方才返回长安，有时甚至一年去两次。

虽然玄宗都快把杨贵妃宠上天了，但杨贵妃该给他甩脸子还是甩脸子。玄宗的后宫毕竟不止杨贵妃一个，即便出于礼貌，他也该偶尔到别的嫔妃那里打个卡。荔枝吃多了它也上火不是，总得换换口味吧！

但杨贵妃是个小女人，爱吃醋，控制欲和占有欲极强，不行，陛下你是属于我一个人的。玄宗好歹是个皇帝，时间久了就受不了了。天宝五载七月，两人大吵一架，杨贵妃给玄宗噎得鼻子不是鼻子、眼睛不是眼睛的。玄宗气坏了，这娘儿们真是惯得没边儿了，居然给朕用脸子，勒令贵妃出宫还家，理由是"妒悍不逊"。

贵妃被遣送回家，六杨可急坏了，哎呀，我们的荣华富贵怎么办？争先恐后地劝说贵妃回宫。杨贵妃那也是很有脾气的人，谁说都不好使，不回不回就不回。

也就分开小半天的时间，玄宗就受不了了，跟丢了魂似的，吃也吃不下，睡也睡不着，脾气还特别大，屁大点儿事就把左右打一顿。

高力士就是玄宗肚里的蛔虫，还能不知道他是想贵妃想的嘛，但圣人金口玉言，让他收回成命、向贵妃认错，他肯定不能干。高力士有办法，提出将"殿中供帐、司农酒饩百余车送妃所"。玄宗同意了，附带赐御膳给贵妃。高力士一看，就更确信玄宗只是磨不开面子而已。这就好办了，当天傍晚他又恳请玄宗原谅贵妃，召贵妃还宫。玄宗扭捏了两下，同意了。

两人再度相见，玄宗一看贵妃哭得眼睛都红了，心疼得不得了。贵妃也就顺坡下驴认了错。玄宗马上表态原谅，"抚尉良渥"。你干甚去了？额去石圪节公社找胡德禄给额弄了一个时兴的发型。

我不敢说杨贵妃是古代后宫第一个给皇帝甩脸子的后妃，但她起码是大唐的第一人。而且，她这脸子甩得太硬气了，你让我走，好，我走；你让我回来，对不起，那你得来请我。尊贵如玄宗，在小姐姐面前也是舔狗，大家又何必苛责他人呢？武惠妃如果看到玄宗是这么宠杨玉环的，估计能活活气死。

有贵妃这个媒介，杨氏家族与李唐皇室深度结合。史载，"杨氏一门尚二公主、二郡主"：杨钊长子杨暄娶宗室女延和郡主；杨钊次子杨昢①娶玄宗女万春公主；杨锜先娶玄宗女太华公主，在侄子杨昢死后又娶侄媳妇万春公主，真是肥水不流外人田；贵妃另一堂兄杨鉴娶宗室女承荣郡主。韩国夫人的女儿崔氏嫁给了太子李亨的长子，也就是后来的代宗皇帝李豫。虢国夫人的儿子裴徽娶了李豫的女儿延安公主，女儿则嫁给了玄宗大哥李成器的儿子；秦国夫人之子柳钧娶宗室女长清县主。

杨铦不久病逝，六杨又变成了五杨。玄宗每次游幸华清池，都

---

① 昢，音配。

以杨氏五家为扈从。五家队伍各着一种颜色，人人用黄金、翡翠、珍珠、美玉装饰，远远望去五彩缤纷、珠光宝气。沿途掉落的首饰不计其数，百姓争相拾取。

新五杨中，以三国夫人最为嚣张，也最为跋扈。

她们大肆卖官鬻爵，"四方赂遗，其门如市"，丝毫不避嫌或遮掩。而且，她们还比赛似的建豪宅，建成后如果发现不如别人的豪奢，马上推倒重建，连眉头都不带皱一下的。三国夫人"并承恩泽，出入宫掖，势倾天下"。每次入宫，连玄宗的妹妹玉真公主都得起身让座，三国夫人不坐，她都不敢坐。

贵妃和三国夫人受到的宠遇，甚至改变了传统重男轻女的社会价值观。白居易在《长恨歌》中写道："姊妹弟兄皆列土，可怜光彩生门户。遂令天下父母心，不重生男重生女。"

三国夫人中又以老三虢国夫人最为豪荡。"豪荡"这个词儿不是我用的，是史官用的。

虢国夫人很漂亮。美到什么程度呢？从不化妆，因为脂粉会污染她的天生丽质。唐人张祜①有诗为证："虢国夫人承主恩，平明骑马入宫门。却嫌脂粉污颜色，淡扫蛾眉朝至尊。"

虢国夫人很讲究。她对下人们的颜值极为挑剔。伺候她的宦官都是一等一的大帅哥，侍女随便拎一个出来都能吊打京城红灯区里的头牌。

虢国夫人很富有。她的钱财来源主要有两个渠道：首先是玄宗赏赐的脂粉钱，就是化妆费。玄宗每年赏赐三国夫人脂粉钱1000余缗。1缗是1000钱，1000缗就是100万钱。但这只是小头，真正的大头是各地文武每年例行的孝敬和跑官的钱财。因为钱太多了，所以虢国夫

---

① 祜，音户。

人根本不把钱当回事儿。每次出行，她的车队都有大量的长安群众跟踪欢呼。因为虢国夫人喜欢随手丢弃珍宝首饰，谁若是捡到，几年吃穿都不用愁了。姐不差钱，姐就喜欢你们争抢姐垃圾的那个贱样儿。

虢国夫人很豪横。史书留下了大量关于她豪横的记载。她嫌弃原先的宅邸太过狭小寒酸，想建一座长安城除了皇宫最宏大最豪奢的府邸。长安作为大唐首都，和今天的北京差不多，是个寸土寸金的地方，地价高得惊人。到哪里圈那么老大一块地呢？虢国夫人有办法，盯上了前朝宰相韦嗣立的宅邸。

这日中午，韦家人正在午休，忽见一位衣着华丽的贵妇人带着几十个侍女丫鬟，言笑自若地走了进来，那感觉就跟回她自己家似的。妇人东瞅瞅西看看，浑然没把一旁丈二金刚摸不着头脑的韦家人放在眼里。

少顷，她对韦家人说："听说这个宅院要卖，多少钱啊？"韦家人都蒙了，没说过要卖啊，只得回话："这宅院是先人留给我们的，不卖！"妇人权当没听见。不一会儿，院中哗啦啦涌进来几百名工匠，手持各式工具，马上开始掀瓦拆房。韦家人想上前阻拦，有人对他们说："这位是虢国夫人！"这谁还敢阻拦啊？韦家人只得拿着生活必需品站在路中间，眼睁睁看着祖屋被扒。

事后，虢国夫人只给韦家留了十亩地，一分钱都没给。封建社会也不能随意抢夺民产啊，但有司根本不敢过问。韦家的祖宅算什么，初唐战神李靖的家庙都被杨家给占了，知道干吗用了吗，充当马厩。

韦家的这套宅子好歹也是长安城数得着的豪宅，却还是入不了虢国夫人的眼，大是足够大了，但太过寒酸！她基本上把宅子推倒重建了。落成的宅邸一跃成为长安城占地面积最大、装修最豪华的顶级豪宅。一次暴风雨过后，有人爬到屋顶上查看，惊奇地发现一片瓦都没碎。为啥呢？因为虢国夫人用的瓦片是精致的木瓦。用木瓦豪气是豪气,就是不知道防不防雷劈?

杨家人的肆意妄为招致了朝野上下的强烈不满。时间久了,玄宗也看不下去了。天宝九载(750年),两人大吵一架,玄宗又把贵妃遣送出宫。

但这次玄宗的态度无比坚决,一连几天都不召回。朕是想你,但朕可以忍!这下连贵妃带五杨都慌了神。吉温向玄宗进言:"女人头发长见识短,违逆了陛下的心意。陛下要么就赐死她,如果不想赐死,又何必在乎宫中的那一小片儿地方而让她在外受辱呢?"玄宗本就是装腔作势,听了吉温的话,又派宦官赐御膳给贵妃。我不道歉,但是我给你好吃的。从古至今,中国男人的套路似乎就没怎么变过。

贵妃似乎是知错了,向宦官哭诉:"罪妾当死,是陛下仁慈,没有赐死我,还让我回家。从今往后,我将永远离开宫廷,免得陛下看我碍眼。这些金玉珍玩都是陛下赐给我的,我也没什么可报答他的,但我的头发是父精母血孕育的,现在我就剪一缕下来,请公公送给陛下!"说罢,她就剪下一缕青丝,让宦官带给玄宗。这小姐姐套路很深!

玄宗看了贵妃的青丝,哎哟,那个心疼得哟,当即派高力士连夜召回贵妃。

大家说,是不是熟悉的配方、熟悉的味道?结果也一样,怎么送出去的,还得把人家怎么迎回来。

《长恨歌》中有这么一个桥段,说是当年七夕,玄宗和贵妃在华清宫长生殿一对一互撩。情到深处,两人居然像少男少女一样盟誓生生世世长为夫妇,有渝此盟,不得令终。后世文人纷纷展开演绎,其中最著名的当数清初剧作家洪昇创作的《长生殿》。

遣回贵妃就可以让诸杨收敛了吗?大错特错!转年,天宝十载(751年)正月十五,五杨结队夜游,路过西市门时,刚好撞见玄宗爱女广宁公主和驸马程昌裔的队伍。都是有头有脸的人,都要个面子,两边都要求对方让路。杨家的奴才狗仗人势,居然冲公主扬起了鞭子,虽然没打着,却沾着了公主的衣服。坐骑受惊,将公主掀落下来。驸马程昌裔下马搀扶妻子,也被杨家的奴才打了几鞭子。

  太欺负人了!广宁公主入宫告状。玄宗本来很生气,但被贵妃一搅和,最终的处理结果居然是:处死杨家奴仆,同时罢免程昌裔的官爵。

第六章

狂飙胡儿

01. 节度两镇

让我们再把视线切回安禄山。

现在的安禄山太受宠、太红了！他为什么这么得宠呢？原因就两条，一是战功卓著，二是会来事儿，其中第二条尤为重要。会打仗的胡人多了去了，但像安禄山这么会来事儿、这么招人喜欢的还真没有。

天宝二年（743年）正月，安禄山第一次以平卢节度使的身份入朝奏对。

对于长安这座城市，他已经不陌生了。开元二十四年（736年），他因兵败入京受审，张九龄那个老头非要取他项上人头，关键时刻居然是圣人站出来救了他一命。六年前，他是匍匐在圣人脚下的戴罪囚徒；六年后，他是帝国的方面大员、封疆大吏。抚今追昔，安禄山感喟不已。

君臣相见，免不了要互相打量。玄宗明显比六年前老多了，形容枯槁，眼中无神，面色泛青。人们都说圣人自纳杨氏为妃后，耽于酒色，荒淫无度，看来人言未必不可信啊！玄宗也在打量安禄山，好小子，几年不见居然吃这么胖了，肚子比朕经常打的马球还圆哪！

这几年安禄山的马屁神功已臻化境，今日见着玄宗，正好一试功力。他煞有介事地向玄宗和君臣讲了这么一件奇事儿：

说是去年七月，营州境内发生了一场罕见的蝗灾。蝗虫那叫个多啊，遮天蔽日，劈头盖脸。眼见庄稼就要被啃光了，身为一方父母官的安禄山设坛焚香向上天祷告："臣安禄山如果心术不正，对皇帝陛下不忠诚，就让虫子吃光我的心！如果神仙知道我的忠诚，就请驱散蝗虫吧！"

玄宗和一众大臣听得聚精会神。安禄山故弄玄虚地问："陛下，您猜接下来怎么着了？"玄宗忙问："是啊，怎么着了，老天爷显灵了吗？"安禄山嘿嘿一笑："臣话音刚落，就见天边呼啦啦飞来一群青身红头的大鸟，见着蝗虫就啄，不一会儿就把蝗虫吃了个一干二净。"

玄宗哈哈大笑，听到这里算是明白了，安禄山是在奉承自己呢！哈哈，也难为他了，连奉承话都说得这么有故事性，说到底也是为了博自己开心啊！玄宗一个高兴，当场封安禄山为骠骑大将军。

在玄宗看来，这个傻里傻气、憨头憨脑的胡儿恰恰就是他一直想要的那种人。

一来此人在政治方面绝对合格，值得信赖。一个胡人，毫无利己的动机，把大唐的事业当作他自己的事业，多年来默默无闻奋战在祖国边陲，为国家的安定与社稷的发展抛洒热血、贡献青春。这是什么样的精神？这是伟大的爱国主义情操啊！对玄宗，他更是知寒知暖、小心殷勤。自打有了这个安禄山之后，玄宗就感觉像是穿了一件贴心小棉袄！

二来此人军事本领十分过硬，可担重任。他生于边疆，长于边疆，战斗在边疆，拥有丰富的对敌作战经验。正是由于他卓有成效的努力，两番才不至于为患，帝国东北边陲才能保持安宁稳定，玄宗才能放心地对后突厥、突骑施、吐蕃用兵。安禄山就像一道钢铁长城屹立在帝国的东方，守卫着大唐的安全。

安禄山自己都没想到，他这次进京居然会盘桓一年多，一直待到第二年三月，玄宗才肯放他走。没什么特别的原因，玄宗就是太喜欢他了，舍不得他走。放眼百官群臣，煊赫如李林甫都不能随意面见玄宗，而安禄山这个常年在边境吃沙子的边将居然做到了。起初，只要他请求面圣，玄宗一定会批准。到后来，即便他不想见玄宗，玄宗都会宣他入宫。

眼见胡人安禄山芝麻开花节节高，李林甫动了笼络的心思，经常在玄宗面前为安禄山进言。

安禄山临走的时候，玄宗又狠狠地慷慨了一次，诏命他兼统范阳节度使。平卢只有两个州，范阳却有九个州；平卢军编制37500人，范阳军编制则高达91400人，是天宝十镇中兵力最大的方镇。

安禄山的权力急速膨胀。

02. 胡旋舞者

安禄山为了立功固宠，又挑起了对两番的战争。实际的情况自然是胜多败少，但玄宗听到的全是捷报。狡猾的安禄山还让部将刘骆谷长住京师，密切关注朝廷的一举一动。平日里，他隔三岔五就会向玄宗进献俘虏、杂畜、奇禽、异兽、珍玩，贡献"不绝于路"，竟致"郡县疲于递运"。

玄宗虽然富有四海，也不会嫌钱多，高兴得合不拢嘴。哎呀，这个安禄山真是太优秀、太可爱了，朕好想他。天宝六载（747年）正月，他又宣安禄山入京面圣，并加封其为御史大夫。

玄宗特地将太子李亨介绍给安禄山认识。可谁都没想到，安禄山听了就听了，居然不对太子下拜。饶李亨脾气好，这时脸上也挂满了霜。众人都蒙了，什么情况这是？这个胡儿不想活了吗？你一言我一语地催安禄山下拜。玄宗也大为不解。不料，安禄山一句话将大家雷得外焦里嫩："臣胡人，不习朝仪，不知太子者何官？"除了李亨，在场的人都笑翻了。

玄宗正在举杯喝酒，听了这话，当时就狠狠地呛了一口，一边用力地咳嗽，一边放声地大笑，连眼泪都笑出来了。再看安禄山，脸上居然还泛出两片酡红，嘿嘿地憨笑。许久，玄宗才抚着作痛的肚子，指着李亨对安禄山说："这是储君。将来朕千秋万岁之后，他就是大唐皇帝了！"

正当所有人都觉得安禄山会立即下跪时，人家却正色道："臣愚钝，从来心里只有陛下，没想到居然还有储君！"而后，他才向李亨跪拜行了礼。玄宗又是一通狂笑，这个胡儿真是傻得太可爱了！这可真是：爱你孤身走暗巷，爱你不跪的模样……

他以为安禄山傻，其实他才是真的傻。堂堂封疆大吏居然不知道太子是个啥，开什么国际玩笑？！事后，李亨破天荒地私下向父亲进言："此胡必反！"玄宗不信，反觉得李亨胸襟狭窄。

安禄山"外若痴直，内实狡黠"，早把玄宗的脾性拿捏得死死的，你不是喜欢我憨直吗？那我就用心用力地贩卖憨直的人设。

杨贵妃自然也是他重点公关的对象。

一次，玄宗在勤政殿设宴。安禄山享受 VIP 待遇，和诸杨一同在楼上贵宾区就座。连李林甫都只能在楼下将就。

这是安禄山第一次见到艳名远播的贵妃，当时便惊为天人，此女只应天上有，人间能得几回见！杨贵妃早想一睹大英雄安禄山的庐山真面目了，满以为他是个五大三粗、胡子拉碴的黑大汉，哪知安禄山竟是个皮肤白皙、腹垂过膝的胖子，瞅着憨里憨气、圆咕隆咚，蛮可爱的！

酒至半酣，贵妃拉着三国夫人为大家献艺。杨家的四朵金花各执乐器，或唱或弹，曲好人更艳，美不胜收。

安禄山瞅准机会，主动提出要给大家表演胡旋舞。

玄宗一听，酒也不喝了，上下瞅了瞅安禄山，差点儿没笑出来。

为什么呢？因为安禄山实在太胖了。据史书记载，安禄山自称有三百斤重，走路都得靠人搀扶才能迈开步子。就因为他这体重，玄宗特批从幽州到长安的各处驿站增设一个新的设施——大夫换马台。各处驿站都使用驮得动五石六百斤土袋的马作为安禄山的驿马，因为一般的马根本驮不动他。连马鞍都是特制的，上面多了一个小鞍。各位猜猜是干什么用的？说出来笑死人：专门给安禄山搁肚子用的。

就这么一个走路都费劲的重度肥胖症患者，居然说要跳舞，而且跳的还是高难度的无氧舞蹈——胡旋舞。胡旋舞是粟特人的传统舞蹈，顾名思义就是以快速旋转为主要动作的舞蹈。

玄宗表示严重怀疑："爱卿你这么胖，也能跳胡旋舞吗？"

安禄山坚定地说："能！"

起初，安禄山的动作尚有一些不自然的笨滞。但渐渐地，他旋转得越来越快，好像走马灯一般，连鼻子眼睛都看不见了。众人只看见一个圆滚滚的大肉球在地上滴溜溜地转，不由齐声喝彩，这么胖的一个人居然能转到这个程度，太不容易了。就这么转了几百转，安禄山才渐渐停了下来，呼呼地喘气。

玄宗促狭地指着他的大肚子问："这个胡人肚子里装了什么，怎么会这么大？"安禄山憨憨地笑答："啵，我的陛下，我的肚子里没有别的，只有对您的一片忠心片忠心片忠心……"这话回得好啊，不要小看大胖子，大胖子也有大智慧。玄宗龙颜大悦，居然让诸杨与安禄山结为异姓兄弟姐妹。

散席之后，众人都走了，只有安禄山一人留下来服侍玄宗。玄宗越瞅他越是喜爱，情不自禁说了一句："禄儿。"好个安禄山，说时迟那时快,"嗖"一下就蹿到贵妃面前,屈膝下跪:"臣儿愿母妃千岁!"

这事儿也就安禄山能干得出来,他比贵妃足足大了 16 岁,贵妃就是称呼他一声"叔"都不为过。贵妃被逗得花枝乱颤。玄宗也一边捂着肚子笑,一边说:"禄儿,你的礼教错了,天下岂有先母后父的道理?"安禄山振振有词:"我们胡人不懂礼仪,向来都是先母后父。禄儿一时情急,忘却了天朝的礼仪。"玄宗高兴地对贵妃说:"只此一点,就可以看出他有多么淳朴了!"

嗯,淳朴!

03. 东平郡王

皇帝是干爹,贵妃是干娘,安禄山理所当然地膨胀了,这大唐上下再无人能入得了他的眼了。可他终究还是错看了一个人——李林甫。

起初,安禄山见了李林甫,言谈之间颇为傲慢。李林甫瞧在眼里、气在心头,面上却不动声色。换一般人如此怠慢李林甫,只怕坟头的草都荣枯了 N 回了。但安禄山不是一般人,不能以对付一般人的方式对付他。李林甫眼珠一转,计上心头,当即招来御史大夫王鉷,如此这般,这般如此……

王鉷和安禄山都是御史大夫,一次因为手头的一桩公事,一起去拜见李林甫。二人一路谈笑风生,慢悠悠地走着。进了相府之后,这情形可就变了。离李林甫还有好长一段距离,王鉷突然正色敛襟,一路小跑向李林甫。安禄山丈二金刚摸不着头脑。只见王鉷跑到李林甫面前,恭恭敬敬施完礼,才开始汇报工作,并且在整个汇报过程当中，他始终低着头、弯着腰。

王𫟷那也是当朝的大员、圣人的宠臣，和宰相的身份地位并不差很多啊！安禄山当时就蒙了，这个李林甫委实不简单！到底是聪明，他马上反应过来，照葫芦画瓢，赶紧屏住呼吸，弯腰低头。

安禄山肢体动作上的变化，早被李林甫看在眼中，他转身对安禄山唱起了高调："安将军这次来京深得圣人欢心，真是可喜可贺。将军要好自为之，竭心尽力为朝廷效命才是！"安禄山头点得像小鸡啄米似的。李林甫一看目的已经达到，意味深长地说了一句话："皇上虽然年纪大了，但宰相还不算老呀！"

打这以后，安禄山对李林甫奉若神明，尊称为"十郎"，不敢有丝毫怠慢。每次面见李林甫，哪怕是在冬天，他的汗水都能浸透衣服。他曾对亲近说："我安禄山出生入死，天不怕地不怕，当今天子我也不怕，只是害怕李相公。"

这是真心话！回到范阳后，每次刘骆谷从长安回来，安禄山都会问："十郎怎么说的?"刘骆谷如果说李林甫夸奖他，安禄山就喜不自胜；如果说李林甫让他好好检讨反省，安禄山就会害怕得长叹："噫嘻，我死矣！"

嫩草怕霜霜怕日，坏人自有坏人磨。我们可以说李林甫坏，但就是不能说他菜，他就是能镇住安禄山。眼见安禄山已经屈服，李林甫暗自得意，之后改为恩威并施、用心拉拢。两人的关系渐渐亲密了起来。

有李林甫加持，安禄山的仕途越发通达了。天宝七载（748年）六月，玄宗御赐安禄山丹书铁券。天宝九载五月，又晋封为东平郡王。在《封安禄山东平郡王制》中，玄宗将安禄山比作卫青、霍去病、韩信、彭越一流的人物，说他"疆场式遏，且薄卫霍之功；土宇斯开，宜践韩彭之秩"。

光一个郡王，玄宗觉着还不够，三个月后又给安禄山加了一个实职——河北道采访处置使。这样，已经身兼平卢、范阳两镇节度使的安禄山，一跃成为河北道最高行政长官。在玄宗时代的节度使当中，安禄山是兼领采访使的第一人。天宝第一节度使王忠嗣虽然兼统四镇，但终究只是军队的高官，并无地方行政权。安禄山实际上已经成了河北王，是封疆大吏中的封疆大吏、方面大员中的方面大员。

十月，安禄山献上奚俘八千人。玄宗命吏部考功司将安禄山的政绩评定为"上上"级。唐代官员政绩考评，分为上上、上中、上下、中上、中中、中下、下上、下中、下下九个等级。自开国以来，还没有一个官员能够获得"上上"的评定。这就好比语文考试，考得再好，老师都只给你打 99 分，留 1 分进步的空间，免得你骄傲自满、故步自封。现在安禄山成为唐朝第一个拿满分的人了。

04. 身兼三镇

天宝十载（751 年）正月初一，是安禄山 49 岁的生日。

唐代社会流行着这样一种风俗：父母须于孩子诞生三日后为其洗身。

正月初四，安禄山生日过后的第三天，杨贵妃一大早就下了懿旨，召禄儿速速入宫。懿旨语焉不详，安禄山也不知道突然召见所为何事，腆着他那招牌式的大肚子，急匆匆赶往宫中。

见了贵妃，安禄山就问杨干娘唤他何事。杨贵妃坏笑着说要给安禄山"洗身"。安禄山还没反应过来，一旁冲上来十几个宫女，不由分说就扒他衣服。安禄山虽是行伍出身，但架不住这帮丫头片子人多啊，不一会儿就被扒得只剩底裤了。他夸张地大声呼救，巧妙地迎合着众人的情绪。女人们一听安禄山呼救，更来劲了，强行把他给沐浴了。沐浴后，她们用彩锦把安禄山裹成个大粽子，抬起他就在宫中游行了起来。

皇宫大内本是个庄严肃穆的地方，那些宫女宦官平日里谨小慎微地行事，生活平淡而压抑，如今猛然见到这么热闹搞笑的情形，哪里还能控制得住自己的情绪，一个个笑得前仰后合，少数胆大的还趁机起哄。

众人的嬉笑声响彻皇城，连正在前朝办公的玄宗都听到了。玄宗问高力士怎么回事。高力士回答说贵妃在为安禄山行洗儿之礼。玄宗听了，不仅没有生气，反而兴致勃勃地赶去观赏。可不是嘛，确实是禄儿，被一群小丫头片子包成了个大粽子，抬着在宫中游行呢！安禄山杀猪似的大声呼喊，贵妃则在一旁咯咯娇笑，宫女宦官们放肆地起哄。你别说，这场景确实蛮有趣的！玄宗也乐了，当场开了一笔钱给贵妃，说是给禄儿洗身的服务费。

此后，玄宗又给了安禄山一项特权，允许他自由出入皇宫，随时拜见皇帝干爹和贵妃干娘，不受任何禁制。安禄山本就对贵妃的美貌垂涎万分，一听可以随意出入后宫了，当真是喜出望外。打这以后，他就充分地行使了这项权力，频繁出入后宫，与贵妃一起吃饭、同榻唠嗑，有时甚至待在贵妃的寝宫里通宵不出。

我知道有人肯定会问，那安禄山和杨贵妃有没有越过道德的边界呢？

《旧唐书》和《新唐书》倒是一句也没提，这两本书没提及的事情，我们一般不予采信。不过，司马光在《资治通鉴》中却如是说："自是禄山出入宫掖不禁，或与贵妃对食，或通宵不出，颇有丑声闻于外，上亦不疑也。"

所以，算了吧，当事人玄宗都不在乎，咱掰扯这个干吗?!

玄宗对安禄山寄予莫大期望。在他眼中，禄儿就是国家的栋梁、民族的希望、社会的福祉。只要有禄儿在，他就可以高枕无忧地坐享这盛世繁华。即使将来的某一天他驾鹤西游了，禄儿还是可以拱卫他的子孙，守卫大唐江山。

玄宗之所以会被涮，是因为他从一开始就低估了安禄山。表面看来，安禄山是一个粗线条的胡人汉子，憨态可掬，傻里傻气。其实此人不仅胆识过人、心思缜密，还是个地地道道的野心家。

每次入京面圣，安禄山都会细心考察沿途民情社情。他发现所谓的"开元盛世"，不过是朝廷的自说自话、自我标榜，一面是官僚贵族的声色犬马、醉生梦死，一面是底层人民的衣不蔽体、苦不堪言。"朱门酒肉臭，路有冻死骨"，这种对比鲜明、处境迥异的社会现实，都清清楚楚地映入了安禄山的眼睛。他知道，这个貌似繁荣昌盛的庞大帝国，其实已经是一只纸老虎了。

安禄山不仅通过刘骆谷广泛搜集大唐政治、经济、军事方面的情报，还把朝中的户部郎中吉温、大理寺司直张通儒网罗到了羽翼之下。三姓家奴吉温不仅和安禄山拜了把兄弟，还想帮安禄山当宰相，一起挤掉李林甫。

天宝十载二月，安禄山请求兼领河东节度使，玄宗立即同意。这样，安禄山一人身兼平卢、范阳、河东三大节度使和河北道采访处置使，其直接统率的军队已经占到了全国总数的近三分之一，放眼大唐，只此一人。为了尽快控制河东镇，安禄山让玄宗任命吉温为河东节度副使、知留后事，张通儒为河东节度留后判官。

玄宗浑然不知，打从节制河东后，憨憨的禄儿已经起了不臣之心。安禄山想造反，主要原因有三个：第一，他当年把太子李亨得罪了，得罪得很到位，而玄宗春秋已高，李亨上台后势必清算他；第二，他知道朝廷内轻而外重，更知道自己手上的筹码是最重的，一旦举兵，取江山易如反掌；第三，他的亲信都劝他取大唐而代之，建千秋伟业。

安禄山的亲信都有谁呢？

文臣方面有四人，除了吉温和张通儒，还有河北沧州人严庄和天津武清人高尚。这些人都是智囊，是安禄山集团的决策层。

武将方面的名单就比较长了。安禄山节制三镇，手下猛将如云。见诸史书的就有史思明、阿史那承庆、孙孝哲（契丹人）、尹子奇、何千年、高邈、高秀岩、安忠志（奚人）、安守忠、张献诚（张守珪的儿子）、张孝忠、张忠志（后被赐姓名李宝臣）、李归仁、李钦凑、李庭望、李立节、李怀仙、薛嵩（薛仁贵之孙、薛楚玉之子）、蔡希德、武令珣①、能元皓、田承嗣、崔乾佑、向润容、牛廷玠②等。

安禄山当然想当皇帝，但他觉得时机尚未成熟。玄宗于他有大恩，他不想在玄宗生前起兵。况且玄宗这一年已经62岁了，估计也没几年可活了，正好可以利用这段时间把准备工作做得再充分一些。

他持续购买战马兵器，招降纳叛，组建私兵，并将降附的两番部落改编为精锐部队——曳落河。曳落河是突厥语"壮士"的意思，编制八千人，均是安禄山的义子，战力惊人，是河北军中的精锐。范阳军和平卢军常年与两番作战，战斗素养本就很高。此外，安禄山还拥有不在正式编制内的民族军，由契丹人、靺鞨人、突厥人、室韦人、铁勒人组成。大家看看他带的这几个民族：契丹，大辽的建立者；靺鞨，大金的建立者；室韦，蒙元的建立者；突厥和铁勒就更别提了，清一水的战斗民族。

安禄山上了巅峰，就意味着玄宗该把巅峰的位置让出来了……

---

① 珣，音旬。
② 玠，音介。

第七章 急转直下

01. 南诏反唐

平地一声雷，大西南突然反了南诏。

开元年间，唐廷帮着蒙舍诏王皮逻阁统一六诏，建立了南诏国。南诏随即成为大唐遏制吐蕃、保障西南安全的得力助手。天宝七载（748年），皮逻阁去世。他有四个儿子，长子阁罗凤，次子诚节，三子崇，四子成进。但阁罗凤其实只是养子，所以皮逻阁实际上的长子诚节不干了。二人相争，最终阁罗凤更胜一筹，锁定了王位，将诚节放逐，奉表臣服。玄宗要的只是南诏款服、西南安稳，不管谁当家，只要依旧臣服大唐就没问题，所以很快承认了阁罗凤的王位。

当时，章仇兼琼在诸杨保荐下，已经入朝任了户部尚书。接替他任剑南节度使的是鲜于仲通。如果把鲜于仲通比作南诏人的太上皇，那云南太守张虔陀就是南诏人的皇帝，阁罗凤在鲜于仲通和张虔陀眼中就是一个奴才。尤其张虔陀，连南诏王室的女眷他都敢扒拉。这是骄傲的阁罗凤所不能忍受的，他倒不怕这两人，他怕的是这两人背后那个强大的帝国，只能采取消极应对的办法：不再搭理张虔陀和鲜于仲通。

张虔陀勃然大怒，不仅派人跑到南诏国都太和城（在今云南大理古城南）辱骂阁罗凤，而且表奏朝廷说阁罗凤有不臣之心，建议玄宗拿掉阁罗凤，换上诚节。

他这么一搞，就把阁罗凤逼进了死胡同。天宝九载（750年）年初，忍无可忍的阁罗凤举兵攻入姚州（今云南楚雄姚安县）。张虔陀兵败被杀。

玄宗震怒，诏命鲜于仲通举剑南兵征讨南诏。

天宝十载（751年）四月，鲜于仲通兵分两路进攻南诏。阁罗凤并不想与唐朝全面开战，一面避而不战，一面遣使谢罪，恳请鲜于仲通放归俘虏。但他也软中带硬地威胁道："如今吐蕃大兵压境，如果你们不同意和谈，我就要归附吐蕃了。从今往后，云南就不是大唐的了！"

鲜于仲通大怒，哎呀，这个蛮夷居然敢威胁本使，这还了得？他扣押南诏使节，一路进军至西洱河畔，直逼太和城。

唐军都兵临城下了，阁罗凤只得硬着头皮迎战。唐诏失和这事本就错不在南诏，南诏人心里都很憋屈，况且他们是守土卫国，因此人人奋勇、个个争先。而唐军远道而来，既不熟悉地形，也不适应气候。

西洱河一战，六万精锐唐军战死，仅鲜于仲通一人逃脱。天宝十节度中，剑南镇的兵力本就不多，创建之初仅有三万余人，这六万人马几乎可以说是当时剑南的全部精锐了，如今一朝丧失殆尽，以致后来安禄山举兵造反，别的藩镇都有力量派兵入援，唯有剑南道无兵可派。

阁罗凤随即遣使逻些，向吐蕃赞普尺带珠丹称臣。

这么多年来，吐蕃为了拉拢南诏，各种办法都用尽了，也没能达成目标。这下好了，托鲜于仲通和张虔陀"助攻"，南诏主动贴了上来。尺带珠丹别提多高兴了，直接称呼阁罗凤为"赞普钟"，意为"赞普的弟弟"，并册封为东帝，赐给金印。

即便如此，阁罗凤还是不想过分开罪唐廷。使者是派不过去了，他就让人在两国边境线上立了一座碑，上书："我世世事唐，受其封赏，后世容复归唐，当指碑以示唐使者，知吾之叛非本心也。"我南诏世世代代臣服大唐，接受大唐的封赏。如果将来我的后代重新归附大唐，一定要指着我立的这座碑给唐使看，以证明我当初背叛大唐并非出自本心。

阁罗凤这话说得硬气，也的确符合实情，奈何玄宗他不知情啊！鲜于仲通打了这么大一个败仗，居然一点事儿都没有。为啥呢？有杨钊、杨贵妃罩着他呗！玄宗非但没追究鲜于仲通的责任，反将其调任为京兆尹，让杨钊遥领了剑南节度使。不过，两年后鲜于仲通因违背杨钊而遭到贬黜，不久病死。成全你的往往也能毁掉你，鲜于仲通是成也杨钊，败也杨钊。

杨钊坚定主张对南诏强硬。玄宗下诏募兵，准备与南诏全面开战。在玄宗眼里，南诏不过是个不堪一击的小弱鸡。但他决然想不到，此举却为帝国树立了一个新的敌人。南诏与唐朝斗斗和和一百余年，是唐朝后期最具威胁的强敌。

南诏的反叛，揭开了唐朝急转直下的序幕。

02. 折戟怛罗斯

继在西南连吃败仗后，唐廷在中亚的扩张也遭遇重大挫折。南诏反叛，错在张虔陀和鲜于仲通。中亚受挫则是高仙芝的过错。

天宝九载（750年）二月，高仙芝再次挥军翻越葱岭，击败了亲附吐蕃的羯①师国（在今巴基斯坦北部奇特拉尔），生擒其王。吐蕃经

---

① 羯，音怯。

略中亚，靠的是大勃律、小勃律和揭师国这三个战略支点，如今两点尽弃，在中亚就没得玩儿了。此时的高仙芝已然站到了军旅生涯的巅峰，他之前和之后所有的安西都护、安西节度使，无一人取得他这样的成就。他的优点很多，但缺点也不少，其中最致命的一个就是贪婪，为了敛财甚至不惜无端开启战事。

此前，中亚地区是大唐、吐蕃、大食三大帝国角力的舞台。现在吐蕃人不行了，大食和大唐的矛盾就日趋尖锐。

阿拉伯帝国建立后不久即走上全面扩张道路，经过数十年的征战，到玄宗时其势力已经深入中亚，直接威胁到河中地区①的昭武九姓粟特人。粟特人和大食人的分歧还是比较大的，种族不同，语言不同，宗教也不同。面对大食人与日俱增的威胁，粟特人越发积极地向大唐靠拢。

但就是因为被高仙芝搅和了一下，这个盟友差点儿成了敌人的助手。

位于今乌兹别克斯坦塔什干地区的石国是昭武九姓中最富裕的一个。高仙芝垂涎石国的财富，在击破揭师国后即表奏朝廷，红嘴白牙非说石国国王那俱车鼻施"无蕃臣礼"，请求讨伐石国。玄宗这时对高仙芝信任得不得了，况且也不了解遥远的中亚实情，就同意了。

面对大军压境的高仙芝，那俱车鼻施只能求和。高仙芝佯装答应，却趁石国人放松之机攻入城中。唐军不仅俘虏了那俱车鼻施，还大掠石国，总共抢了十余斛绿宝石、五六头骆驼的黄金以及大量牲畜。这些财货大部分落入高仙芝个人手中。

就这，高仙芝仍不满足，在回军经过突骑施时，又诬说突骑施人

---

① 河中地区指中亚锡尔河和阿姆河流域以及泽拉夫尚河流域，包括今乌兹别克斯坦全境和哈萨克斯坦西南部。古代中国称之为"河中"。

叛乱，悍然攻打突骑施。这时的突骑施衰落得只剩出的气儿了，哪里是唐军的对手，连可汗都被生擒了。高仙芝趁机又杀了不少胡商，劫掠了大量的财富。

天宝十载（751年）正月，高仙芝入朝，献上被俘的突骑施可汗、石国王、羯师王。玄宗大喜，将突骑施可汗和石国王处斩，加高仙芝为开府仪同三司。

但朝中还是有明白人的。很快，高仙芝的胡作非为玄宗就都知道了。被手下人给骗了，他老人家当然很生气，但他更在乎朝廷的面子、他的面子，总不能昭告天下承认安西军杀良冒功吧？玄宗强压怒火做了冷处理，佯装不知实情，但并未奖赏安西军将士，还打算将高仙芝调任河西。

当时任河西节度使的是安禄山的堂兄安思顺。安思顺在河西待得好好的，不想调离，一面结交杨钊为他在朝中进言，一面指使河西群胡割耳朵的割耳朵、划面皮的划面皮，上万言书，请求朝廷留任他。玄宗一看宰相和河西干群也反对，只得打消了调高仙芝去河西的念头。

但很快，他就为这个错误的决定付出了沉重的代价。

高仙芝之所以能在中亚屡屡得手，除他本人确实有两把刷子外，有利的外部环境也是一个重要原因。吐蕃被大唐揍得满地找牙，根本无力反击。大食刚好又发生了内乱。天宝五载（746年），哈希姆家族公然反对当政的倭马亚家族。经过四年的战争，到天宝九载（750年），倭马亚王朝被推翻，哈希姆家族建立了阿拔斯[①]王朝。和穿白衣的倭马亚家族不同，哈希姆家族喜欢穿黑衣，所以唐人就称呼阿拔斯王朝为黑衣大食。大食内乱，当然顾不上和唐朝争夺中亚，间接成就了高仙芝的赫赫战功。

[①] 阿拔斯家族是哈希姆家族的一个分支。

日前，高仙芝得到一份情报：石国王子在破城之际逃走了，他联络昭武九姓和已经站稳脚跟的黑衣大食，准备攻取安西四镇。高仙芝慌了，这要是摆不平，将来他就处境堪忧了，思来想去，决定先发制人。

四月，高仙芝亲率三万番汉精兵长途奔袭七百余里，寻找大食主力决战。七月，两军在今哈萨克斯坦江布尔城地区的一座城市遭遇。这座城是石国的第二大城市，在当时叫作怛①罗斯城。

唐军主帅高仙芝的大名，大食人都知道。但高仙芝却不甚了解自己的对手，只知道此人的名字特别长，叫什么塔里克·伊本·齐亚德来着，殊不知此人却是阿拉伯帝国历史上的传奇名将。

塔里克并非阿拉伯人，而是北非地区的柏柏尔人，在被征服后改宗伊斯兰教，并从军入伍。这是一位军事天才，仅凭一万左右人马登陆西班牙，击垮西哥特王国，征服了西班牙安达卢西亚地区。

怛罗斯之战是亚洲东西两大帝国的第一次碰撞，也是两位名将的正面交锋。

两军激战五日，不分胜负。关键时刻，高仙芝欺压番众的恶果就显露出来了。

仆从的葛逻禄部本是九姓铁勒之一，后突厥时代与回纥、拔悉密并列铁勒三大强部。后来的故事大家都知道，三部联手灭了后突厥，然后葛逻禄又和回纥联手灭了拔悉密。回纥占据了塞北，葛逻禄则主要活动于新疆北疆及中亚地区，怛罗斯就在他们的活动范围之内。当突骑施衰落后，葛逻禄就成了西域、中亚地区一支举足轻重的重要力量。

葛逻禄本来臣服大唐，但看到高仙芝胡作非为、皇帝却听之任之的情形后，他们不干了。大食军和唐军的实力本在伯仲之间，难分胜

---

① 怛，音达。

负。但在两军拉锯对峙之际，葛逻禄军突然反水，与大食军内外夹击唐军。唐军大败，三万人马仅存一千余人，高仙芝连夜逃遁。

虽然网上对怛罗斯之战的分析和评价很多，但大多过度拔高了这场战役的作用和影响，说唐朝从此退出了中亚。但实际的情况并非如此。

大食人是赢了，但面对打败半个亚洲无敌手的唐军，他们的确也崩着牙了。况且，他们对葱岭那边的亚洲并无兴趣。大食高层一合计，不仅没有继续进军，反而立即遣使与唐廷讲和。玄宗虽然喜欢开疆拓土，但实实在在地讲，他也没有进军中亚的意思，就接受了大食人递来的橄榄枝。

此后，两大帝国往来不断。根据《旧唐书》和《册府元龟》①的记载，从怛罗斯战后到德宗贞元十四年的一百余年间，大食向唐朝遣使近四十次，仅天宝十二载（753年）一年就派来四拨使团。

大食商人通过"陆上丝绸之路"和"海上丝绸之路"，纷纷涌入唐朝做生意。他们带来了香料、象牙、珠宝、药材和犀牛角等物品，从大唐贩走丝绸、茶叶、瓷器等商品。唐朝保护、奖励他们经商，甚至还允许他们留居。大食人在广州、泉州、扬州、杭州、宁波（当时叫明州）等东南沿海城市建立了聚居点。据《资治通鉴》记载，肃宗上元元年（760年）之前，居住于扬州一带的大食"贾胡"至少有一二千人。到唐末黄巢起义军攻破广州时，居住在城中的大食人、波斯人、犹太人和基督教徒竟有十二万之多。

可见，两大帝国其实都没把这场战役太当回事儿。这场战役对中

---

①《册府元龟》与《太平广记》《太平御览》《文苑英华》合称"北宋四大部书"。《册府元龟》是政事历史百科全书性质的史学类书，其中唐、五代史事部分，具有史料校勘价值。

亚的格局也并未造成实际影响。战争本因石国而起，但战后石国依旧臣服大唐，大多数中亚国家依旧站队唐朝。

玄宗以战败为由，征高仙芝入朝为右金吾大将军。其节度使一职由王正见担任。转年，王正见去世。玄宗任用封常清为安西副大都护，知节度事。

天宝十二载，封常清率军征服大勃律国，彻底肃清了吐蕃人在中亚的势力。至此，安西都护府的控制范围已经基本上恢复。

综上，怛罗斯之战其实只是一场遭遇战。两大帝国猝然相遇，互相摸了摸底儿，发现对方是个硬茬儿，就很有默契地握手言和了。唐朝败的是战役，而非战略。真正让唐廷放弃中亚、西域的，既不是大食人，也不是吐蕃人，而是胡儿安禄山。即便唐军打赢了怛罗斯之战，但只要安史之乱爆发，唐廷仍旧只能退出中亚。

值得一提的是，在大食人俘虏的唐军中有一个叫杜环的，他是著名史学家、《通典》作者杜佑的族子。杜环被俘后，曾游历西亚、北非。代宗年间回国后，他写了一本游记性质的《经行记》。这本书是中国最早记载伊斯兰教义和中国工匠在大食传播生产技术的古籍，还记录了亚非一些国家的历史、地理、物产和风俗人情，可惜如今仅在《通典》中保留了一千五百余字。

我知道有朋友会说，造纸术就是通过被俘的唐军工匠传入大食，进而传入欧洲的。其实，学界对此是存疑的。杜环《经行记》记载的被俘工匠中并无造纸工匠。有乌兹别克斯坦学者认为，早在怛罗斯之战前，造纸术就以和平的方式通过拔汗那国都浩罕城（今乌兹别克斯坦费尔干州浩罕市）传往撒马尔罕（今乌兹别克斯坦撒马尔罕州撒马尔罕市）。

03. 王鉷倒台

外事纷纷，偏偏内政也动荡飘摇。

李林甫嗜权如命，占着相位不退，绞尽脑汁打压潜在竞争者。可新陈代谢、生老病死是自然的规律，总有大把大把的后起之秀想上来、要上来。他挡得了一个两个三四个、五次六次七八次，还能一直挡得住吗?!

这不，曾经他跟前的小催巴儿杨钊居然真的裴宽附了体，已经将枪口对准他。

天宝八载（749年），杨钊突然弹劾李林甫左膀——刑部尚书兼京兆尹萧炅，萧炅贬官。一年后，杨钊再弹劾李林甫右臂——御史中丞宋浑（宋璟之子），宋浑流放。这两弹证据确凿、实有其事，弹得李林甫哑巴吃黄连——有苦说不出。

但他毕竟不是等闲之辈，很快发起反击，派人伪造图谶，说有"金刀"之人将窃取大唐江山。很明显，这个"金刀"影射的就是杨钊。

可问题是，且不说杨钊有贵妃这个大靠山，玄宗本人也视杨钊为忠臣、能臣，任李林甫百般构陷，他非是不信呢！杨钊很会来事儿，马上表请改名，臣绝不是悖逆的金刀，请陛下赐名。玄宗赐名"国忠"，勉励他做国之忠臣。

打从这一刻起，杨国忠站起来了！

他迅速把另一宰相陈希烈争取到自己战队。杨、陈二相一联手，李林甫害怕了，但他暂时还是安全的，因为杨国忠目前的一号政敌是他当年拼命往上贴的王鉷。杨国忠和王鉷同为李林甫心腹，任的都是御史中丞，都想再进一步当御史大夫。可李林甫却推荐了王鉷，这就让杨国忠对他们二人怀恨在心了。

王鉷因为替玄宗敛财有方，现在已经红到了连李林甫都要畏避的程度。王鉷之子王准和李林甫之子李岫都在禁中供奉。王准经常欺负李岫，而李岫连个屁都不敢放。偏偏这个让李林甫都十分畏惧的王鉷，居然被杨国忠搞死了。

王鉷本人其实没事儿，但他有个蠢弟弟——户部郎中王焊。天宝十一载五月，王焊问术士任海川："我有王者之相否？"任海川听了，小心脏扑通扑通直跳，面上当然顺着王焊说，但离开王府后就一溜烟跑了。王鉷知道后，赶紧派人干掉任海川。他府上的司马韦会回家对家人说起此事，也被王鉷灭了口。

事情做到这个份儿上，王鉷觉得没问题了。但王焊誓将坑哥进行到底，居然暗中谋划兵变，准备一举干掉李林甫、杨国忠、陈希烈三位宰相，但就在起兵前两天，计划泄露了。

玄宗还是很信任王鉷的，让他和杨国忠一起去抓捕王焊一党。

都这个节骨眼儿了，王鉷居然还要保弟弟，偷偷将王焊藏入府中。杨国忠盯他盯得很紧，马上向玄宗告状："鉷必预谋。"

王鉷若是倒了，李林甫就孤掌难鸣了，他只能站出来为王鉷说话。玄宗实在离不开王鉷，格外开恩，对王鉷免于追究，并特赦王焊。当然了，皇帝得要个面子啊，玄宗派人传话给王鉷，要他主动上表请罪。

王鉷居然拒绝了。此举无异于啪啪打玄宗的脸。杨国忠和陈希烈极言王鉷大逆该杀。玄宗暴怒，赐死王鉷，杖毙王焊，将王氏一族流放边疆。

杨国忠成了最大的赢家，接掌王鉷所有的职务。随后，他马上检举李林甫暗中勾结王鉷，也是乱党。

玄宗没有听，但他早就清楚王鉷和李林甫关系匪浅，并且李林甫先前的确为王鉷说情开脱来着，心中不由疑窦丛生，从此逐渐疏远李林甫。

李林甫不甘坐以待毙，马上还以颜色。

十月，南诏寇边，剑南道表请节度使杨国忠赴镇主持大局。李林甫大喜，敲顺风锣，要玄宗答应剑南道方面的要求，让杨国忠入蜀。他知道杨国忠在军事上是个门外汉，去了不仅于事无补，反而可能造成更大损失，到时候他在朝中这么一弹，管教这小子完蛋。

杨国忠慌了，他太清楚李林甫的打算了，一再恳请玄宗别让自己去。玄宗也不想让他去，但杨国忠毕竟兼着剑南节度使呢，人家剑南道方面的请求合情合理。杨国忠想尽了一切办法，连贵妃都动用了，但这次玄宗的态度很坚决，必须赴镇！杨国忠只得哭着向玄宗辞行，临走还不忘拉踩李林甫，说他此行必为李林甫所害。玄宗安抚他："卿暂到蜀区处军事，朕屈指待卿，还当入相。"

当时李林甫已经病了，听了玄宗这话，越发"忧懑不知所为"。有个巫师给他提了个建议，说只要能见一面圣颜，病情就会好转。玄宗的确想帮这位"忠诚"的老伙计，可左右愣把他劝住了，陛下，万一是传染病可咋整?！玄宗倒是很贴心，让李家人将李林甫抬到院子里，他跑到阁楼上举着红巾招手慰问。爱卿，这也算见过面了哦！

林甫，隆基所欲也；国忠，亦隆基所欲也！杨国忠前脚刚到成都，朝廷的中使①就到了，召他回京主政。

---

① 中使，宫中派出的宦官，代表皇帝的意志。

04. 李林甫之死

杨国忠去的时候有多丧，回的时候就有多狂。入京后，他第一时间跑去"探视"李林甫。李相，我来看你了，看看你还得几天才能死！

这时的李林甫只能哭着向对手说软话了："林甫死后，杨公肯定接任宰相，我的身后事还得劳您操心了！"杨国忠戏做得很足，"谢不敢当，汗流覆面"，其实心里早乐开了花，老东西，快上路吧！

几天后，李林甫就死了，时为天宝十一载十一月二十四日（753年1月3日），年70岁。玄宗追赠他为太尉、扬州大都督，并赐班剑武士、西园秘器。

李林甫任相19年，其中担任首相长达15年，是玄宗一朝执政时间最长的宰相。这些年里他其实只做了一件事，就是不断打压潜在的竞争对手，千方百计保住自己的相位，至于江山社稷、黎庶黔首、道德正义……完全不在他的考虑范围内。很多杰出的人才被他搞倒了、搞死了。用胡人为节度使的政策，更是为后来安禄山造反埋下了根子。对于安史之乱，对于大唐衰落，李林甫负有不可脱卸的责任。

李林甫虽死，但杨国忠并未饶过他，就是要把他搞臭了。

年初三月，降唐的后突厥西叶护、同罗酋长阿布思反叛了。

这阿布思可是个能人，归唐后率领同罗骑兵屡立战功，官至朔方节度副使，封奉信王。同罗骑兵在当时被公认是天下第一骑兵，安禄山有意将这支精锐骑兵收为己有，多次奏请将阿布思的部落迁徙到幽州。阿布思知道他的狼子野心，死活不肯同意。

三月，安禄山借口征讨契丹，表请玄宗派阿布思部随他出征，实际上是想借机干掉阿布思，将同罗部据为己有。当时，朔方的节度使名义上是李林甫，实际主政的是留后张暐①。阿布思请求张暐拒绝朝廷，遭到了张暐的拒绝。阿布思无奈，干脆把心一横，率所部大肆掳掠一番后，逃回了漠北。李林甫着急撇清关系，马上辞去朔方节度使，并推荐河西节度使安思顺接任。

现在杨国忠要搞臭李林甫，非说李林甫生前曾与阿布思串联谋反。这肯定是扯淡，李林甫和阿布思唯一的连接点是朔方军，李林甫只是名义上的节度使，阿布思是实际上的副节度使。

如果只是杨国忠一伙儿说，估计玄宗也未必会相信。偏偏安禄山落井下石，派来阿布思降将，降将对玄宗说李林甫曾与阿布思暗中约为父子。玄宗震怒，下令调查李林甫谋反案。李林甫的女婿谏议大夫杨齐宣害怕受牵连，也说老丈人的确和阿布思勾勾搭搭。

三人成虎！

天宝十二载（753年）二月，李林甫身死不过百天，玄宗下诏削除他的一切官爵，将其子孙有官者全部除名、流放边疆，并查抄其家产。当时李林甫还未下葬，有司剖开他的棺椁，挖出口内含珠，剥下金紫朝服，改用小棺，以庶人之礼下葬。可叹李林甫害了一辈子人，最终也不过落得这么个下场！

有一点很有意思，李林甫虽然嚣张歹毒，但他的子女们普遍都很谨慎，没有作恶的记载。这是很难得的，毕竟李林甫足足有25个儿子、25个女儿，可却连一个作恶的都没有。没办法，老爹太红了，前所未有的红，红得发紫，红得叫他们害怕。

一次，李林甫、李岫父子在家中花园溜达。李岫指着干活儿的人对父亲说："爹，您执掌中枢这么多年，仇家遍布天下，万一哪天大

---

① 暐，音伟。

祸临头了，想当个干活儿的人恐怕都不能了！"李林甫没有怪罪儿子，只是长叹一声道："势已如此，将若之何？"

听这意思，他是不怕的，其实他怕得要命！唐朝开国至今，宰相的随从一般不过数人，而且长安百姓从不避让宰相的车队。李林甫怕遭刺杀，居然将随从扩充到了一百余人。他寝室的地板下面放着石瓮，以防刺客偷挖地道潜进来；卧室的墙也是中空的，设有暗门，遇有危险可躲入墙中。安保工作都做得这么细了，李林甫还是不放心，一宿能换好几个地方，连家人都不知道他睡在哪里，他自己也没法睡个囫囵觉。

现在好了，他终于可以睡个安稳觉了！

李林甫有个女儿叫李腾空，看破红尘，早早地入了道门，隐居于庐山北凌云峰。她平日里修道学医，闲暇时治病救人，颇得人望。大诗人李白和李腾空是蓝颜之交，甚至专门写了《送内寻庐山女道士李腾空二首》，派老婆上山送给李腾空。

其一曰："君寻腾空子，应到碧山家。水舂①云母碓②，风扫石楠花。若爱幽居好，相邀弄紫霞。"你要寻找李腾空，应到碧绿山中的道观去找。那里水碓舂捣着云母，清风吹动着石楠花。如果你喜爱深山幽居的美好，大可与她一起观赏晚霞。

其二曰："多君相门女，学道爱神仙。素手掬青霭，罗衣曳紫烟。一往屏风叠，乘鸾著玉鞭。"我李太白发自肺腑地赞美你这相门之女，你崇尚学道，爱好神仙，白玉般的素手捧起青霭，锦罗衣衫连带着紫烟。你和我老婆可以同往庐山屏风叠去，乘青鸾，执玉鞭。

后来的德宗皇帝有多鄙视李林甫，就有多敬重李腾空。李腾空病

---

① 舂，音冲。
② 碓，音对。

逝后，德宗还将她在庐山的道观赐名为"昭德观"。

安史之乱期间，玄宗避难成都，某日和给事中裴士淹谈起用过的宰相。说到李林甫时，玄宗的评价是："是子妒贤疾能，举无比者。"裴士淹嘴一秃噜："陛下诚知之，何任之久邪？""帝默不应。"

再说阿布思，虽然回到了漠北老家，但在回纥、范阳安禄山、朔方安思顺、北庭程千里的围剿下，屡战屡败。是年九月，他被葛逻禄人擒住，于天宝十三载（754年）三月在长安被杀，妻子沦为歌奴，所部骑兵尽为安禄山所得。

史载："由是禄山精兵，天下莫及。"

05. 安杨斗法

李林甫的时代结束了，杨国忠的时代开始了，封魏国公，拜右相，身兼四十多个使官。

自古以来，举凡小人得志便猖狂。杨国忠当上宰相后越发飘了，觉得这大唐的明天就看他一个人的了，"立朝之际，或攘袂扼腕，自公卿已下，皆颐指气使，无不詟惮"。

但凡事总有例外，官儿再大，总有人不理你。这些不理他的人，有好人也有坏人，比如安禄山。李林甫虽然不是个善茬，但总归还有一点是好的：他能镇住安禄山。而杨国忠就不行了，他是靠裙带关系上来的，安禄山根本没把他放在眼里。

这是杨国忠所无法忍受的，直接对玄宗说安禄山会谋反。当然，这并不能证明他有张九龄那么睿智，他不过是想离间安禄山和玄宗的关系而已，要么玄宗抢先动手干掉安禄山，要么安禄山被逼反，然后被朝廷搞死。这个想法逻辑上是说得通的，但杨国忠少考虑了一个因素——安禄山的实力，把他逼反了，你确定能摆得平吗？

但杨国忠想归想、说归说，玄宗根本不信，瞎说，禄儿才不会忘恩负义，行此悖逆之事呢！

杨国忠没有放弃，将军中与安禄山齐名的另一个大军头——身兼河西、陇右两镇节度使的哥舒翰拉拢到了自己麾下。

这两年哥舒翰上升的势头也很猛。靠着他卓越的军事才能，唐军在河西、陇右的战场上打得吐蕃人灰头土脸的，成功收复了河西九曲之地。天宝十三载（754年）七月，应哥舒翰之请，唐廷于九曲特设浇河、洮阳两个新郡，并创建了神策、宁边、威胜、金天、武宁、耀武、天成、振威八军，打造了一条类似于马其诺防线的网式防御链条。

哥舒翰其实也看不上杨国忠，但谁让他和杨国忠有个共同的敌人——安禄山呢？！

哥舒翰和安禄山不和，原因有二：一方面，他是突厥人，看不起杂胡出身的安禄山；另一方面，两人同为军中领袖，存在着激烈的竞争关系。

天宝十一载（752年）冬天，哥舒翰、安禄山、安思顺三大节度使一同入朝。玄宗安排高力士在驸马崔惠童府上设宴款待三人。

酒至酣处，安禄山和哥舒翰套近乎："我父胡，母突厥，公父突厥，母胡，族类颇同，何得不相亲？"我的父亲是胡人，母亲是突厥人。你的父亲是突厥人，母亲是胡人。咱们俩的血统差不多，应该亲近些才是。

哥舒翰文化水平较高，回道："古人云：狐向窟嗥不祥，为其忘本故也。兄苟见亲，翰敢不尽心！"古人说过，狐狸对着洞穴嗥叫是不吉利的，因为它忘了本。老哥你如果这么亲和，我怎敢不尽心?!

这本是一句好话，奈何大老粗安禄山听不懂，以为哥舒翰鄙视他攀附突厥（安禄山强调自己的母亲是突厥人），拐弯抹角地骂他是忘本的野狐狸，当时就把酒杯摔了："你这个突厥杂种竟敢如此无礼！"

哥舒翰也急了，好赖话你听不懂啊，当时就要发作。高力士一看要出事儿，赶紧递个眼色给哥舒翰。哥舒翰强压怒火，借口喝醉退了席。打这以后，哥舒翰就和安氏兄弟结下了梁子。

这个故事启示我们：和粗人讲话要直来直去，最好不要掉书袋。

哥舒翰要对抗安氏兄弟，这才握住了杨国忠递来的手。在杨国忠的极力推动下，天宝十二载（753年）八月，哥舒翰晋封西平郡王，追平了安禄山。当时的节度使里只有两个郡王，一个是东平郡王安禄山，一个是西平郡王哥舒翰，两个都是番将。

转年，玄宗又征拜哥舒翰为太子太保。太子太保虽然是虚衔，却让安禄山坐卧不宁。因为，玄宗显然是想让哥舒翰和太子从现在起培养良好关系。再直白一点儿，玄宗这是把哥舒翰当顾命大臣来看，准备把他留给未来的帝国主人。

除了哥舒翰，杨国忠还拉拢了朔方节度使安思顺。安思顺和安禄山名为堂兄弟，其实并无血缘关系。并且，安思顺汉化程度较深，忠君报国的观念很强。别人看不穿安禄山的心思，他却看得很清楚，曾多次提醒杨国忠、玄宗："安禄山必反。"也正因为如此，所以杨国忠才网罗了他。

可即便他们几个加在一起说安禄山会谋反，玄宗还是不相信！杨国忠急了，献计试试安禄山。怎么个试法？如今关于安禄山意图谋反的言论遍布朝野，陛下可召他入朝，他心里有鬼，必不敢来。玄宗不信邪，随即召安禄山入朝。

按理说，在这个敏感时刻，安禄山本是不敢入朝的，但他有吉温这个卧底。朝廷所有大事小情，只要与河北、与安禄山有关，吉温都会密报安禄山。而且，他们之间有专门的快递，消息从长安传到范阳只需一天。吉温密告安禄山，但来无妨，且应速来!

安禄山立即动身，于天宝十三载(754年)正月入朝。一见面，他就向玄宗哭诉："臣本胡人，陛下宠擢至此，为国忠所疾，臣死无日矣!"玄宗在"益亲信禄山"之余，也不免嗔怪杨国忠，事实胜于雄辩，你不是说禄儿不敢来吗？喏，人家来了!

迄今为止，已经有五个重量级人物预言过安禄山会谋反了。第一个是张九龄，早在开元二十四年就说过这话。然后是王忠嗣。开元二十六年，安禄山以防御两番为由，在今天津蓟州与河北承德兴隆县接界处修建雄武城，并提出让王忠嗣派兵协助修建，其实是想截留王忠嗣的人马。王忠嗣早于约定期限抵达雄武城，一看储备的兵器甲胄颇丰，就觉得这厮野心不小，立即打道回府，并上书玄宗说安禄山必反。第三个是李亨。第四个是杨国忠。第五个是安思顺。

但玄宗就是不信，不仅不信，还打算让安禄山当大唐开国以来的第一个胡人宰相。杨国忠坚决反对："安禄山虽有军功，但目不识丁，哪里当得了宰相?!如果传出去，只怕惹四夷耻笑!"玄宗想想也是，得，那就算了吧!

玄宗和杨国忠都以为安禄山不知道这事儿，其实人家早知道了。总不能白来一趟吧，安禄山请求兼领国营军马场总监。说白了，他惦记着军马呢!

玄宗立即诏准，他也不想想，安禄山已经有了精锐的同罗骑兵，再把军马给他，那还了得?

安禄山获得任命后，马上派遣亲信将最好的几千匹军马挑了出来，藏在别处饲养。他仍嫌不足，又借口征讨两番有功，为麾下的军将们请封。玄宗大笔一挥，一次性任命了河北军中五百余名将军、两千余名中郎将。这些被提升的将士可不会念玄宗的好，他们只知道这是东平王为他们争取来的。

杨国忠一看暂时对付不了安禄山，越发卖力地推举哥舒翰。既然东平王的部下得了封赏，那西平王的部下也该封赏。于是，玄宗又把哥舒翰的麾下封了一圈。

安禄山在长安待了两个月，好处捞得差不多了，就准备脚底抹油溜了。

临行前，玄宗把身上的衣服赐给安禄山。安禄山戏做得很足，装作诚惶诚恐地接受了。可当高力士代表玄宗为他饯行时，他却换了一副嘴脸，意颇怏怏。高力士回来后，玄宗问他："你送别时，禄儿脸色如何呀？"高力士回道："他神情怏怏，很不高兴。我估摸他知道他的任相动议被否的事儿了！"

玄宗就纳闷儿了，拜相这事儿朕没和他说过呀，他怎么知道的，就问杨国忠。杨国忠也搞不清楚，但却趁机把太子李亨的左膀右臂——张均和张垍牵扯了进来："此议他人不知，必张垍兄弟告之也。"玄宗大怒，将张垍兄弟贬官外放。

再说安禄山，离开长安后立马狂奔。他怕杨国忠说服玄宗把他留下，所以早就备好了船只，命船夫执绳板立于黄河边。来到黄河边，安禄山立即登船，每行船十五里就更换一拨船夫，确保以最快的速度赶路，"昼夜兼行，日数百里，过郡县不下船"。

这些情况玄宗当然不知道，他只知道禄儿一定不会谋反，并且自即日起，只要有人检举禄儿谋反，他二话不说就将该人绑送范阳，听候禄儿发落。此时的安禄山之心，已是路人皆知，但除了杨国忠，没一个人敢站出来说话。

06. 风云板荡

正在这个当口，西南又出事了。

剑南道留后李宓①奉诏率七万大军征讨南诏。阁罗凤避其锋芒，佯装示弱，一路引诱唐军深入至太和城，闭壁不战。李宓所部久攻不下，粮草断绝，只得撤退。阁罗凤挥军追击。唐军全军覆没，李宓投洱海殉国。

这是《资治通鉴》的记载，其实不太准，李宓征讨南诏失利是真的，但一是没有损失这么多人马，二是他本人还活着。诗人高适在《李云南征蛮诗》中，明确写了李宓在征南诏之后还返回了长安，"归来长安道，召见甘泉宫"。所以，这有可能是史官故意黑杨国忠。黑就黑吧，杨国忠本来也不白呀！

阁罗凤将战死的唐军尸骨筑成京观②。这座京观迄今还在，位于今云南大理下关镇天宝街，现名"大唐天宝战士冢"。明朝大将邓子龙曾为该冢题诗："唐将南征以捷闻，谁怜枯骨卧黄昏？唯有苍山公道雪，年年披白吊忠魂！"

从张虔陀到鲜于仲通再到李宓，南诏三败唐朝，累计消灭唐军精锐近二十万人。

杨国忠依旧将大败改成大胜。朝中很多人都知道，但没人敢揭露，以致玄宗还陶醉在对南诏连战连胜的梦境中。一次，他对高力士说："朕今老矣，朝事付之宰相，边事付之诸将，夫复何忧！"高力士

---

① 宓，音服。
② 京观，用尸体加土盖成的土堆。

小心翼翼提醒他："臣闻云南数丧师，又边将拥兵太盛，陛下将何以制之！臣恐一旦祸发，不可复救，何谓无忧也！"玄宗又不高兴了："卿勿言，朕徐思之。"

杨国忠现在可顾不上南诏，全部心思都用在对付安禄山上了。这时，他和陈希烈也产生了矛盾，通过贵妃一顿吹风，使陈希烈被罢相，将文部侍郎韦见素推上了宰相宝座。玄宗本想让吉温当宰相，但杨国忠已经知道吉温暗中投靠安禄山，借口吉温收受贿赂，将其贬官。安禄山上表替吉温喊冤，并弹劾杨国忠构陷忠良。玄宗被他们搞烦了，"两无所问"。

吉温的重要性不是刘骆谷能比的，刘骆谷只是寄居京城迂回地打探些消息，吉温却是朝廷决策班子里的重要成员，可以接触核心圈里的机密。他这一倒，安禄山在朝中就没人了。安禄山纠结过后，终于拿定了主意：起兵的时间不能再拖了！

腊尽春回，转眼就是新的一年。天宝十四载，公元755年，论干支为乙未羊年。

唐朝289年间，大家至少应该记住最重要的四个年份。公元618年，武德元年，李渊称帝建唐。公元690年，天授元年，武则天践祚，以武周代唐。天宝十四载之所以应该被世人记住，是因为这一年是大唐王朝的分水岭，这年以前的唐朝，芝麻开花节节高；这年之后的唐朝，江河日下年年糟。而促成这一转变的关键事件就是"安史之乱"。安史之乱平定后，唐朝又苟延残喘了一百多年，直到公元907年，天祐四年，朱温逼唐哀帝李柷①禅位，唐朝灭亡。

正月刚过，安禄山派副将何千年入奏，请求将军中的32员汉将换为番将。其实这时他的意图已经很明显了，就是怕关键时候汉将和

---

① 柷，音住。

他不一条心。杨国忠和韦见素坚决反对。但玄宗对安禄山深信不疑，依旧诏准。

这可怎么办呀？杨国忠和韦见素商量了一个办法，安禄山不是想当宰相嘛，好啊，就让他入朝为相，趁机褫夺他三镇节度使的职务。没了兵权，他不就是一只待宰的羔羊吗？！

这的确是个好办法，可惜用得晚了点儿。

玄宗很高兴，禄儿终于可以当宰相了，马上命人起草制书。制书写好后，他琢磨过劲儿来了，这是国忠削弱遏制禄儿的计谋。哎呀，这个国忠啊，哪儿哪儿都好，就是心眼儿太小，怎么还没完没了呢？！禄儿的忠心昭昭，日月可鉴！这样吧，朕就再给你们求证一下。于是，他派宦官辅璆琳赴范阳，名为赏赐珍果，其实是"潜察其变"。

只可惜李干爹的这点儿小伎俩骗不到禄儿。安禄山盛情款待辅璆琳，临走前还奉送大礼包。辅璆琳回来后极言安禄山"竭忠奉国，无有二心"。这下玄宗可逮着了，对杨国忠等人说："禄山，朕推心待之，必无异志。东北二虏，藉其镇遏。朕自保之，卿等勿忧也！"

他这么一表态，征安禄山入朝的计划就流产了。玄宗不可能知道，他放弃的不是一个宰相安禄山，而是一个大燕皇帝安禄山。

杨国忠很是懊恼，偏在这时，他的盟友哥舒翰在入朝途中中了风，成了一个瘫子。玄宗留哥舒翰在京师养病。

三月，玄宗再派给事中裴士淹宣慰河北。相隔不过半月，裴士淹的遭遇却与辅璆琳有天壤之别，他滞留范阳二十多天才见到安禄山。上次辅璆琳来，听说这个大肚子胡儿没少贿赂他，裴士淹觉得自己也差不了，不承想安禄山对他的态度十分倨傲，而且言谈间根本不把皇帝和朝廷放在眼里。裴士淹明白了，这个胡儿先前一直在演戏，但他不敢说，说了也白说，皇帝是不会相信的，搞不好还会认为他是杨国忠一党。所以，裴士淹回来后，一句安禄山不好的话都没说。

安禄山在积极地准备举兵事宜。杨国忠也没闲着，派兵包围了安禄山在长安的府邸，将其门客李超等人囚杀。安禄山长子安庆宗正在长安准备与宗室女荣义郡主完婚，立即密报范阳。安禄山十分恐慌，加快推进起兵事宜。

六月，眼瞅安庆宗和荣义郡主的婚期要到了，玄宗邀请安禄山前来观礼。安禄山回复："偶感风寒，行动不便，来不了！"从这时起，玄宗才生出了一丢丢疑心，儿子结婚这么大的事儿，你都来不了？

接下来的两件事越发让他狐疑满腹。

七月，安禄山表请献马三千匹，每匹执控夫两人，遣番将二十二人部送。河南尹达奚珣觉得事有蹊跷，六千人足够发动一次偷袭了，上表建议让安禄山入冬后献马，而且所有马夫由朝廷保障，无须动用河北军。

偏在这时，辅璆琳收受安禄山贿赂的事情被人抖搂了出来。玄宗震怒，但为了不刺激安禄山，另找理由处决了辅璆琳。随后，他再派宦官冯神威赴范阳宣敕，依达奚珣的建议，让安禄山入冬以后再献马，马夫全部由朝廷保障。冯神威还说了，圣人已经在华清池专门给东平王建了一个澡堂子，邀请东平王十月来华清池度假。

面对圣人特使，安禄山连屁股都不带离床的，只是敷衍地问了句"圣人安隐"，表示马献不献都行，他十月份肯定会去长安，然后就让左右把冯神威带到招待所，再不相见。几天后，冯神威被遣还。以往每次玄宗派人来，安禄山都要复表，这次连毛都没有一根。

冯神威一路狂奔回长安，一见玄宗，拜倒就哭："臣差点儿就见不上陛下了！"

事到如今，玄宗也忐忑了，难不成禄儿真有反叛之心？再给他最后一次机会，且看十月华清池之约他来也不来？

说书唱戏，十月转眼就到，玄宗一如往常携贵妃临幸华清池。

华清宫内，铜盆火炭，温煦如春，美女如云，争奇斗艳。乐工演奏着优美的曲子，宫女舞着蹁跹的舞蹈，玄宗搂着贵妃，他就在这儿等着禄儿来！

禄儿来不来呢？来，但不是一个人！

第八章

惊破霓裳

01. 渔阳鼙鼓

冯神威走后，安禄山的造反计划正式启动。

安禄山一党，除了他，核心的是四个人，史思明、严庄、高尚和阿史那承庆。安禄山只和这四个人商量起兵计划，其余将佐一无所知。入冬后，他多次犒赏三军，频次之高、力度之大前所未有，要求将士们厉兵秣马，做好战斗准备。范阳军都以为东平王又要出击两番了。

国家元首唐玄宗忙着泡妞把妹，政府首脑杨国忠也没闲着，逮着吉温往死里整。吉温被贬广东肇庆高要县尉，为了保住性命，他跑去桂林投奔把兄弟罗希奭。李林甫倒台后，他的亲家罗希奭被贬为容管经略使。这倒好，杨国忠干脆把两人一起收拾，罗希奭被杖死，吉温自缢于狱中。"罗钳吉网"组合从此消失。

十一月初五，吉温身死的消息传到范阳。

第二天，安禄山就大宴诸将。酒酣耳热之时，他拿出一幅地图让大家看。众将起初还以为是讨伐两番的进军路线图，细细端详后，个个大惊失色、相顾无语。这根本不是征讨两番的路线图，而是从范阳南下内地的路线图，上面不仅清楚标记了山川地形，还详细注明了沿线的关塞要冲。这些将领本就都是安禄山的人，见此情景，立刻心领神会。宴会结束后，安禄山向每个人都赏赐了金帛，并分发了地图。

两天后，刚好有范阳的奏事官从长安回来，安禄山召集将佐，拿出一道假密诏，说天子要他起兵清君侧，诛杀逆贼杨国忠，所有将士都要听令。

从古至今，清君侧的真正目的都是清君，东平王安禄山就是要举兵造反了！有的人原本就是安禄山一伙儿，还有的虽然不是一伙儿，但也不敢说什么。无一人有异议。

和李渊太原起兵不一样，安禄山范阳起兵没有举行阅兵式，也没有搞誓师大会，甚至连时间都定在了晚上。

天宝十四载十一月初九，公元755年12月16日晚，安禄山于范阳，也就是今河北保定涿州正式举兵，统率帝国长征健儿，同罗、两番、室韦诸部，计十五万精锐，号称二十万，即日南下。

十五万精锐如风卷残云般掠过冬日萧瑟的原野，向着南方呼啸而下。连绵的步骑遮盖了地平线，一眼望不到头。一路上，旌旗蔽日，刀枪如林，人喊、马嘶、鼓鸣，此起彼伏，烟尘千里，鼓噪震地。大唐开国一百多年来，范阳的军队从来都是向北行军，没有一次向南开拔的。"百年老公未尝见范阳兵马向南者"。但这次是个例外，这是一次改变国运和历史的反向行军。

端坐于铁辇中的安禄山面色铁青。我一直很好奇他此时的心理活动，从大唐帝国的塞上长城到千夫所指的叛臣贼子，对此剧变他究竟作何感想？也许他会想起童年的欢乐时光，回想起站在起点的那个快乐无忧的胡儿，也许他会想到从前和张守珪并肩杀敌的峥嵘岁月，又也许他会忆起玄宗对他的千般情、万般好，也许……一切都只是也许。但有一点却是肯定的，他清楚地知道，今天就是他安禄山和大唐帝国一刀两断之日。

需要指出的是，安禄山的叛军不宜用"三镇叛军"这个说法指代。因为这次起兵安禄山靠的主要是范阳兵和民族军，平卢兵当然也有，但平卢原本就是个小镇，兵力不多，而且开战没多久就重新站到了朝廷一边。至于河东，安禄山兼任河东节度使距今不过四年，他在河东根基尚浅，很多重要岗位还未调整成自己人，对河东的影响力和控制力都有限。

三镇节度副使中，范阳的贾循和平卢的吕知诲都是安禄山的人，唯独河东副使、北京太原留守杨光翙[1]是杨国忠的人。因此，安禄山在举兵南下的同时，派人以献射生手[2]为名赴太原，劫持了出迎的杨光翙。太原方面立即上奏朝廷，说安禄山反了。

这时玄宗正和贵妃在华清宫太液池洗桑拿呢！接到太原的奏报，他居然还不信，仍然觉得是那些敌视禄儿的人搞的鬼。不久后，东受降城守将也奏报安禄山反了。

那一刻，玄宗惊呆了，安禄山——这个他亲手扶植起来的帝国干城，居然真的走上了背叛自己的道路。如果没有他，安禄山可能还只是幽州城中一个小小的互市郎将。是他，给了安禄山权力地位；是他，给了安禄山高官厚禄；是他……是他，是他，全是他。他是那么信任和喜欢安禄山，几乎真把禄儿当亲儿子了。然而，就在今天，无情的现实摆在眼前：这么多年来他其实只做了一件事情——养虎为患，而他从始至终都没做任何准备。他震惊，他愤怒，他后悔，他自责，但所有的这一切都已经无济于事了。

人生最痛的一课，永远是那个你不设防的人给你上的。

玄宗召集重臣，商讨应对之策。杨国忠非但不担忧，反而颇有得色，看看，我早说安禄山会谋反，你们还不信，现在他果然反了吧？并且，他无比自信："今反者独禄山耳，将士皆不欲也。不过旬日，必传首诣行在。"其他重臣也是这么认为的，太平盛世，朗朗乾坤，安

---

[1] 翙，音会。
[2] 射生手，精于骑射的武士。

禄山造反不得人心，将士们都是被胁迫的，朝廷天兵一到，势必土崩瓦解、逆胡授首。

说句实在的，玄宗君臣都是坐办公室的人，脱离群众很多年了。这个时候奢谈人心，真的是太幼稚了！他们忽略了一个大问题，安禄山执掌三镇近十年，是天宝诸节度使中在任时间最长且从未跨区调动过的一个，远超王忠嗣、哥舒翰等人。通过十年的经营浸润，他早已让自己人把持了军政大权，范阳的将士早就变成了他的私军，只知他的将令而不知朝廷的诏令。

玄宗一度想让太子李亨监国，他御驾亲征安禄山。杨国忠担心李亨掌权后收拾他，就怂恿虢国夫人和韩国夫人（秦国夫人已去世）："我等死在旦夕。今东宫监国，当与娘子等并命矣。"二国夫人哭着去求贵妃。贵妃一出面，玄宗当然就不亲征了。

其实，他亲不亲征，作用都不大，他还以为他是太宗了？

02. 郭子仪登场

安禄山南下，势必是奔着东京洛阳去的，当务之急是守住东京。

正巧安西节度使封常清入朝，玄宗问计于他。封常清常年在安西任职，对内地的情况其实不大了解，但他居然非常乐观，话还说得特别满："如今国家承平已久，所以内地百姓看到叛军就很害怕。臣请去东京坐镇，打开府库，招募骁勇，挑选军马。陛下放心，用不了多久，臣就把逆胡安禄山的首级献于阙下！"玄宗大喜，当即任命他为范阳、平卢节度使，赴洛阳募兵，抗击叛军。

二十一日，玄宗匆忙赶回长安。刚一入城，他就下令处死安庆宗一家。安庆宗被腰斩，其母东平王妃康氏及在京的安氏亲族四人也先后被杀。最无辜的是荣义郡主，嫁不嫁安庆宗又不是她能决定的，竟也被赐死。随后，玄宗火速召朔方节度使安思顺入朝，改任为户部尚书。安思顺的弟弟安元贞也被褫夺羽林军大将军一职。尽管安思顺兄弟和安禄山不和，玄宗还是不放心啊！

在这场动乱前后，玄宗做的错误决定有一箩筐，唯独在朔方当家人的问题上，他做了一个相当正确的决定：以朔方右厢兵马使、九原太守郭子仪为朔方节度副使。

大名鼎鼎的大唐名帅郭子仪闪亮登场。

郭子仪，华州郑县（今陕西渭南华州区）人，"长六尺余，体貌秀杰"，妥妥的大帅哥。他在武周时期参加武举，以"异等"成绩补任从九品下左卫长上，从此参军，先后在岭南、北疆、安西、北庭、朔方等地任职，算是唐军中的老人了。

此前一年，因母亲去世，郭子仪去职返家守孝。依礼制，这一守就得是三年。当时的郭子仪已经58岁了，再干几年就得退休了。但英雄的人生注定是不平凡的，范阳一声炮响，彻底改变了他的人生轨迹。从这一刻起，郭子仪才算真正开始了自己的传奇人生。他生命的最后26年远比前58年精彩得多得多。

对郭子仪的任命其实很突兀，因为在将星如云的玄宗朝，他的声望并不卓著，即便在朔方军中他也排不上二号人物。安思顺入朝后，朔方军中权力最大的几个人，首先是挂着节度副使、人在长安的李光弼，其次是左厢兵马使浑释之，然后才是郭子仪。

天宝八载（749年），李光弼任河西节度副使。三年后，他又调回老单位朔方，任单于都护府副都护。安思顺任朔方节度使后，对李光弼也极为欣赏，甚至想把女儿嫁给他。但李光弼对安氏一门不甚认可，托病辞官，婉拒了这桩婚姻。陇右节度使哥舒翰觉得李光弼可惜了，便奏请玄宗将他召回京师长安。

浑释之是九姓铁勒中浑部的酋长，其家世代为皋①兰州（今内蒙古巴彦淖尔乌拉特中旗一带）都督。

玄宗之所以忽略李光弼和浑释之，原因很简单：这两人都是番将。安禄山这一举兵，直接影响了玄宗对番将的信任度，这才轮到郭子仪。

虽然日后并称"郭李"，但郭子仪和李光弼的关系其实不大好。他俩作为朔方军的后起之秀，一直是竞争对手，互相较劲多年。并且，两人性格迥异。李光弼生性刚直，不苟言笑，治军尚严；郭子仪为人宽厚，亲切如邻家翁，治军尚宽。二人的矛盾一度非常尖锐，同在一张桌上吃饭，连话都不搭一句。

现在好了，郭子仪上来了，李光弼慌了，生怕老对手收拾他。他在家中拧巴纠结了好久，实在没辙了，只得硬着头皮来见郭子仪："喂，我情愿一死，只求你赦免我的妻子儿女。"郭子仪却走下堂来，搂着李光弼流泪道："当今国家蒙难，没有您的协助，我怎么能够出兵打仗呢？现在哪里是心怀私怨的时候呀！"两人对拜，展颜消宿怨，一笑泯恩仇。

什么是良将？良将当然要具备卓越的军事才华，但更要有统帅的胸襟。郭子仪的胸襟就很宽广，人在职场，没有对手、没有敌人是不可能的，但面对国家大义，能够把个人恩怨置之度外，这是需要胸襟的。郭子仪之所以为郭子仪，正在于此。他的肚里岂止能撑船啊，都够跑马了！

此时的郭子仪和李光弼并不知道，他们今天的和解具有伟大而深

---

① 皋，音高。

远的意义。历史把戡平战乱、中兴唐朝的伟大重任放在了三员大将的肩头，郭子仪和李光弼正是其中二人。郭李携手，天下无敌。

玄宗命郭子仪率朔方军出河东，以威胁河北，牵制叛军手脚。当然了，郭子仪只是偏师，主要战略方向还是东京洛阳。封常清只带了一个任命就走了，他只能在洛阳就地募兵，时间有限，一是怕招不到多少人，二是新招的人战斗力也堪忧啊！所以，还得加权。玄宗颁敕特设河南节度使，以卫尉卿张介然为节度使。这时的河南节度使不过是个有名无实的空壳子，但却意义重大，因为这标志着唐廷开始在内地设置节度使了。

靠张介然当然是不现实的，还需派兵。玄宗本打算让太子李亨挂帅东征，但因杨家人激烈反对只得作罢，改以第六子荣王李琬为元帅、高仙芝为副元帅，率兵五万屯驻陕郡（今河南三门峡陕州区），既可以作为洛阳的声援，也可以作为长安的庇护。

荣王李琬只是个摆设，实际的统帅是高仙芝。经过安禄山的刺激，现在的玄宗怀疑一切番将，为了监视高仙芝，他破天荒让已经升任监门将军的边令诚任了监军，特许边令诚可以"飞章奏事"，有什么情况直接向他本人报告。

唐朝早有监军制度，但此前的监军均由御史或重要大臣担任，边令诚是唐朝第一个兼领监军的宦官。玄宗又一次创造了历史，中晚唐的宦官监军制度就是从这一刻奠基的。

当然啦，玄宗任用边令诚为监军，也不好全说是为了监视高仙芝。此前高仙芝和边令诚在征讨小勃律时已经搭过一次班子了，战果很不错，玄宗可能觉得两人这次组CP应该还能再续辉煌。

随后，他又诏命朔方、河西、陇右三镇：除留少数部队守卫要塞重镇外，尽起其余兵马，限期二十日抵达东京。

03. 一日杀二将

应该承认，智商重新上线的玄宗反应还是很快的，但再快也快不过叛军前进的速度。

自太宗以来，唐朝几乎所有的战争都发生在边疆，内地承平日久，未闻边塞号角，但见歌舞升平，官民不识兵革。府兵制崩坏，推行节度使制度后，外重而内轻，内地几乎没有驻军，武器装备长期闲置，居然都放坏了，以致士兵只能拿着木棍儿应敌。内地的士兵别说和叛军正面硬扛了，连抵抗的意志都没有。

叛军一路南下，河北道二十四郡望风瓦解，郡守或开门出迎，或弃城窜匿，或被擒被杀，没一个敢武力抗拒的。面对凶悍强大的叛军，他们就像秋天熟透了的柿子一般，在暴风雨的吹打中纷纷坠落。消息传到京城，气得玄宗捶胸顿足："二十四郡，乃无一义士！"

叛军势如破竹，在席卷河北二十四郡后，南渡黄河，降陈留（今河南开封陈留镇），杀张介然，破荥阳（今河南郑州荥阳市），直指东京洛阳。

此时，封常清已经招募了六万人马。看着挺唬人的，其实全是未经任何训练和实战考验的新兵蛋子，而且基本上由洛阳城中的服务业从业者和市井小流氓组成，要素质没素质，要纪律没纪律，要作风没作风。这样的军队也就穿身皮吓唬吓唬山贼和老百姓，对付训练有素、实战经验丰富的叛军只能白给。果然，封常清的军队面对叛军不堪一击，由武牢关①一败再败，一路溃退。

杨国忠描绘的"今反者独禄山耳，将士皆不欲也。不过旬日，必传首诣行在"的情形并未出现。封常清吹嘘的"计日取逆胡之首献阙下"也被北风吹散了。奇迹并未出现，也不可能出现！

十二月十二日，叛军轻而易举攻陷东京。

封常清率残部撤往陕郡，与高仙芝合兵一处。哥儿俩一合计，叛军势大，陕郡无险可守，干脆退保潼关，潼关地势险要，"关门扼九州，飞鸟不能逾"，可保长安无虞。

封常清三次遣使长安，极言叛军战力凶悍，不可小觑。玄宗气他守不住东京，一概不予接见。封常清只好亲自去长安请罪，走到渭南时，玄宗的诏命到了，将他削职为民，遣返高仙芝军中，以白衣自效。

此时，叛军前锋崔乾佑已经进占陕郡，窥视潼关。

关键时刻，有两个人站了出来，有力牵绊了叛军的手脚，为朝廷争取到了宝贵的时间。这两人，一个是新任朔方节度副使郭子仪，一个是河北平原郡（今山东德州陵城区）太守颜真卿。

郭子仪率朔方军出单于都护府，陆续收复静边军（今山西朔州右玉县）、云中（今山西大同）、马邑（今山西朔州）、东陉关（在今山西忻州代县东南），一举打开了山西通往河北的道路。

在叛军攻陷洛阳后不久，平原太守颜真卿举兵反正。没错，这位颜真卿就是中国书法艺术史上知名CP"颜筋柳骨"中的那位"颜筋"。颜真卿不仅书法极具风骨，而且为人正直，因不为杨国忠所容，由朝中外放平原太守。安禄山由范阳南下太过突然，颜真卿仓促无法

---

① 武牢关，即虎牢关，李唐建立后，为避太祖李虎名讳，"虎"字统一改为"武"字。

应对，只得假降。安禄山看他是个白面书生，完全没当回事，依旧让他留任平原太守。待到安禄山走后，颜真卿便积极筹备举兵事宜，并暗中串联河北诸郡。

其实，河北道各郡官吏也不全是安禄山的人，只不过被叛军打了一个措手不及，不得不投降，很多人内心还是忠于朝廷的。饶阳、济南、清河、景城、邺郡等郡守吏陆续率军赶到平原。颜真卿于城西举行誓师大会，大飨士卒，随后派快马到长安报讯。已经丧到不行的玄宗一下子又开心了："朕不识颜真卿形状何如，所为得如此！"我都不知道这个颜真卿长啥样，没想到他居然干得这么漂亮！

颜真卿的堂兄、常山（今河北石家庄正定县）太守颜杲卿奇袭土门（即井陉关，在今井陉县北井陉山上），并传檄河北各郡县，忽悠他们说皇帝已经任命荣王李琬为河北兵马大元帅、哥舒翰为副元帅，统领三十万大军，即将出兵土门、收复河北。

颜真卿在河北之东，颜杲卿在河北之西，这哥俩东西打配合，给安禄山来了一个两肋插刀。河北二十四郡有十七郡追随他们举兵，公推颜真卿为盟主，全部兵力高达二十万。玄宗闻讯大喜，下诏加颜真卿为河北采访使，让他率领各郡官吏守土抗贼。

反正十七郡中，甚至包括了安禄山的发家地——平卢郡。平卢节度副使吕知诲是安禄山的人，在叛乱后诱杀了安东副大都护夫蒙灵察。平卢军中的刘客奴、董秦二将又与安东都护府大将王玄志联手干掉吕知诲，树起了反对安禄山的大旗。颜真卿将平卢反正的消息上报朝廷。玄宗任命刘客奴为平卢节度使、董秦为平卢兵马使、王玄志为安东副大都护，让他们从后方攻打范阳。

安禄山正打算进军潼关呢，一看这阵势，慌了，万一郭子仪在颜杲卿的策应下，挥军翻越太行山，那么范阳就危险了！所以，他只得暂停向潼关进军，分史思明、蔡希德率军回河北剿灭反抗势力。

着急上火的可不止一个安禄山,还有玄宗。安禄山着急上火时喜欢打人骂人,而玄宗着急上火时喜欢杀人。

玄宗对高仙芝、封常清二将窝火已经很久了,你们两人举重兵屯驻陕郡,不想着如何收复洛阳,却退保潼关,是可忍孰不可忍!

说到底,玄宗还是没转过弯儿来,还没意识到叛军到底有多厉害,就高仙芝、封常清手上那点儿乌合之众,能把潼关守住就不错了,还奢望收复洛阳呢?!恰在这时,边令诚入京面奏,狠狠摆了高、封二将一道:"封常清常说叛军强大,动摇军心。高仙芝无故弃守数百里土地,还克扣将士们的军饷军粮。"

边令诚和高仙芝失和,可以说是唐史上的又一谜团。当年远征小勃律时,边令诚跟着高仙芝出生入死,在高仙芝受到夫蒙灵察打压时,他还主动为高仙芝说话,才使得高仙芝能够挤走夫蒙灵察,出任安西节度使。但不知为何,现如今他却落井下石,要置高仙芝、封常清于死地。史书的解释是:"监军边令诚数以事干之,仙芝多不从。"但我总觉得这个说法过于牵强。

边令诚一捅咕,玄宗就怒了,当即让边令诚带着他的敕书返回潼关,斩杀二将。

边令诚先找到封常清。听完圣旨,封常清长叹一声,面向长安的方向跪下,从怀中拿出一道表奏,请边令诚转呈给圣人,随后引颈就戮。

这道表奏被后世称为《封常清谢死表闻》,我们从中可以读出封常清的拳拳之心:

中使骆奉仙至,奉宣口敕,恕臣万死之罪,收臣一朝之效,令臣却赴陕州,随高仙芝行营,负斧缧[①]囚,忽焉解缚,败军之

[①] 缧,音雷。

将，更许增修。臣常清诚欢诚喜，顿首顿首。臣自城陷已来，前后三度遣使奉表，具述赤心，竟不蒙引对。臣之此来，非求苟活，实欲陈社稷之计，破虎狼之谋。冀拜首阙庭，吐心陛下，论逆胡之兵势，陈讨捍之别谋。酬万死之恩，以报一生之宠。岂料长安日远，谒见无由；函谷关遥，陈情不暇！臣读《春秋》，见狼瞫①称未获死所，臣今获矣。昨者与羯胡接战，自今月七日交兵，至于十三日不已。臣所将之兵，皆是乌合之徒，素未训习。率周南市人之众，当渔阳突骑之师，尚犹杀敌塞路，血流满野。臣欲挺身刃下，死节军前，恐长逆胡之威，以挫王师之势。是以驰御就日，将命归天。一期陛下斩臣于都市之下，以诫诸将；二期陛下问臣以逆贼之势，将诫诸军；三期陛下知臣非惜死之徒，许臣竭露。臣今将死抗表，陛下或以臣失律之后，诳妄为辞；陛下或以臣欲尽所忠，肝胆见察。臣死之后，望陛下不轻此贼，无忘臣言，则冀社稷复安，逆胡败覆，臣之所愿毕矣。仰天饮鸩，向日封章，即为尸谏之臣，死作圣朝之鬼。若使殁而有知，必结草军前。回风阵上，引王师之旗鼓，平寇贼之戈铤。生死酬恩，不任感激，臣常清无任永辞圣代悲恋之至。

当初中使骆奉仙带来您的口谕，赦免臣溃败的死罪，让臣去陕州高仙芝帐下听命。臣诚欢诚喜，感激涕零，谢圣人不杀之恩。然而，臣先后三次上表想表明心迹，圣人都不搭理臣。臣之所以上表，并非为了求饶苟活，而是为了陈述军情和破敌之策。奈何您不给臣这个机会呀！昨日臣又和胡人接战了，从本月七日到十三日，天天都有激烈的战斗，没有片刻停息。臣所带领的兵都是乌合之众，连训练都没

---

① 瞫，音沈。

搞过。可即便这样，我们仍然给敌人以重创。臣原本想战死沙场，可又担心这样会助长叛军的气焰，灭了朝廷的威风。臣有三个期望：第一，希望陛下在长安闹市斩了臣，以警戒诸将；第二，希望陛下能问问臣叛军的真实情况，让全军将士都引以为鉴；第三，希望陛下知道臣绝不是贪生怕死之徒。陛下看了臣的这道表奏，可能觉得臣是在为自己开脱，也可能觉得臣是肝胆忠臣。臣受死之后，希望您千万不要轻视安禄山。只要您记住臣这句话，那么叛乱一定能平息，社稷一定会转危为安。我封常清生是大唐的臣，死是大唐的鬼。如果臣泉下有知，一定会保佑王师击败叛军。永别了，我的陛下，永远忠于您的封常清。

　　壮哉，封常清；悲哉，封常清！

　　这封绝笔信写得忠气回肠、感人至深，至今读来引人落泪，堪称中国古代将帅绝笔信的巅峰之一。文以载道，六十多年后，这篇文章居然深刻塑造了一个西北少年的三观，在本书第七部引出了另一段传奇的故事。

　　封常清受死时，高仙芝正在关上巡查防务，听说圣人有诏敕传到，急忙赶了过来。他第一眼就看到了封常清尸首分离，鲜血染红了尸身下的草席。那一刻，高仙芝痛彻心扉，封二啊封二（高仙芝对封常清的昵称），你为大唐辛劳了一辈子，到头来就是这么个下场？！

　　边令诚对高仙芝说："大夫亦有恩命！"嗯，这就是皇权，杀人就杀人嘛，还说成是恩命。

　　高仙芝辩解道："败退是我的罪过，因此罪杀我，我毫不推辞。但说我克扣将士们的军饷军粮，这是污蔑！天在上地在下，将士们也都在这里，边公你难道不知道吗？！"当时，城中的军士已经围拢了过来。高仙芝对着众军士大呼："我从长安把你们大家伙儿招募来，虽然得到了朝廷的一点儿赏赐，但连大家的装备都配不齐。我原本想和大家一起破贼，让大家都能有官做、有钱拿！不料敌人太过凶悍，我们只能一路败退到这里。我如果克扣大家的军饷军粮了，你们就说实有此事。我如果没这么干过，请大家说冤枉！"

众军同声大呼："冤枉！"声震四野。

高仙芝最后看了一眼封常清的遗体，说出了人生的最后一句话："封二，你跟着我从一个奴隶当到了大官。今天我和你一同死在这里，这难道不是命吗?!"

刽子手手起刀落，一股股红的鲜血喷到了半空……

时为天宝十四载十二月二十一日。一日杀三子，一天杀两帅，玄宗狠起来那可是连眼睛都不带眨一下的。

04. 局面向好

杀了两员大将，玄宗心头窝的恶气好歹出了一些。可没几天的工夫，他又被气顶了。天宝十五载（756年）正月初一，安禄山于洛阳悍然称帝，国号"大燕"，改元"圣武"。这个忘恩负义的浑蛋居然做皇帝了！

安禄山封儿子安庆绪为晋王，安庆和为郑王，安庆长为赵王，安庆恩为秦王，严庄为御史大夫，高尚为中书侍郎。投降的唐朝重臣也受到他的拉拢。张通儒成了大燕帝国的右相。河南尹达奚珣也是个能人，早先他向玄宗献计防备安禄山，现在摇身一变成了伪燕的左相。

但安禄山这个皇帝当得可是一点儿都不开心。

起初，叛军的势头还是很好的。史思明太厉害了，一出手就直奔河北的西大门常山去了。颜杲卿起兵才八日，守备未完，史思明就来了，颜杲卿之子颜季明惨遭擒杀。正月初八，常山沦陷，颜杲卿和幼子颜诞、侄子颜诩、长史袁履谦被执送洛阳，惨遭剐死。65 岁的颜杲卿"比至气绝"，"大骂不息"。他忠节不屈的精神广为后世所称颂。南宋名相文天祥在《正气歌》中缅怀道："为张睢阳（张巡）齿，为颜常山舌。"

肃宗乾元元年（758 年），颜真卿寻得颜季明首级，满怀悲愤写下了著名的《祭侄文稿》。《祭侄文稿》在中国书法史上的地位相当之高，与王羲之的《兰亭序》、苏轼的《寒食帖》合称"天下三大行书法帖"，且被视为仅次于《兰亭序》的"天下第二行书"。但后人临摹颜体最多的却是《多宝塔碑》。

这是有原因的，《祭侄文稿》是颜真卿即时书写的，事先完全没有打草稿，中间难免有调整或写错的地方，这里涂抹下，那里画个圈，整体看着不太工整好看，可临摹度确实不及《多宝塔碑》。但其之所以能荣膺"天下第二行书"的美誉，是因为它是颜真卿精神情绪和平日功力的自然流露，全帖 23 行凡 234 字，居然只蘸墨 7 次，几乎是一气呵成。讲真，你让颜真卿再写一遍，都写不出这个境界了。叛乱期间，颜氏一门为国捐躯者高达三十余人。颜真卿蘸的哪里是墨，分明是亲人的鲜血呀！

常山一丢，朔方军东进的通道就被堵住了，史思明关起门来挨个儿收拾反正的郡县。

东进的良机已经丢失了。玄宗作了调整，调郭子仪回朔方征召军马，先帮助朝廷收复东京。他要郭子仪推荐一名将领接替他进军河北。郭子仪马上推荐了李光弼。玄宗立即任命李光弼为河东节度使，率一万朔方军经略河北。

李光弼的人生高光时刻来了，一出手就拿下了常山。史思明正在围攻衡水饶阳，立刻解围来战李光弼。这是这对冤家第一次过招。李光弼抵住了史思明的轮番进攻，坚守常山达四十余天。郭子仪率军赶来，里应外合，大破史思明。

史思明被迫退保保定博野，派蔡希德回洛阳搬救兵。安禄山分给蔡希德两万步骑，又从范阳拨出一万人马划归史思明指挥。史思明拥兵五万，又来战李光弼。

结果，五月二十九日在今河北保定曲阳县的嘉山战役中，叛军被郭子仪、李光弼联手打得全军覆没，斩首四万级，捕虏一千余人。史思明在溃乱中跌下马来，披发赤足，拖着断枪狼狈逃回军营。

自叛乱发生以来，嘉山之战是官军第一次取得战役级规模的大胜，对官民的信心予以极大鼓舞。河北十余郡的地方官吏和军民纷纷杀死叛军守将，再度归顺官军，一下子就扭转了河北的局势。并且，叛军由范阳至洛阳的通道被再次切断，往来联络的信使只能轻装简从、偷偷过境，但多被官军俘获。河南前线的叛军将士闻知，无不动摇。

李光弼乘胜追击，将史思明围困于博野。腾出手来的郭子仪都准备进攻范阳了。

不单河北，现在整体局势都转向有利于朝廷的方向了。

河南战场，叛军虽然攻克了洛阳，但周边迅速冒出三颗钉子，有效遏止叛军南下江淮。

第一颗钉子是雍丘（今河南开封杞县）。谯郡（今安徽亳州）太守杨万石投降，命属下真源县（今河南周口鹿邑县）令张巡向西接应叛将张通晤。张巡是山西永济人，进士出身。这可是一位忠贞之臣，他在玄元皇帝祠集合全县吏民，宣布起兵讨逆，响应的有一千余人。当时玄宗已经任命嗣吴王李祗①（李恪的孙子）为河南都知兵马使，总

---

①祗，音只。

管河南战场。单父（今山东菏泽单县）县尉贾贲击败张通晤，与张巡合兵一处，去投雍丘县令令狐潮。好巧不巧，令狐潮已经出城去迎接叛军了。贾贲、张巡乘机攻入雍丘，靠着不过三千人的队伍，顶住了叛军的连番猛攻。贾贲战死后，将士们公推张巡为主将。张巡自称吴王先锋使，率众多次击退数十倍于己的敌人，力保雍丘不失。

第二颗钉子是南阳（今河南南阳）。叛乱发生后，玄宗又特设了南阳节度使，以南阳太守鲁炅为节度使，屯兵于今河南平顶山叶县以北。鲁炅原本是哥舒翰麾下的判官，曾追随哥舒翰攻破石堡城，是陇右军中的悍将。守卫叶县失利后，他率军退保南阳。

第三颗钉子是颍川（今河南许昌禹州市）。颍川太守来瑱[①]出自安西军，他的父亲来曜曾任安西副都护、四镇节度使。叛军派来曜的旧将毕思琛招降来瑱。来瑱不予理会，坚守颍川，多次挫败叛军。叛军十分畏惧来瑱，给他起了个外号叫"来嚼铁"。

所以，安禄山现在的处境极其尴尬：河北方向，外有郭子仪、李光弼步步进逼，内有颜真卿、刘正臣等反正，范阳危若累卵；河南方向，张巡守雍丘，鲁炅守南阳，来瑱守颍川，叛军无法南下；陕西方向，潼关守军达到了二十万人，数量上已经超过叛军，且西北藩镇入援的军队正在来的路上。安禄山坐困洛阳，既憋屈又恐惧，甚至萌生了回撤范阳的念头。

尤其日前玄宗宣布了一项新的人事任命，给潼关守军配了一名新的主帅。这位新主帅不是别人，正是安禄山的死对头哥舒翰。别看安禄山仇视哥舒翰，别看哥舒翰已经瘫痪了，但安禄山对哥舒翰的能力还是很忌惮的，急得整日大骂严庄、高尚，都是你们怂恿我造反！

这些战线中最重要的还是潼关。只要潼关不丢，长安就无虞；长

[①] 瑱，音 tiàn。

安无虞，其余各条战线的唐将就可以放手对付叛军。当此关头，天下安危系于潼关！

可但是，但可是，潼关偏偏就丢了。谁帮的安禄山呢？不是崔乾佑，也不是哥舒翰，正是玄宗李隆基。

05. 将相误国

哥舒翰是挺厉害的，但他毕竟病了，你不能指望一个病人还能全身心扑在工作上。

瘫痪的哥舒翰根本不能升帐问事，开大会对他来说可是件要命的事情，所以他将一切军政事务委托给了军政委田良丘。田良丘是个文官，不懂行伍之事，又将球踢给了高句丽族大将王思礼和汉将李承光。王思礼是骑兵的头儿，李承光是步兵的头儿，二人争长，无所统一，以致军心涣散。

如果说哥舒翰啥事儿也不干，也不对。这不，他抽空把安思顺害死了。当年在大斗拔军时，安思顺是正职，他是副职，两人很不对付，结下了仇怨。现在安禄山造反，圣人征安思顺入朝，摆明了是对安思顺不信任了。哥舒翰命人伪造了一封安禄山写给安思顺的密信，内容无非是希望安思顺能在关中策应云云，然后他假装抓到了送信人，连人带信一并送到玄宗面前。

玄宗的神经现在高度紧张，看了所谓的密信勃然大怒，姓安的果然没一个好东西！杨国忠极力为安思顺说话，奈何玄宗的火儿已经被拱上来了。最终，安思顺、安太贞兄弟被赐死，其家眷全部流放岭南。

这件事儿令杨国忠感到后脊梁发麻，万万没想到哥舒翰竟然如此狠辣，他坐拥潼关二十万兵马，万一逼皇帝干掉自己怎么办？

杨国忠分析得还是挺对的，表面上看哥舒翰似乎是他的人，其实人家也十分看不上他这种靠裙带关系上位的人。并且，王思礼已经在私下里建议哥舒翰奏请圣人处死误国奸相杨国忠了。哥舒翰当然痛恨杨国忠，但他深知贵妃是圣人的心头肉，只要贵妃还受宠，杨国忠的地位乃至杨家的地位就稳稳的，不是他一道奏章就能扳倒的。王思礼又献策派三十骑潜入长安，将杨国忠劫持到潼关干掉。这哥舒翰就更不能同意了："这样的话，就不是安禄山造反，而是我哥舒翰造反了呀！"

杨国忠决定抢先动手。他忽悠玄宗搞了两个动作：一是以拱卫京师为由，选监牧小儿三千人于苑中训练；二是募兵一万人屯于灞上（在陕西省西安市东南、灞水西岸高原上）。这两支部队的将领自然都是杨国忠的人，目的就是防备哥舒翰。

哥舒翰很不爽，我在前线为朝廷卖命，你却在我背后顶了两把刀，马上表请将灞上驻军划拨给潼关。玄宗当然同意。哥舒翰召灞上驻军将领杜乾运至潼关，随便找了个借口就杀了。这下杨国忠更慌了，老瘸子果然要与本相为敌，那就别怪本相不客气了。

国难当头之际，将相之间却开启了一场了断局。

杨国忠出了一个狠招，怂恿玄宗让哥舒翰出战。有一些研究者认为，他是要借叛军之手除掉哥舒翰。但我认为这倒不至于，杨国忠就是想扩大玄宗和哥舒翰之间的分歧，让玄宗办哥舒翰一个抗旨不遵。问题在于他完全没有考虑到哥舒翰出关的可能后果：万一败了怎么办？

大家会发现，杨国忠总是欠考虑，这其实就是能力不强的表现。

哥舒翰深知一旦出城决战，这支临时拼凑起来的官军毫无胜算，所以他抵达潼关以后就是修缮城池、完善器械，完全没有出击的意思。说句实在的，能把潼关守住就已经是赢了。

可玄宗并不这么认为，我用你哥舒翰，是指望你打开局面、扭转乾坤的！你不仅要出击，还要替朕收复洛阳。可你呢，仍旧要走高仙芝、封常清的保守路线，避战不出，一味长叛军志气、灭朝廷威风，打朕的脸面！

在杨国忠的劝说下，玄宗频频催促哥舒翰出关迎敌。哥舒翰当然不能直接违逆圣人的意思，就各种理由，一会儿训练未精了，一会儿军械不足了，一会儿粮草不够了，反正是能拖就拖。

情报显示，屯驻于陕郡的叛军崔乾佑部只有不到四千人马，且羸弱无备。玄宗急了，这么好的条件，你哥舒翰磨磨蹭蹭干啥呢？

哥舒翰无奈，只得做了很透很透的解释："安禄山非常善于用兵，如今他刚刚叛乱，怎么可能就毫无防备了呢？肯定是故意示弱，诱我出击。我军如果出击，恰恰中了他的奸计！而且，叛军远道而来，利在速战速决。官军占据险要，利在坚守不出。安禄山生性残暴，不得人心，一旦在战场上打不开局面，内部势必生乱。届时，我们乘机击之，可不战而擒安禄山。用兵之道，贵在取胜，不在速度。如今各道援军还没有赶到呢，请陛下暂且忍耐等待。"

傻子都想得到，战争刚开打，叛军怎么可能就羸弱不堪呢？摆明了是个局。军中的高级将领都知道这是个局，郭子仪、李光弼乃至河北的颜真卿都先后上书，要求潼关守军坚守不出。只要潼关稳稳的，长安就稳稳的，他们就能在各自的战场上稳稳的。

但杨国忠想不到，玄宗也想不到。杨国忠说了，这么好的机会，如果不出关，以后想收复东京就难了！玄宗拿定主意，一再派人催促哥舒翰出关。使者往来不绝，竟至于项背相望。后世宋高宗十二道金牌催促岳飞停止北伐也没这阵仗。

哥舒翰后悔至极，如果当初不接受任命就好了，奈何事已至此，骑虎难下了。他大哭一场，既为大唐的国运而哭，也为自己的前途而哭。哭罢，哥舒翰升帐开会，下达了他军旅生涯中最艰难的军令：

出关！

06. 潼关血泪

天宝十五载（756年）六月初四，关闭了六个多月的潼关大门终于打开了。哥舒翰亲率十八万官军鱼贯而出。他深知此次出击凶多吉少，情难自禁之下，居然放声大哭："我年老多病，就算死了也不可惜！我只担心能看见大军出击，却看不到大军凯旋了！"众军面面相觑，相顾无言。

官军进至距离陕郡不远的灵宝西原（在今河南三门峡灵宝），摆开了阵势。王思礼部五万人为先锋，李承光、管崇嗣部十万人为中军，哥舒翰领三万后军压阵。

初八，战事开打！

战事刚开始的情形似乎印证了玄宗的判断。叛军的确羸弱不堪，什什伍伍，散如列星，或疏或密，或前或却，一触即溃。官军上上下下都松了一口气，都觉得敌人如果是这样式儿的，那这场仗就没问题了。很多将领甚至都做好了约定："等擒住了贼人，咱们一起聚餐哈！"

问题在于，崔乾佑就是要让他们都这么想。

各路官军争先恐后出击，都想拿首功。叛军似乎全线崩溃了，迅速后撤。叛军在前面逃，官军在后面追，追啊，追啊，就追到了山谷里。

接下来发生的事情，大家也该猜到了。这是崔乾佑的诱敌之计，叛军早就布好局了。十来万官军一窝蜂地钻入谷中，忽听连珠炮响，杀声四起，转瞬之间，四周都是叛军的旗帜。官军挤作一团，连弓箭都拉不开。叛军居高临下，扔石头、射箭、扔滚木，拼命地往谷中招呼。

哥舒翰知道事情要坏，但此时绝不能撤，一旦后撤，兵败如山倒，只能硬着头皮向前突击了。他拿出了自己在陇右战场上的看家宝——龙虎车。所谓"龙虎车"，就是在马车上蒙上绘有猛虎图案的毡幔，再装饰一些爪子、牙齿之类的东西，临阵时突然推出来，可起到恫吓敌军兵马的作用。当此紧急时刻，哥舒翰命人推出龙虎车，打算用车队冲击前方阻击的叛军。

但崔乾佑对他研究得很透，早就做好了相应准备，命人用几十辆草车挡住龙虎车，而后纵火焚烧。时值夏季，东南风起。叛军在上风头，官军在下风头。火借风势，龙虎车很快就被点着了。刹那间，流火飞窜，烟尘滚滚，官军将士被熏得连眼睛都睁不开，也分不清自己人和敌人了，反正身边有人就是一顿砍。就这么砍杀了一个下午，敌人没干死几个，自家人倒是干死了一大票。

趁着官军自相残杀的工夫，崔乾佑分派田乾真领同罗骑兵迂回到了官军的背后。叛军前后夹击，官军全线崩溃。当时河中有数百艘运粮船，很多士兵跳入水中向粮船游去，争相攀舷上船。船中本就装满了粮食，哪里还容得下这么多人?! 不一会儿的工夫，许多大船就被逃兵给硬生生地扒翻了。少数几只没被扒翻的船，因为超载的缘故，走了没多远，也沉没了。根据史料记载，黄河水面上漂满了溺亡的官军士兵，绵延达数十里之遥。可怜黄河岸边骨，犹是春闺梦里人。

残军回奔潼关。先前，哥舒翰为了防御叛军，特意在关前掘下三道宽两丈、深一丈的深沟。由于已经是晚上，慌不择路的败军看不清路，纷纷掉入深沟。片刻之后，三道大坑就被血肉之躯给填满了。再后来的人踩着尸体，如履平地。

这一仗败得实在太惨了。王思礼、李承光、管崇嗣等人丢盔弃甲，翻山而逃。哥舒翰入关后清点人马，只剩八千残军败将了。

崔乾佑虽然知道哥舒翰必败，但无论如何都想不到哥舒翰居然败得这么快、这么惨。他紧追着哥舒翰来到城下，却发现自己仓促间没带攻城器具，只得传令众军，在关前就地宿营，明日攻城。

番将火拔归仁（后突厥默啜可汗的妹夫火拔石阿失毕之子）对哥舒翰说："叛军已经杀到了城东，请相公暂且西行避险。"哥舒翰赶紧上马，没想到刚出西门，火拔归仁就变了脸，要他归降安禄山。被套路了的哥舒翰破口大骂，誓死不降。哎，事到如今就由不得你了，火拔归仁用绳子将哥舒翰的脚捆在马肚子下，牵着他就去找叛军纳投名状了。

洛阳，哥舒翰又一次见到了老熟人安禄山。他们上一次碰面是在驸马崔惠童府上。当时，他们一个是西平郡王，一个是东平郡王，谁也不服谁，话不投机差点儿打了起来。但世易时移，如今他们一个是阶下囚，一个是皇帝。安禄山志得意满地问哥舒翰："你素来轻视我，今天却沦落到这个地步，还有什么话说？"

哥舒翰的表现让人大跌眼镜，他全然没了先前的硬气，一边儿磕头，一边儿求饶："我肉眼凡胎，不识陛下是真命天子，所以才落到今天这般田地。陛下就是扭转乾坤的圣主啊！现在天下尚未平定，李光弼在土门，来瑱在河南，鲁炅在南阳，这些人都曾是我的部将。请陛下饶我一命，我写信招降他们。不日之内，天下就可以平定了。"

这位曾经被李白、杜甫极力吹捧的哥舒大将军面对死亡居然如此怯懦，前比不上常山太守颜杲卿，后比不上睢阳守将张巡，真是让人失望到了极点。

安禄山大喜，当即任命哥舒翰为司空、同中书门下平章事，还让人砍了火拔归仁的头向哥舒翰示好。

哥舒翰随即写信招降李光弼等人。没想到这些曾经的老部下根本不买他的账，还纷纷回信骂他。安禄山本还以为哥舒翰是奇货可居，没想到却是一个毫无用处的废品，万分失望之下，就把哥舒翰软禁在洛阳禁苑中。

玄宗一直关注着潼关前线的战事。早在半年之前，他就恢复了断绝已久的"平安火"制度。所谓"平安火"，就是以长安为中心起点，每隔三十里设一座烽火台，将潼关前线和京师长安连接起来，每天日出和日落时分各放一次平安火，以示关隘平安。这半年来，平安火从未中断。但是，六月初九拂晓时分，平安火却突然消失了。

那一刻，玄宗的心沉了下去。

07. 天子出奔

很快，边令诚从前线逃了回来，带回了潼关沦陷、哥舒翰被擒的消息。玄宗呆若木鸡，长安危矣！大唐危矣！朕危矣！

他赶紧召集重臣商议应对之策。应对个鬼呀，事到如今，即便李靖、李勣、苏定方、裴行俭、刘仁轨、王忠嗣全部转生，也无济于事了。

十二日早朝，玄宗高调宣布，他将御驾亲征，与叛军决一死战。众大臣顿时人心振奋，个个摩拳擦掌。

紧接着，高力士宣读了圣旨，京兆尹魏方进升任御史大夫兼置顿使，少尹崔光远升任京兆尹兼西京留守，内官边令诚被授权掌宫闱管钥。

这个可以理解，打仗嘛，做些人事调整很正常。但这以后就什么都没有了，对选将派兵、募勇守城的事情只字不提。说白了，实质性的问题一个都没解决。众大臣很费解。

紧接着，玄宗又宣布了一道命令：让关中通往剑南道的各处驿站预备好粮草，准备迎接新任剑南节度使颍王李璬①入蜀。

有些聪明的大臣就嗅出些异味了，莫不成圣人是在忽悠我们，打着御驾亲征的幌子，暗地里却准备往剑南跑?! 怀疑归怀疑，但总不能直接质问圣人，陛下，你是不是要跑路啊？

前事不忘，后事之师。这一回大家变机灵了，动用各种手段打探宫里的消息。不一会儿，又传出一条绝密消息：圣人密令龙武大将军陈玄礼收拢六军、厚赐钱帛，选闲厩马九百余匹，用途十分奇幻，说是什么"夜半待用"。

群臣终于明白了，圣人是真不要脸了，他居然真要逃跑了，这还有个皇帝的样子吗?! 一帮人吵着嚷着要进宫面奏，但都被禁军挡在了门外。李三郎虽然打不过安禄山，对付自己人还是有办法的。大臣们虽然着急，却也无可奈何，总不能闯宫吧？没关系，不让咱进，咱就在宫门口堵着。

这些大臣真就在宫门口守了一夜，一直等到第二天五更时分，上朝的时间到了。宫门前漏声依旧，卫仗队也照常列队，只是等了好久都没有听到宣朝的声音，也不见中使宣旨免朝。百官们都很疑惑。

日上三竿，宫门突然大开，宫女宦官一窝蜂似的跑了出来，个个挎着包袱，神色慌张。百官们拦住盘问，不问不知道，一问吓一跳。宫人们说，皇帝和后妃皇子们都不见了，不知道啥时候蒸发了。

哎哟，这可捅了马蜂窝，消息一传十十传百，长安城顿时乱成了

---

① 璬，音脚。

一锅粥。皇帝不见了,那还混个鬼啊?!一部分人赶快驱马追赶,一部分人却在犹豫观望,还有一部分人四散奔逃。

城里的人往外跑,城外的人却往里跑。王侯将相都跑了,总不能把所有宝贝都带走吧?附近山里的百姓争先恐后进城,涌入皇宫和高官们的宅邸"零元购"。有人甚至骑驴进了宫,还登上了朝堂,不知道该驴有没有就地屙出几颗驴粪蛋?估计是有的。

原来,潼关陷落的消息传来后,杨国忠即建议玄宗西行入蜀,避敌锋芒,徐徐图之。稍微有点儿智商的人都看得出来,这是一个大大的昏招儿,长安是守不住了,但为了保安全一下子就躲到遥远的四川去,将关中拱手让给安禄山,这事肯定不能干啊!

杨国忠可不会考虑这么多,他只知道剑南是他的权力自留地,只有让圣人到蜀地,他才能继续保持对圣人的控制。为了说服玄宗,杨国忠把杨家人都动员起来了。贵妃、韩国夫人、虢国夫人、杨锜轮番上阵,很快说服了玄宗。

后世人责怪杨国忠误国,但入蜀这事儿主要的板子不应该打在杨国忠身上,他首倡入蜀确实可恶,但若是玄宗足够明智、足够勇敢、足够担当,肯定也不会采纳。这时的玄宗最在乎的不是祖宗的江山社稷,而是他个人的人身安全。那个"固穷相"的李白不是说了嘛,蜀道之难难于上青天!朕到蜀地,派兵把连接关中、巴蜀的要隘守住,你叛军肯定进不来啊!

为了忽悠臣民们继续卖命,玄宗还摆出御驾亲征的架势,以转移大伙儿的视线,实际上早已和杨国忠一伙儿确定了逃跑计划及西行路线。

十三日凌晨时分,玄宗带着宝贝疙瘩杨贵妃偷偷出延秋门,向着蜀地的方向绝尘而去。随行的除了陈玄礼统率的禁军——龙武军,还有高力士、杨国忠、杨锜、韩国夫人、虢国夫人、韦见素、魏方进等核心圈的几个大家族，此外还有住在宫里头的以太子李亨为代表的皇子皇孙们。至于那些住在宫外的皇子皇孙、公主郡主什么的，就顾不上他们了，提前告诉他们只怕会泄露消息。

谁也没想到玄宗会这么干，但他偏偏就这么干了。姑且不说他入蜀对不对，就说一国之君居然要背着臣民们出逃，当皇帝当到他这个份儿上，真不如找块豆腐撞死算了！李世民、武则天泉下有知，恐怕都要气得啃棺材板儿了。

如果说李三郎养虎为患是丢人的话，那么这一次他不仅丢掉了自己的品格，同时也失去了唯一一次挽救自己历史声誉的机会！

天明时分，玄宗的车队来到了渭水便桥。不知道当时的他作何感想，反正我是感慨万千。因为，渭水便桥不是一个普通的地方。武德九年（626年），太宗李世民刚即位，东突厥颉利可汗便率十余万大军直薄此处。太宗设疑兵之计，智退突厥，缔结了"渭水之盟"。那时的太宗是何等的荣耀，那时的大唐又是何等的硬气啊！如今才过了一百多年，李家的不肖子孙却在此处上演了一幕狼狈逃窜的丑剧。

如果说"渭水之盟"是大唐兴盛的起点，那么当玄宗的车驾碾过便桥之时，那个繁荣昌盛的大唐便一去不复返了……

08. 陈玄礼的抉择

车队刚刚通过，杨国忠这个坏东西便提出焚烧便桥，理由是怕跟上来的百姓惊扰圣驾。关键时刻，玄宗说了一句人话，这句话让我对他的印象稍稍变好了一丢丢。他反问杨国忠："百姓也是为了躲避乱军求生，为什么要断了他们的活路?!"杨国忠只好作罢。

一行人来到咸阳望贤驿时已是日近晌午，发现了一个气人的情形：当地官员早跑得不知踪影了。官员跑了，也就没人给他们提供食物和饮水了。走了这么远的路，众人都是粒米未进，饿得前心贴后心、两眼放绿光，只好就地休息。

好在百姓还是有觉悟的，听说圣人居然到了他们这鸟不拉屎的地方，都争着出来献饭。平头百姓能有什么好吃的，无非是些糟糠之类的粗粮。那些自幼生长在深宫大院里的皇子皇孙，恐怕连粗粮长什么样都不知道，此时也顾不上什么皇家威仪了，双手齐上，不一会儿就吞了个干干净净，还没吃饱。吃完之后，他们还意犹未尽地赞叹，这粗粮简直比皇宫的珍馐美味还要好吃！这真是，辉煌不识中华味，落魄方知双喜香。杨国忠只想着圣人，买了几个胡饼给玄宗吃。

有个叫郭从谨的老头儿直接跑到了玄宗面前，这在往时根本就是不可能的事情。他对玄宗说："安禄山包藏祸心不是一天两天。之前也有人向陛下检举他的阴谋，可陛下不信啊，往往就把来人杀了，所以安禄山的奸谋才会得逞，陛下才会沦落到今天这般田地。我一介布衣，早都知道会有这么一天，可皇宫是我可望而不可即的地方，我就算有心，也没法把自己的想法传递给您啊！也幸好有今天这样的机缘，我才能够见到陛下，当面向您说出我的心声啊！"

虽然是进言，其实也是委婉的批评。玄宗惭愧万分，脸红脖子粗地回道："此朕之不明，悔无所及！"

吃完饭继续赶路，快到午夜时，玄宗抵达了金城驿。当地官吏也跑了，好在吃的东西还有。整个驿站黑灯瞎火的。大家走了一天，疲惫得不得了，呼呼啦啦倒在地上就睡。环境特殊，也顾不得什么尊卑上下了，你的脚踩着我的脑袋，我的屁股冲着你的脸，就这么乱糟糟地过了一夜。

十四日①，西行车队抵达了今陕西咸阳兴平市西的一个驿站。这个地方在当时叫作马嵬驿。

龙武军将士连日赶路，饥寒交迫，加之又不愿离开故乡亲人，都不想再走了，人人痛骂杨家误国。统帅陈玄礼对杨国忠不满久矣，征讨南诏屡战屡败，激反安禄山，逼哥舒翰出关，致使圣人西奔、社稷崩颓，真是祸国殃民、百死莫赎。于是，他萌生了兵变除杨的想法。可这样做无异于谋反，即便圣人当时迫于形势不会追究，难保日后安定下来不会搞清算。陈玄礼想了一个办法：寻求未来的皇帝——太子李亨支持。

于是，他找到了李亨的亲信宦官李静忠。

区别于其他政治群体，宦官具有明显的地域化特点。东汉宦官主要出自洛阳周边，北宋宦官集中在开封附近，明清宦官也以北京附近的河北、天津居多。唐朝宦官除了关中这个主要的来源渠道外，另有一个重要来源便是岭南两广福建，这是因为唐代的岭南是罪人流放地，罪人之子大多会遭阉割，被送入宫中为奴。

李静忠算是个例外，他出生于武则天长安四年（704年），河北道博陆郡（今北京市平谷区）人。大家没想到吧，出大桃的地方居然出了这么一个大宦官。全唐朝所有知名宦官中，只有他一个河北道人。这就意味着入行之初的李静忠在宫中毫无根基，加之他相貌丑陋，都四十多岁了还在皇家马厩里干杂役。但人家也是有特长的，一是"粗知书计"，能识文断字，算是宦官中少有的知识分子，被高力士相中了，安排去管理马厩账目；二是长于畜牧，并因此得到闲厩使王锳的赏识，于天宝年间被王锳推荐给了太子李亨。李静忠以机敏能干赢得了李亨赏识，成为太子的心腹。

---

① 姚汝能的《安禄山事迹》认为是六月十八日。

陈玄礼让李静忠把他打算策动龙武将士诛杀杨氏一门的计划告诉了太子。李亨那可是个很小心谨慎的人，看出陈玄礼其实是希望他能背书，但这事儿他可不敢接，不置可否，不过他也并未告知父亲。显然，李亨耍了心眼儿，我不掺和，你陈玄礼真要是成了，我跟在后面摘果子；如果不成，这事儿也和我无关。

如此一来，陈玄礼的处境就尴尬了，如果不干的话，万一哪天太子告诉圣人，他的项上人头不保，事到如今只能硬着头皮上了。

趁着玄宗和贵妃等人在驿馆中休息，陈玄礼把几个心腹将校召集到一起说："今天下崩离，万乘震荡，岂不由杨国忠割剥氓庶，朝野怨咨，以至此耶？若不诛之以谢天下，何以塞四海之怨愤！"将校们听了这番火上浇油的话，个个咬牙切齿，人人摩拳擦掌，纷纷说："念之久矣。事行，身死固所愿也。"

杨家人的末日到了！

09. 马嵬驿之变

也是合该有事儿，杨国忠和韩国夫人恰在这时骑着马过来了。这两人也真够没心没肺的，国事沉沦至此，他们居然还有说有笑的。大兵们瞧见，更是气得火冒三丈，恨不得活啃了这对狗男女。

然后，促成这场事变的十来个关键人物登场了，他们就是从青藏高原远道而来的吐蕃使团。这个使团也是点儿背，偏偏在潼关陷落前抵达长安，本来是友邦使节，要好吃好喝好招待的，这下好了，跟着玄宗一路颠沛流离、吃糠咽菜。这个节骨眼儿上，谁还顾得上他们几个呀?!饿坏了的吐蕃使节一看宰相来了,一拥而上扯住杨国忠坐骑的缰绳,讨要东西吃。

军中不知谁喊了声:"杨国忠与蕃人谋叛。"这句话无异于火柴掉到了火药桶里,瞬间引爆全场。龙武军将士怒从心头起,恶向胆边生,一窝蜂杀向杨国忠。

杨国忠大吃一惊,赶忙策马躲避。大兵们从四面蜂拥而至,哪还跑得了?杨国忠从马上摔了下来,当场被乱刀砍死。愤怒的将士们将他的尸体肢解,首级插在长枪上,立于驿站门外。杨国忠的长子户部侍郎杨暄及韩国夫人也被乱军杀死。

御史大夫魏方进是杨国忠的死党,听到外面的喊杀声,便出来查问。他还没看清形势,大骂军士:"你们长了几个脑袋,居然敢杀宰相?"但话音刚落,他自己的脑袋就不见了。左相韦见素被乱军打得头破血流,得亏有人说了一句"勿伤韦相公",才幸免于难。

虢国夫人比较机灵,见情形不妙,带着儿子和杨国忠的老婆、幼子跑了。

局势彻底失控。陈玄礼干脆率领龙武军将马嵬驿围得水泄不通。

玄宗先是听见外面乱哄哄的,继而又亲眼看到了鼻青脸肿、满脸是血的韦见素,就连忙召来陈玄礼,问他怎么回事。陈玄礼早就打好了腹稿,杨国忠专权误国,又勾结吐蕃图谋不轨,激怒了六军将士,现在已经被将士们杀了。

玄宗大惊失色,刚才还活蹦乱跳的一个人这就没了?杨国忠毕竟是当朝宰相啊,就算要追究他的责任,也得经过朕的首肯和法定程序啊!再怎么说,咱大唐也是法制社会嘛!

一旁的杨贵妃听说亲人被害,哭得一塌糊涂。我好想对她说一句,省点儿眼泪吧,一会儿还得为自己哭呢!

玄宗被哭得心烦意乱,但他又能怎样呢?事到如今,除了接受既成的事实，他无能为力。犹豫了半晌，玄宗也只能拄着拐杖来到驿门外。他还想忽悠将士们，杨国忠误国是该杀，你们做得对，朕既往不咎，好了，收队吧！

然后，他惊呆了，龙武军将士竟无一人回应，而且一动也不动。玄宗慌了，难道？莫非？他让高力士去问陈玄礼。陈玄礼说出了将士们最后的心愿："杨国忠谋反，理应族灭，贵妃不能再待在您身边了，请陛下割恩，将她绳之以法。"

玄宗傻了眼，憋了好久才说："朕会自己料理的。"转身进到屋里，他拄着拐杖，仰首无言。他的思绪很乱，现在，一个终极命题摆在了他的面前：东边我的美人呀西边黄河流，要江山还是要美人？要江山，就得杀掉美人；要美人的话，今天他这个皇帝就当不成了！

杨贵妃听说大兵们想要自己的命，哭得死去活来，不停地哀求玄宗救命。龙武军将士手执刀枪，在门外乱哄哄地嚷叫。

韦见素的儿子京兆司录韦谔见形势危急，赶忙劝玄宗："陛下，众怒难犯，安危只在一念之间，请陛下速速决断！"说罢跪地磕头不已，脑门都磕出血来了。玄宗还是舍不得贵妃，话音颤抖地说："贵妃一介女流，常居深宫大内，她怎么可能知道杨国忠谋反的计划呢？！"

高力士站了出来，作为玄宗的身边人，关键时刻他只为主子考虑，说出了问题的本质："贵妃确实无罪，但将士们已经杀了杨国忠，如果贵妃不除，他们担心将来会遭到清算！陛下，您一定要考虑清楚咯，将士安，陛下才能安呀！"

玄宗心如刀割，拉着贵妃的手，只是抖个不停。情感不允许他赐死杨贵妃，但理智又告诉他，韦谔和高力士的话是对的。

当皇帝当到他这个份儿上，被干儿子背叛，被老百姓奚落，被士兵们围困，如今居然连自己的女人都不能保全，还不如死了算了。但玄宗不想死，他还想当这个皇帝，几经思想斗争，理智终究战胜了情感,江山到底重过了美人。他松开贵妃的手,艰难地转过身去,摆了摆手。

杨贵妃放声大哭。高力士赶忙上前,牵着她就往佛堂中走。贵妃看了玄宗最后一眼,玄宗留给她的只是一个沧桑而无奈的背影。

韦谔赶紧跑出去告诉龙武军,陛下已经下旨赐贵妃自尽了,你们不要再喧哗了。龙武军将士听了山呼万岁,但还是不肯散去。韦谔明白了,这是活要见人死要见尸啊,今天不结果了贵妃,他们就要把陛下和我等全部结果了,赶紧跑回去找高力士。

高力士看见韦谔就已经明白了,拿出白绢往梁上一抛,结了个死扣,而后又搬了一把椅子,娘娘,上路吧!

杨贵妃泪如雨下,长叹一声,站上椅子,一头钻进套中。高力士将椅子一撤。

杨贵妃两脚悬空,挣扎了几下便气绝身亡了,年仅38岁。

高力士将陈玄礼等人引入驿庭,验明了杨贵妃的尸身。陈玄礼这才放了心,脱去甲胄,跪下向玄宗请罪。玄宗还能怎么说,只能好言安慰,让他"晓谕军士"。众军听到贵妃死了,大呼万岁,立马就解了围。

刚才还活色生香的贵妃转眼变成了一具冰凉的尸体。玄宗放声痛哭。悲剧,实实在在的人间悲剧。他恨这些大兵,可是恨了大兵就要恨安禄山,恨了安禄山就恨到他自己头上了。归根结底,这都是他李三郎造成的,怨只怨他有眼无珠错认了安禄山,才有了今天的悲剧。

事发突然,来不及准备棺材,玄宗只得命人用被褥包裹了贵妃的尸身,就地葬在马嵬坡西边的道路旁。可怜"回眸一笑百媚生,六宫粉黛无颜色"的杨贵妃一朝化作冢中枯骨。美人自古如名将,不许人间见白头!

这正是:几曾见帝王天子有真情,却怎么三千宠爱在一身。辜负了大唐盛世千秋业，难道他不爱江山爱美人？经历了多少刀光剑影，换来这九五至尊九五至尊，原说是明月永照长生殿，谁料到渔阳鼙鼓卷烟尘？只剩得马嵬坡下草青青，到如今春来依旧春来依旧绿茵茵……

事后，玄宗命贵妃的前夫寿王李瑁抚慰士兵。也就是说，李瑁是马嵬驿兵变的亲历者，肯定亲眼看到了前妻的尸首。所以我就很好奇他当时的心理活动了，到底是幸灾乐祸呢，还是心有戚戚呢？

该如何评价杨贵妃呢？我觉得鲁迅先生说得很好："我一向不相信昭君出塞会安汉，木兰从军就可以保隋；也不信妲己亡殷、西施沼吴、杨妃乱唐的那些古老话，我以为在男权社会里，女人是绝不会有这种大力量的，兴亡的责任，都应该男的负，但向来的男性的作者，大抵将败亡的大罪，推在女性身上，这真是一钱不值的没有出息的男人。"

适值岭南的荔枝运到，这帮贡使真够敬业的，国家都快亡了，还不忘履行自己的职责。玄宗睹物思人，号啕大哭，用新鲜的荔枝祭奠了作古的爱妃。

杨氏一族的丧钟还在响！虢国夫人带着杨国忠的老婆裴柔、幼子杨晞和自己的儿子裴徽，一路狂奔到了陈仓（治所在今陕西宝鸡东渭水北岸），却遭到县令薛景仙的围捕。这姐们儿也是个狠人，看逃不脱了，杀了其余诸人，挥刀自刎，可惜并未成功，被投入狱中。不久后，因伤口出血凝结喉中，她窒息而死。杨国忠第三子杨晓随后也在汉中被杀。

杨氏家族只有杨锜幸存，这实在是个谜。安史之乱后，杨锜还续了弦，新妻子是他侄子杨昢（杨国忠次子）的遗孀、玄宗之女万春公主。

10. 分道扬镳

处决了贵妃，玄宗以为就没事儿了，准备继续西行。

但龙武将士居然还有诉求，他们不想去蜀地，毕竟大家伙儿的父母妻儿都在关中，鬼知道这一去还能不能回来，纷纷说："杨国忠谋反，他的亲信都在蜀地，我们不能去蜀地。"有说应该去河西陇右的，有说应该去宁夏灵武的，有说应该去北京太原的，还有说应该折返长安的。

玄宗为了个人安全，连贵妃都杀了，谁也阻挡不了他逃命的决心，就让韦谔忽悠将士们："回京需要有抵挡贼人的实力。如今朕兵微将寡，不宜东归，不如暂且先到扶风，再研究下一步的方向吧！"扶风就是今陕西宝鸡，离长安不算远，将士们这才不闹情绪了。

玄宗刚要动身，被一群老百姓拦住了去路。老百姓问他："长安的宫殿是陛下的家，关中的帝陵是陛下的祖坟，陛下都不要了吗？你要到哪里去？"玄宗也不好意思说他要逃到剑南去，只是按住辔头沉吟不语，实在是被纠缠得烦了，就让太子李亨"暂留抚慰"。颇为吊诡的是，意在拦驾的百姓居然放行了。

玄宗的车驾刚走，老百姓就对李亨说了："如果你们父子都入了蜀，这大好河山就成逆胡安禄山的了。皇帝既然不肯留下，那太子您留下吧，我们跟着您收复长安、匡扶社稷。"

李亨表示拒绝："我爹长途跋涉要到蜀地去，我这个儿子怎么忍心撇下他一人？再说了，我都没有和他道别呢，请你们让我先去请示他，然后再做打算吧！"但老百姓不听，拦着不让走。不一会儿的工夫，聚集的群众就达到了数千人。

李亨想强行突围，跟上父亲。这时，有三个人扯住了他的缰绳。一个是他的长子广平王李俶，一个是第三子建宁王李倓[①]，还有一个李静忠。三人说："逆胡犯阙，四海分崩，如不顺从民意，怎么实现复兴?! 您跟着陛下去了蜀地，万一叛军烧断栈道，中原大好河山就拱手让给安禄山了。人心一旦崩了，就再也难以聚拢了，到时候殿下就算想出来收拾山河，还可能吗？不如征召西北方镇的军队入援，再从河北召回郭子仪、李光弼二将，先集中力量收复两京，进而削平四海，使社稷转危为安，将毁掉的宗庙重新立起来，然后迎回陛下。与父子的小情相比，这才是大孝呀！"

李亨陷入了沉思，他回想自己漫长的储君生涯，李林甫找碴儿，他收敛锋芒，忍了；杨国忠搞他，他谨小慎微，忍了；老爹强悍专断，他低眉顺眼，也忍了。忍啊忍，忍啊忍，李林甫死了；忍啊忍，忍啊忍，杨国忠也死了；忍啊忍，忍啊忍，老爹落魄了。多少年来他都活在父亲的光芒之下，有这么一个好大喜功、强悍专断的父亲，他有什么想法都得憋着，他太渴望有朝一日能摆脱父亲的阴影，独立地飞上高空。

现在，这一天终于来临了！老爹置家国于不顾，仓皇西逃，可谓自毁形象，天下人已经对他失望透了。当此之时，只要他李亨登高一呼，必定可以收拾人心，取老父之位而代之。于是，李亨做出了他此生中最正确的一个决定：

留下来！

玄宗还在前面等儿子呢，结果儿子没等到，却等来了大孙子李俶。孙子对爷爷说，我爹被老百姓给留住了，回不来了。玄宗沉吟良久，长叹一声："天也！" 罢了，既然孩子的翅膀硬了，就让他振翅高飞吧！他下令从后军分出两千人马给太子，并让李俶传话给李亨："你

[①] 倓，音谈。

好好干吧，不要挂念我。我之前对西北的胡人们不错，你应该能用得上他们。"

李亨"南向号泣"。

以上就是正史中关于李隆基父子分道扬镳的官方解释。

但这个故事还有另一个版本："暂留抚慰"其实是李亨一伙儿策划的阴谋，为的就是趁机摆脱玄宗的控制。所谓的老百姓都是托儿，要不然他们为何放走玄宗？

这种可能性是存在的。李亨如果跟着父亲入蜀，仍旧只能当哑巴太子，可能到死都当不上皇帝。但我相信李亨本人想不出这样的办法，并且他本人对此事可能是不知情的。从后来他对李静忠格外倚重来看，策划这件事的十有八九是李静忠。

不管是哪种情形，这对父子终究是分开了。

李亨眼巴巴望着父亲离去的方向，忽然有些后悔了。当蜂拥的人群散去后，他才意识到：从未独立自主过的他，从此刻起就要走上一条充满艰辛与危险的道路了。未来会怎样，他也是满头雾水。但他只有咬紧牙关，硬着头皮上了，因为身后这两千多人都看着他呢！

从前的日子倒也轻松，父亲做一个决定，他照做就是了。现在他离开了父亲的羽翼，需要独立做决定了。该去哪里呢？这是第一个要决断的问题。李亨想了很久，天下很大，但他不知道该往何处去。

建宁王李倓提议去朔方，理由是李亨曾兼任过朔方节度使，在当地颇得人心，而且朔方兵强马壮，用之大事可成。众人都说好。李亨咬了咬牙，纵马扬鞭，向着朔方狂奔而去。

父亲向西，儿子向北，父子俩奔向了不同的方向，也奔向了不同的命运。大唐的国运也在这次分手中改变了方向……

途中，李亨第一次独立行使了权力。他们在路上碰到一彪人马。李亨以为是叛军的先头部队，就下令进攻。双方厮杀了好久，最后才发现竟是自家人马。那队人马是从潼关前线溃散下来的败军。

李亨红着脸，收拾残军，渡过渭水，继续向北疾行。过了渭水就离长安不远了，叛军随时都有可能出现，李亨不敢停留，急急如丧家之犬，忙忙如漏网之鱼，说不完的惶恐，道不尽的狼狈，一夜狂奔了三百里。这期间有些人掉队了，也有些人觉得跟着他没前途，趁机溜了。到了彬县，只剩一半人马了。

新平太守跑了，没人招待他们，李亨又转奔安定。安定太守也跑了，李亨又一气儿跑到了彭原（今甘肃庆阳西峰区彭原镇）。还好，彭原太守没跑，开门出迎，献上衣服干粮，还把麾下的几百名士兵都划拨给了李亨。李亨担心叛军追来，连城都没有入，又一口气跑到平凉，这才勉强安顿下来。

比起落魄的儿子，玄宗这边的情况就好多了，他按照预定的计划，一路西行，过扶风，越散关，在河池（今陕西宝鸡凤县）碰上了前来迎接的剑南节度副使崔圆。七月初，玄宗入蜀，抵达普安郡（今四川广元剑阁县普安镇）。

在普安，他见到了来自平凉的使者，这才得知了儿子的近况。紧接着，侍郎房琯①从长安赶来，带来了一个消息：长安沦陷了。

11. 血染长安

潼关是关中的东大门，潼关一下，河东、华阴、冯翊、上洛等地

---

① 琯，音管。

官员均弃城而走，守军自行解散。

马嵬驿兵变后的第三天，六月十七日，叛军孙孝哲部耀武扬威、轻轻松松地开入了长安城。为什么如此轻松呢？因为根本没有任何抵抗，留守的京兆尹崔光远、前宰相陈希烈、刑部尚书张均、太常卿张垍以及边令诚等人主动打开了城门，顺利得连孙孝哲都觉得意外。

唐朝历史上有"天子九逃，都城六陷"的耻辱记录。玄宗出奔蜀地是第一逃，此次长安沦陷是第一陷。

富庶的帝都理所当然地遭到了叛军的洗劫。光天化日之下，叛军奸淫掳掠，无恶不作，百姓稍有反抗便遭杀戮。太庙也被乱军一把火烧了，列祖列宗的牌位全部化为灰烬，什么开基建唐的李渊啦、贞观之治的李世民啦、版图最大的李治啦，现在都没用了，只有在黄泉下干瞪眼的份儿！

几天后，安禄山抵达长安，他不是来旅游的，专为杀人而来。长安是安禄山的伤心地，他的长子安庆宗就是在这里被腰斩的。安禄山恨这座城市，恨这座城市里的达官贵人，他要报复，狠狠地、血腥地报复。

这是一个长长的名单，有睿宗的女儿——玄宗的妹妹霍国长公主，玄宗的驸马——杨国忠次子杨晞，玄宗的儿媳永王妃侯莫陈氏、义王妃阎氏、陈王妃韦氏、信王妃任氏等人，有历代先帝的龙孙龙女，有曾经依附杨国忠、高力士等人的大臣们。

叛军在崇仁坊分两批杀了一百多人。杀戮的手段残忍且丰富，斩首都算仁慈的，有被剜心掏肺的，有被铁棒掀去天灵盖的，"流血满街"。死者中最有气节的是霍国长公主，至死叫骂不绝，对得起真龙血脉。李唐皇室上一次遭到如此血腥的清洗还是在武则天时代，如今不过几十年，历史又重演了。

当然，漏网之鱼还是有的，比如广平王李俶的侍妾沈氏就躲了起来，有惊无险地逃过了杀戮。此外，崇仁坊惨案后的一天，有一位诗人在长安街头遇到了一个惶惶不安的王孙。这位诗人是谁呢？正是"诗圣"杜甫。

就杜甫在长安那些年的遭遇，如果换作李白早翻脸了！李白没什么家庭观念，一生四段婚姻，老婆孩子对他来说就是充数的，再说了他也不差钱，走到哪儿都有钱花、有酒喝。可杜甫不行，他没李白那么大的名头，他还需要养家，只能趴在长安苦熬机会。

其间可能是因为付不起首都的房租，杜甫只得将家人安置到了奉先（今陕西渭南蒲城县），自己一个人漂在长安。因为没钱，他连省亲的路费都掏不出来，以致连续几年都没回奉先看过妻子孩儿。

杜甫在诗中描述了他这时期的生活状态，"朝扣富儿门，暮随肥马尘"，每天跟在有钱人屁股后头转悠，但即便如此还是经常要挨饿受冻，"饥卧动即向一旬，敝衣何啻联百结"。

这一趴又是四年多，全家人没饿死都算奇迹了，真不知道他们是怎么挺过来的?！天宝十四载（755年），杜甫终于等来了一个官职——河西尉，河西某地一个小小的县尉。河西是哪里？甘肃省的黄河以西部分，不仅远，而且荒凉。苦熬十来年就熬了个这，杜甫满怀悲愤与无奈，写下了"不作河西尉，凄凉为折腰"的诗句。

可能是他找人做通了工作，有司给他换了一个岗位——太子右卫率府兵曹，品级和河西尉差不多，职责是看守兵甲器杖、管理门禁锁钥，搁今天这就是个保安大爷的活儿。杜甫当然不满意，可他羁留长安近十年，没给家里赚回过一个子儿，如果不拿这份薪水，全家都得饿死。再说了，这个岗位起码不用离开长安，后续还有机会。所以，杜甫最终还是接受了，"不作河西尉，凄凉为折腰"，可做率府兵曹就不是折腰了吗？别讲什么情怀了，生活总会逼你做出选择。

工资虽然微薄，但好歹是有收入了，可以回家看看了！十一月，杜甫兴冲冲地回奉先省亲。刚进院门，就听见他老婆号啕大哭。原来，就在杜甫进门前不久，他的小儿子被活生生饿死了。

杜甫悲痛万分，回想寄居长安这些年的经历和感受，写下了著名的《自京赴奉先县咏怀五百字》：

> 杜陵有布衣，老大意转拙。许身一何愚，窃比稷与契①。居然成濩②落，白首甘契阔。盖棺事则已，此志常觊豁。穷年忧黎元，叹息肠内热。取笑同学翁，浩歌弥激烈。非无江海志，潇洒送日月。生逢尧舜君，不忍便永诀。当今廊庙具，构厦岂云缺？葵藿倾太阳，物性固难夺。

杜陵出了一个我这样的布衣平民，都一大把年纪了，思想却越来越不合时宜。我对自己提了那么多愚蠢的要求，内心还坚持要向上古唐虞时代的贤臣稷和契看齐，这种愚蠢的想法大而无用。不过，我虽然头发都花白了，却甘心这种辛勤劳苦的日子，除非到了撒手人寰的那天，我决不更改初衷。我一年到头都在忧心百姓的生活，一想到他们受到的苦难，我内心就像油煎火烤似的难受。虽然同辈的先生们对我冷嘲热讽，但我内心的正气之歌却越发激越而嘹亮。我不是没有过归隐的打算，浮泛江海，静观日月，多潇洒啊！但我碰到了一个像尧舜般贤明的君王，不忍心丢下他过自己的悠游岁月。如今的朝廷人才云集，还能缺了我的用武之地吗？葵藿的叶子永远都向着太阳，老杜我也有葵藿这种忠诚的品性。

---

① 契，音谢。
② 濩，音霍。

顾惟蝼蚁辈，但自求其穴。胡为慕大鲸，辄拟偃溟渤。以兹悟生理，独耻事干谒。兀兀遂至今，忍为尘埃没。终愧巢与由，未能易其节。沉饮聊自遣，放歌破愁绝。岁暮百草零，疾风高冈裂。天衢阴峥嵘，客子中夜发。霜严衣带断，指直不得结。凌晨过骊山，御榻在嵽嵲①。

反观那些蝼蚁一样的小人，为了谋求舒适的洞穴整日里钻营。我为什么羡慕大鲸鱼呢？因为我想到大海中去纵横驰骋。但我为了这份理想耽误了生计，虽然想当官为民办实事，却耻于走干谒的路子，以至于穷困劳碌至今。可我不甘心被埋没在尘埃里，虽然觉得愧对巢父、许由这样的隐士，但我仍然不变初心。实在是忧愁烦闷得厉害了，我就喝酒唱歌排遣。年关将近，百草凋零，北风劲吹，风大得都能把高山吹裂了似的。天空乌云密布，我这个流浪异乡的客子在夜里出发，向奉先的家中赶去。夜里霜气浓重，把我的衣带都冻断了。想用手接上衣带吧，手指却冻僵了，直楞楞的，弯曲不了。凌晨时分，我来到骊山脚下，高耸的骊山之上坐落着皇帝的行宫。

蚩尤塞寒空，蹴蹋②崖谷滑。瑶池气郁律，羽林相摩戛。君臣留欢娱，乐动殷胶葛。赐浴皆长缨，与宴非短褐。彤庭所分帛，本自寒女出。鞭挞其夫家，聚敛贡城阙。圣人筐篚③恩，实欲邦国活。臣如忽至理，君岂弃此物。多士盈朝廷，仁者宜战栗。况闻内金盘，尽在卫霍室。

---

① 嵽嵲，音第聂。
② 蹴蹋，音醋踏。
③ 篚，音匪。

大雾迷漫，我两步一滑地攀登着结冰铺霜的山路。骊山的温泉热气蒸腾，远远地能听到羽林军来来回回的声音。皇帝和大臣们在此欢娱，乐声震动山岗。能够赐浴华清宫的都是达官贵人，普通百姓连参与宴会的资格都没有。朝廷里达官显宦分到的绢帛，原本都出自贫寒妇女之手。不良官家鞭打她们的夫家，逼迫她们纺织。这些聚敛起来的绢帛被一车车运到了京城。圣人用筐筐盛布帛赏赐大臣，是希望大臣们经世致用、定国安邦。臣子如果忽视此理，那皇帝的赏赐不就白费了吗？朝臣众多，其中的仁者应当惶恐不安地尽心为国。听说皇宫的金银宝器都转移到国舅杨国忠家里的厅堂上了。

中堂舞神仙，烟雾散玉质。煖①客貂鼠裘，悲管逐清瑟。劝客驼蹄羹，霜橙压香橘。朱门酒肉臭，路有冻死骨。荣枯咫尺异，惆怅难再述。北辕就泾渭，官渡又改辙。群冰从西下，极目高崒②兀。疑是崆峒来，恐触天柱折。河梁幸未坼，枝撑声窸窣。行旅相攀援，川广不可越。

杨家的厅堂上，仙女一样的美女翩翩起舞，薄如蝉翼的纱衣遮不住她们的玉骨冰肌。供客人保暖的是貂鼠皮制成的皮袄；朱弦、玉管演奏着美妙的乐章；吃的是驼蹄羹汤，像香橙、金橘这样的水果都是从遥远的南方运来的。富贵人家的酒肉多得吃不了，以致都变质发臭了，可是他们门外的路上却散落着被冻死的穷人的尸骨。相隔不过咫尺，却是两个世界。人间的不平之事让我悲愤莫名，不忍再讲下去了。我转道向北，来到了泾渭河边，到了渡口又折向西去。河水中漂

---

① 煖，音轩。
② 崒，音足。

动着密密麻麻的大冰块，向上游望去，似乎都连着天了。我疑心这是崆峒山从水上漂来了，怕是要把天柱碰断！好在河上的桥梁还没被冲毁，但已经能听到木桥摇晃的窸窣声了。虽然旅客们都很害怕，但别无他途，只好相互牵着手、顶着危险、硬着头皮过桥了。

老妻寄异县，十口隔风雪。谁能久不顾，庶往共饥渴。入门闻号咷①，幼子饿已卒。吾宁舍一哀，里巷亦呜咽。所愧为人父，无食致夭折。岂知秋禾登，贫窭②有仓卒。生常免租税，名不隶征伐。抚迹犹酸辛，平人固骚屑。默思失业徒，因念远戍卒。忧端齐终南，澒③洞不可掇。

我的老婆孩子寄居在奉先县，无依无傍。漫天风雪把一家十口隔在两个地方。啼饥号寒的生活，我怎能长久不管？这次回去就是为了看看他们，给他们一点儿生活费。可我刚进院门就听见了号啕的痛哭声，原来我那小儿子已经饿死了。就算我能压制得住悲哀，可巷里的邻居们也压制不住啊，大家都在呜咽痛哭。我这个当父亲的真是失败，连让孩子吃饱的本事都没有，以致幼子活活饿死。今年秋天的收成还不错，谁能想到会发生这样的悲剧?！我虽然官职卑微，好歹是朝廷命官，有一些体制内的特权，不用服兵役，也不用缴纳租税，自家居然还能遇上这种事，何况是贫苦百姓呢？想想那些失去土地的农民，再想想那些戍守边关的士兵，我这忧国忧民的思绪几乎和终南山一样高了，浩茫无际，无法止息。

① 咷，音淘。
② 窭，音巨。
③ 澒，音讧。

"忆昔开元全盛日，小邑犹藏万家室。稻米流脂粟米白，公私仓廪俱丰实。"这是杜甫写给玄宗的大唐盛世。

"朱门酒肉臭，路有冻死骨。"这是杜甫写给平民的大唐盛世。

"入门闻号咷，幼子饿已卒。"这是杜甫写给自己的大唐盛世。

同一个盛世，三幅写真，真是"兴，百姓苦；亡，百姓苦"！

诗人是很多文学女青年倾慕的对象，但如果让杜甫他老婆来说的话，那就该是何苦嫁作诗人妇了？

杜甫为什么是现实主义写作手法呢？原因很简单，他的生活太过沉重，他浪漫不起来。

"疑是崆峒来，恐触天柱折。"杜甫的担忧一语成谶，就在他省亲的日子里，安禄山在范阳起兵，吹响了大唐衰落的号角。他听说玄宗西逃，太子去了灵武，就启程北上去投李亨，可惜途中被叛军俘虏。

当时，城中还关着另一位大诗人王维。王维的官职和名气都比杜甫高，受到了叛军的重点监管，被软禁在菩提寺。而杜甫要啥没啥，还不配享受这种"待遇"，他可以自由活动，只是不能出城。正是这份有限的自由，成全了杜甫的另一个伟大杰作。

这天他在街上溜达，走着走着碰到了一位衣不蔽体、满身伤痕的王孙。怎么确定是王孙呢？腰间配有玉玦、珊瑚，这种东西只有皇室宗亲才有资格佩戴。这位王孙那叫一个惨啊，一边哭，一边求过往的行人收留他做奴才。杜甫走上前，问他姓甚名谁，是谁家子弟。这孩子坚决不肯说，只求收留。杜甫自身难保，况且摸遍全身也摸不出十个铜钱来，哪有力量管这孩子？只能叮嘱他，一定要珍重龙子龙孙的身价，不能自甘下贱，一定要坚定必胜的信心，要相信朝廷的还乡团一定会打回来的。两人匆匆交谈一番后，杜甫就走了，实在是不敢多说了。

回到住所后，他百感交集、悲愤莫名，挥笔写下了著名的《哀王孙》：

长安城头头白乌,夜飞延秋门上呼。又向人家啄大屋,屋底达官走避胡。金鞭断折九马死,骨肉不得同驰驱。腰下宝玦青珊瑚,可怜王孙泣路隅。问之不肯道姓名,但道困苦乞为奴。已经百日窜荆棘,身上无有完肌肤。高帝子孙尽隆准,龙种自与常人殊。豺狼在邑龙在野,王孙善保千金躯。不敢长语临交衢,且为王孙立斯须。昨夜东风吹血腥,东来橐驼满旧都。朔方健儿好身手,昔何勇锐今何愚。窃闻天子已传位,圣德北服南单于。花门剺①面请雪耻,慎勿出口他人狙。哀哉王孙慎勿疏,五陵佳气无时无。

长安城头伫立着一只白首乌鸦,夜半时分飞到延秋门上哇哇怪叫。然后,它又飞到达官贵人们的府上,到处啄个不停。这些府邸都是空的,达官贵人们为了躲避叛军,早已逃得不知所终了。皇帝仓皇出奔,马鞭不停地挥舞,都折断了,累死了许多马匹。许多皇亲国戚来不及跟随,被叛军堵在了城里。我在街上遇到一个腰间佩戴着玉玦和珊瑚的王孙,他在路旁一直哭。我问了他许多问题,他就是不肯说出自己的姓名,只是说自己生活困苦,求人收留他为奴。长安陷落已经一百多天了,这些日子里他藏在荆棘丛里,被刺得体无完肤。高祖的子孙鼻梁都很高直,一看模样和气质就不是凡人。可惜逆胡范阳起兵,如今豺狼称了帝,龙种却要流落荒野。我说王孙呀,你可一定要保重千金之躯呀!城中到处都是叛军,我本不敢在街上与人作长时间的交谈,只因他是王孙才多说了几句。昨天夜里,东风吹来阵阵血腥味,逆胡又来了不少援军。朔方军战力彪悍,闻名海内,怎么如今碰到叛军却一败涂地了呢?听说天子已经传位于太子,而新天子已经引

---

① 剺,音离。

回纥可汗相助了。王孙啊，你要守口如瓶，以防暗探的缉拿，千万要小心，绝不能大意疏忽。我望见先帝们的陵寝长气冲天，这是好兆头啊，大唐一定中兴有望！

我把杜甫的《自京赴奉先县咏怀五百字》和《哀王孙》放在一起品味，越发认同车尔尼雪夫斯基说的那句话："个人与社会的不幸，是一切伟大作品的源泉。"但我宁愿我们这个国家、这个民族的伟大作品少一些，也希望这片土地上的人民能尽量少那么一些不幸。

杜甫还在感叹，安禄山已经将长安府库中的各种绢帛、金银财宝搜刮一空，带着宫女宦官、梨园子弟和宫廷乐官返回了洛阳。

将大唐府库一扫而空，历史上只有两个胡人做到了，一个是突厥人颉利，一个是突厥人和粟特人的混血儿安禄山。

起兵不过半年，叛军就攻陷了两京，"西胁汧①陇，南侵江汉，北割河东之半"。以这种势头继续下去，席卷大唐江山也就十个八个月的事儿。安禄山志得意满，觉得这江山已经是他囊中之物了。而长安的孙孝哲更是个纯粹的武夫，只知饮酒作乐。这两人都没有意识到，他们的当务之急应该是追击皇帝和太子。正是由于他们的忽略，玄宗得以安然入蜀，李亨得以安抵平凉。

12. 李亨称帝

玄宗入川后，才想起他好像还有个江山需要照顾，赶紧发布了一

---

① 汧，音签。

系列命令，包括：加太子李亨为天下兵马大元帅，领朔方、河东、范阳、平卢四镇节度都使，第十六子永王李璘为山南东道、岭南、黔中、江南西道四镇节度都使，第二十一子盛王李琦为江南东路及淮南、河南等路节度都使，第二十六子丰王李珙[①]为河西、陇右、安西、北庭等路节度都使，允许他们自行选拔、任命属官。委任状有的是，要多少有多少，但是呢，兵员、装备、粮草这些干货朝廷解决不了，你们"当路自供"，说白了就是自己想办法，找老百姓补充去吧！

三王节制多镇的命令遭到了朝中不少有识之士的反对，其中最为激烈的要数谏议大夫高适。没错，就是那个写出"莫愁前路无知己，天下谁人不识君"的高适。

高适认为，战乱之际假诸王以兵权极为不妥，万一哪个野心膨胀，岂非乱上加乱？！但玄宗不听，都是朕的孩儿，朕还不了解他们吗？

是的，你还真不了解！就在日前，李亨在宁夏银川灵武登基称帝，区区一个天下兵马大元帅，人家已经不稀罕了。

李亨落脚平凉时，郭子仪和李光弼还在山西，朔方军在家主持工作的是留后杜鸿渐。杜鸿渐立即迎接李亨到灵武，而且马不停蹄地携朔方留守文武劝进。朔方军推尊李亨的举动，说明他们已经对玄宗彻底失望了。叛乱是你养成的，国难当头你却跑到了四川，你这皇帝当得真没脸，退位让贤吧！

但他们同时也给李亨出了一道难题。李亨想不想当皇帝？当然想，做梦都想！但父亲并未退位，他如果接受了朔方军的推举，相当于强行称帝，万一父亲不认，那就是妥妥的谋逆了。李亨很纠结很拧巴！

---

① 珙，音拱。

不光朔方军，李亨身边的人也都劝说他称帝。这也正常，主子当了皇帝，他们的利益才能最大化。李亨身边的人主要是四个，良娣张氏、大儿子广平王李俶、三儿子建宁王李倓和内侍李静忠。后三人前面已经登场，这里我展开介绍一下张良娣。

天宝五载（746年），因为李林甫的构陷，李亨把太子妃韦氏和杜良娣都休了。这两人一去，张良娣就成了实质上的太子妃。

这位张良娣也是名门之后，她的奶奶是玄宗生母窦氏的亲姐姐。这妹子不仅长得漂亮，而且十分聪明。出奔路上，每到晚上睡觉时，身怀六甲的张良娣都会挺着大肚子睡在李亨前面。李亨知道她的心意："抵挡贼人不是你一介女流该干的事儿呀！"张良娣却说："万一有什么突发意外，臣妾就用身体挡着，殿下您可以从后面逃走。"把个李亨感动得稀里哗啦的。

抵达灵武后，张良娣给李亨生了一个大胖小子，这是她的第二个儿子，也就是后来的定王李侗。产后第三天，她就下地给将士们缝制衣服。李亨心疼她，不让她干，要她休息。张良娣说："现在不是我该休息的时候！"李亨简直要哭了，有妻如此，夫复何求啊?！

最信任的四个人都支持他当皇帝，李亨就不再犹豫了，于七月十二日登基，昭告天下，改元"至德"，遥尊老父亲为上皇。李亨就是历史上的唐肃宗。顺便说一句，他是唐朝唯一一个在京外登基的皇帝。

以肃宗登基为标志，唐朝也正式步入了中唐时代。

大家都知道唐朝分为初唐、盛唐、中唐、晚唐，可这四个阶段究竟切分到哪里是有争议的。文学上的"四唐说"，初唐截至中宗神龙元年（705年），盛唐截至代宗大历五年（770年），中唐截至文宗太和九年（835年），之后是晚唐。史学上的"四唐说"，初唐截至高宗登基，盛唐截至安史之乱，中唐截至僖宗上台，之后是晚唐。

但我并不认可这两种划分方法。我认为"四唐"应该这样划分：初唐始于高祖、终于睿宗，这是唐王朝建立、崛起的阶段。盛唐就是玄宗一朝，以安史之乱爆发为结束点，毕竟极盛的时间是短暂的。中唐始于肃宗，迄于宣宗，这是唐王朝四大重症缠身，不得不进行大调整的阶段。懿宗、僖宗、昭宗、哀帝三代四帝是晚唐时代，唐王朝急速陨落，乃至最终灭亡！

肃宗在位近七年，共用了三个年号，依次是"至德""乾元""上元"，每个两年。其中，"上元"唐高宗也用过。为了让大家看着清爽，我们依旧采用北溟纪年①标定。

从登基即改元就可以看出，肃宗铁了心要当这个霸王皇帝。为什么呢？因为通常情况下，新皇即位不会立即更改年号，尤其是在旧皇仍然健在的情况下。当年李世民那么猴急，也是等到第二年正月才改元的。这是其一。其二，"至德"这个年号挺过分的。至者，极也，"至德"的意思是说新皇帝的德行已经高到了极致。这就很欠扁了，唐以前那么多朝代，哪个朝代没有几个明君？就拿本朝来说，太宗、高宗、则天武后，哪一个不是响当当的人物，他们都不敢叫"至德"，你这边刚当上皇帝，啥事儿还都没干呢，就敢叫"至德"？！再说了，这里面隐隐还有一层意思：先皇的德行照我差多了。你爹还活得好好的，你就这么踩他，是不是很过分？

他这么一搞，就给大唐文武出了一道政治上的选择题。选谁？是选蜀中那个皇帝，还是选灵武这个皇帝？

结果呢，广大干群用脚投票。李亨一招呼，河西节度副使李嗣业

---

① 肃宗元年＝至德元载/天宝十五载（756年），肃宗二年＝至德二载（757年），肃宗三年＝乾元元年（758年），肃宗四年＝乾元二年（759年），肃宗五年＝上元元年（760年），肃宗六年＝上元二年（761年），肃宗七年＝上元三年（762年）。乾元元年二月复载为年。高宗和肃宗都使用过"上元"作为年号。

将兵五千来了，安西行军司马李栖筠带精兵七千来了，郭子仪和李光弼也从河北率军五万赶到灵武，河北一哥颜真卿以蜡丸上表拥戴，还派人将李亨即位的消息散布到了河北、河南、江淮。再加上李亨又一顿封赏，天下人很快就都知道了！

在这场政治大考中，玄宗输了，输得一败涂地。怪谁呢？还是要怪他自己。

等到站稳了脚跟、稳住了位置，李亨才派人向老父亲通报了他即位的事情。据史书记载，玄宗很高兴，当场表态："吾儿应天顺人，吾复何忧！"随即下诏："自今改制敕为诰，表疏称太上皇。四海军国事，皆先取皇帝进止，仍奏朕知；俟克复上京，朕不复预事。"将军政大权一股脑儿全交了。而后，他立即派韦见素和房琯将传国玉玺送往灵武。

也就是说，玄宗接受了，不仅退了，而且退得很彻底。他到底是不是真高兴呢？咱不清楚，但我认为他大概率很不爽，但不爽也没辙，难不成这时宣布李亨谋逆，那这叛乱还平不平了？祖宗的江山还要不要了？没办法，打落牙齿就和血吞了吧！

打从这一刻起，玄宗就退出了唐朝的政治舞台。

阴谋也好，阳谋也罢，反正一个崭新的大唐朝廷建立起来了。天下人都对这个新的朝廷抱有很大期望，不是因为这个新朝廷有多好，而是因为它是新的，区别于玄宗那个旧朝廷。人们对那个旧朝廷已经彻底失望了，而新的朝廷意味着一种新的可能、新的希望。

希望存在的地方，梦想便不会凋零。

附录

附录一　白居易《长恨歌》

汉皇重色思倾国，御宇多年求不得。
杨家有女初长成，养在深闺人未识。
天生丽质难自弃，一朝选在君王侧。
回眸一笑百媚生，六宫粉黛无颜色。
春寒赐浴华清池，温泉水滑洗凝脂。
侍儿扶起娇无力，始是新承恩泽时。
云鬓花颜金步摇，芙蓉帐暖度春宵。
春宵苦短日高起，从此君王不早朝。
承欢侍宴无闲暇，春从春游夜专夜。
后宫佳丽三千人，三千宠爱在一身。

金屋妆成娇侍夜，玉楼宴罢醉和春。
姊妹弟兄皆列土，可怜光彩生门户。
遂令天下父母心，不重生男重生女。
骊宫高处入青云，仙乐风飘处处闻。
缓歌慢舞凝丝竹，尽日君王看不足。
渔阳鼙鼓动地来，惊破霓裳羽衣曲。
九重城阙烟尘生，千乘万骑西南行。
翠华摇摇行复止，西出都门百余里。

六军不发无奈何，宛转蛾眉马前死。
花钿①委地无人收，翠翘金雀玉搔头。

君王掩面救不得，回看血泪相和流。
黄埃散漫风萧索，云栈萦纡②登剑阁。
峨嵋山下少人行，旌旗无光日色薄。
蜀江水碧蜀山青，圣主朝朝暮暮情。
行宫见月伤心色，夜雨闻铃肠断声。
天旋地转回龙驭，到此踌躇不能去。
马嵬坡下泥土中，不见玉颜空死处。
君臣相顾尽沾衣，东望都门信马归。
归来池苑皆依旧，太液芙蓉未央柳。
芙蓉如面柳如眉，对此如何不泪垂。

春风桃李花开夜，秋雨梧桐叶落时。
西宫南苑多秋草，落叶满阶红不扫。
梨园弟子白发新，椒房阿监青娥老。
夕殿萤飞思悄然，孤灯挑尽未成眠。
迟迟钟鼓初长夜，耿耿星河欲曙天。
鸳鸯瓦冷霜华重，翡翠衾寒谁与共。
悠悠生死别经年，魂魄不曾来入梦。
临邛道士鸿都客，能以精诚致魂魄。
为感君王辗转思，遂教方士殷勤觅。

---

① 钿，音电。
② 纡，音迂。

排空驭气奔如电，升天入地求之遍。

上穷碧落下黄泉，两处茫茫皆不见。
忽闻海上有仙山，山在虚无缥渺间。
楼阁玲珑五云起，其中绰约多仙子。
中有一人字太真，雪肤花貌参差是。
金阙西厢叩玉扃①，转教小玉报双成。
闻道汉家天子使，九华帐里梦魂惊。
揽衣推枕起徘徊，珠箔银屏迤逦②开。
云鬓半偏新睡觉，花冠不整下堂来。
风吹仙袂飘飖③举，犹似霓裳羽衣舞。
玉容寂寞泪阑干，梨花一枝春带雨。

含情凝睇谢君王，一别音容两渺茫。
昭阳殿里恩爱绝，蓬莱宫中日月长。
回头下望人寰处，不见长安见尘雾。
惟将旧物表深情，钿合金钗寄将去。
钗留一股合一扇，钗擘黄金合分钿。
但令心似金钿坚，天上人间会相见。
临别殷勤重寄词，词中有誓两心知。
七月七日长生殿，夜半无人私语时。
在天愿作比翼鸟，在地愿为连理枝。

---

① 扃，音 jiōng。
② 迤逦，音椅李。
③ 飖，音摇。

天长地久有时尽，此恨绵绵无绝期。

　　明皇好美色，践祚后一直在寻找倾国倾城的美女，却始终不能得。杨家有个女儿刚刚长成，出落得娇艳欲滴，因为养在深闺里，所以不为世人所知。但她天生丽质，注定无法埋没民间，果然有一天还是被选到明皇身边。她有多美呢？她回眸一笑时，千娇百媚，风情万种，将六宫嫔妃都比了下去。春寒料峭时，明皇赐浴华清池，温润的泉水洗涤着她如凝脂般的肌肤。侍女扶起娇柔无力的她，从此开始承受明皇的恩泽。她鬓发如云、笑颜如花，头上斜插着金步摇，在温煦如春的芙蓉帐里与明皇共度春宵。春宵苦短，直到日上三竿他们才起床。从此，明皇就不再早朝了。她与明皇朝夕相处、日夜陪伴，后宫三千佳丽的宠爱都落到她一人身上了。

　　她日夜承恩，光耀了门楣。兄弟姐妹都因她而列土封侯。杨氏一族的荣耀令世人艳羡，以至于世间的父母都改变了传统观念，由重男轻女变成了重女轻男。骊山顶上的华清宫高耸入云，清风过处，仙乐随之飘向四面八方，处处可闻。轻歌曼舞，丝竹悦耳，明皇终日欣赏，百看不厌。忽然，渔阳叛乱的战鼓惊天动地而来，惊得宫中的《霓裳羽衣曲》都停止了演奏。九重宫殿霎时尘土飞扬，明皇带着臣工近侍逃离长安，向蜀地奔去。车队走走停停，西出长安才百余里。行至马嵬坡时，六军将士停滞不前，坚决要求处死贵妃。明皇无可奈何，只得缢杀杨贵妃。她头上的饰品落了一地。

　　明皇掩面痛哭，却也无能为力，回头看着贵妃的尸身血泪相流。秋风萧瑟，黄尘漫天，明皇只得继续赶路，走剑阁古道入蜀。峨眉山下行人稀少，旌旗无色，日月无光。蜀地风光旖旎，山清水秀，明皇却视而不见，日夜想着贵妃。行宫里他望月满目凄然，雨夜里听曲声声带悲。叛乱平息后，明皇重返长安，路过马嵬坡时，睹物思人，徘徊不前。翻遍了马嵬坡下的泥土，却始终找不到贵妃的尸骨。君臣相顾，泪湿衣衫，只得离开马嵬坡，返回了京城。宫中池苑依旧，太液池边的芙蓉仍在，未央宫中的垂柳未改。芙蓉开得像贵妃的脸一样好看，柳叶儿好似她的眉毛。此情此景叫明皇如何不垂泪呢？

　　四季更迭，明皇相思不断。他的寝宫萧条，杂草遍地，落叶满台阶，也没人打扫。当年的梨园弟子如今已是满头白发，宫中的女官也已经变成老太太了。晚上殿中流萤飞舞，一盏昏黄的孤灯下，明皇思念贵妃，无法入睡。他数着外头的钟鼓声，越发觉得夜晚漫长得没有尽头，就这么望着夜空里的星河，直到曙光即将出现。鸳鸯瓦上霜花重生，冰冷的翡翠被里却无人共眠。明皇默叹，爱妃啊，阴阳相隔已经一年了，为何从不见你来到我的梦中？临邛有个道士正客居长安，自称能以法术招来贵妃魂魄。左右为了安抚明皇，便将这名道士请入宫中作法。道士驾驭云气，上天入地，到处寻访贵妃的踪迹。

　　可是，从天堂到地府，怎么找都找不到。忽然间到了海上一座云遮雾绕的仙山。五彩祥云托着精致玲珑的楼阁。楼阁中有很多风姿绰约的仙子。其中有一位小字太真，生得雪肤花貌，与贵妃极为相似。道士来到金阙西边，叩响玉石雕成的院门，让一个叫小玉的转达给了太真的侍女双成。太真听说明皇的使者来了，匆匆穿毕衣服，连妆容都没来得及收拾就走了出来。微风吹动她的衣袂，飘扬得就像霓裳羽衣舞一般。太真神情落寞，泪落如珠，犹如春天带雨的梨花。

　　她深情凝视道士，转托他向明皇致谢。自马嵬坡一别后，音讯颜容两渺茫。当年昭阳殿里的恩爱已经断绝，如今只剩下这蓬莱宫中的岁月悠长。她透过云层向下张望人间，三十三重天相隔，根本看不到长安。如今她所能做的，只是用当年的信物表达深情，托道士将钿盒金钗转交给明皇。金钗、钿盒分成两半，她和明皇各自留一半。她还说了，只要两情像金钗、钿盒一般坚固，终有一天他们会在天上人间相会。临别之际，太真说寄语中的誓言只有她和明皇才知道。当年七月七日在长安长生殿中，夜半无人之际，他们俩山盟海誓，许愿：在天愿为比翼双飞鸟，在地愿为并生连理枝。天长地久终有尽头，但他们的生死遗恨却永无尽头！

附录二　唐朝十四世二十一帝（含武则天）概况

庙号	姓名	生卒	登基年龄	在位	主要宰相	死因	年号	陵寝
高祖	李　渊	566—635	53岁	618—626	裴寂、刘文静、萧瑀	寿终	武德	献陵
太宗	李世民	599—649	28岁	626—649	萧瑀、陈叔达、李靖、封德彝、长孙无忌、杜如晦、房玄龄、岑文本、魏征、刘洎、马周、褚遂良、王珪、李勣	丹药中毒	贞观	昭陵
高宗	李　治	628—683	22岁	649—683	长孙无忌、褚遂良、李勣、柳奭、韩瑗、来济、李义府、许敬宗、上官仪、刘仁轨、李敬玄、裴炎	病死	14个：永徽、显庆、龙朔、麟德、乾封、总章、咸亨、上元、仪凤、调露、永隆、开耀、永淳、弘道	乾陵

续表

庙号	姓名	生卒	登基年龄	在位	主要宰相	死因	年号	陵寝
	武曌	624—705	67岁	690—704	刘仁轨、姚崇、裴炎、武承嗣、傅游艺、狄仁杰、李昭德、娄师德、王孝杰、杨再思、宗楚客、武三思、吉顼、张柬之、魏元忠、刘祎之	寿终	14个：天授、如意、长寿、延载、证圣、天册万岁、万岁登封、万岁通天、神功、圣历、久视、大足、长安、神龙	乾陵
中宗	李显	656—710	29岁	684年1—2月 705—710	武三思、崔玄暐、杨再思、张柬之、桓彦范、敬晖、魏元忠、韦巨源、宗楚客、纪处讷、韦嗣立、崔湜、郑愔	被弑	3个：嗣圣、神龙、景龙	定陵
睿宗	李旦	662—716	23岁	684—690 710—712	张仁愿、韦嗣立、韦安石、唐休璟、崔湜、刘幽求、姚崇、宋璟、郭元振、张说、窦怀贞	病死	8个：文明、光宅、垂拱、永昌、载初、景云、太极、延和	桥陵

续表

庙号	姓名	生卒	登基年龄	在位	主要宰相	死因	年号	陵寝
玄宗	李隆基	685—762	28岁	712—756	刘幽求、韦安石、崔湜、窦怀贞、张说、姚崇、卢怀慎、源乾曜、宋璟、苏颋、张嘉贞、张九龄、李林甫、李适之、杨国忠	绝食而死	3个：先天、开元、天宝	泰陵
肃宗	李亨	711—762	46岁	756—762	韦见素、张镐、第五琦、元载、房琯	病死	3个：至德、乾元、上元	建陵
代宗	李豫	726—779	37岁	762—779	元载、李辅国、刘晏、王缙、杜鸿渐	病死	4个：宝应、广德、永泰、大历	元陵
德宗	李适	742—805	38岁	779—805	杨炎、卢杞、马燧、李晟、张延赏、李泌、陆贽、张镒、浑瑊	病死	3个：建中、兴元、贞元	崇陵
顺宗	李诵	761—806	45岁	805	杜佑、韦执谊、杜黄裳	病死	永贞	丰陵
宪宗	李纯	778—820	28岁	805—820	韦执谊、杜佑、杜黄裳、武元衡、李吉甫、李绛、皇甫镈、令狐楚、李逢吉、裴度	被弑	元和	景陵
穆宗	李恒	795—824	26岁	820—824	裴度、令狐楚、段文昌、崔植、元稹、杜元颖、王播、李逢吉、牛僧孺、皇甫镈	丹药中毒	长庆	光陵
敬宗	李湛	809—827	16岁	824—827	李逢吉、牛僧孺、裴度	被弑	宝历	庄陵

续表

庙号	姓名	生卒	登基年龄	在位	主要宰相	死因	年号	陵寝
文宗	李昂	809—840	18岁	826—840	韦处厚、杨嗣复、李珏、李宗闵、段文昌、宋申锡、李德裕、李固言、郑覃、王涯、李训、贾餗、舒元舆、李石、陈夷行、李逢吉、王播、牛僧孺	病死	2个：太和、开成	章陵
武宗	李炎	814—846	27岁	840—846	李固言、李石、杨嗣复、牛僧孺、李德裕、陈夷行、李绅、李让夷、杜悰、李回、郑肃、李珏	丹药中毒	会昌	端陵
宣宗	李忱	810—859	37岁	846—859	白敏中、韦琮、马植、魏谟、崔慎由、夏侯孜、令狐绹	丹药中毒	大中	贞陵
懿宗	李漼	833—873	27岁	859—873	白敏中、夏侯孜、杜悰、徐商、路岩、于琮、韦保衡	病死	咸通	简陵
僖宗	李儇	862—888	12岁	873—888	郑畋、卢携、王铎、韦昭度、杜让能	病死	5个：乾符、广明、中和、光启、文德	靖陵
昭宗	李晔	867—904	22岁	888—904	韦昭度、孔纬、杜让能、张濬、崔昭纬、崔胤、李磎	被弑	7个：龙纪、大顺、景福、乾宁、光化、天复、天祐	和陵
哀帝	李柷	892—908	13岁	904—907	柳璨	被弑	沿用天祐	温陵

1. 寿命前三甲：武则天 82 岁，玄宗 78 岁，高祖 70 岁。寿命后三名：哀帝 17 岁，敬宗 19 岁，僖宗 27 岁。

2. 登基年龄前三甲：武则天 67 岁，高祖 53 岁，肃宗 46 岁。后三名：僖宗 12 岁，哀帝 13 岁，敬宗 16 岁。

3. 死因分布：寿终 2 人（高祖李渊、武则天），丹药中毒 4 人（太宗、穆宗、武宗、宣宗），病死 9 人（高宗、睿宗、肃宗、代宗、德宗、顺宗、文宗、懿宗、僖宗），被弑 5 人（中宗、宪宗、敬宗、昭宗、哀帝），绝食而死 1 人（玄宗）。

4. 年号数量前五名：高宗 14 个，武则天 14 个，睿宗 8 个，昭宗 7 个，僖宗 5 个。"上元"是唯一使用两次的年号，高宗和肃宗都用过。武则天使用了 3 个四字年号：天册万岁、万岁登封和万岁通天。

5. 几个唯一：睿宗、玄宗、肃宗、顺宗、懿宗、僖宗 6 个庙号是中国历史的唯一。唐高宗是中国历史上唯一的天皇。武则天是中国唯一的天后、唯一的女皇。德宗是唐朝唯一图形凌烟阁的皇帝。穆宗是中国唯一有 3 个皇后、3 个儿皇帝的皇帝。

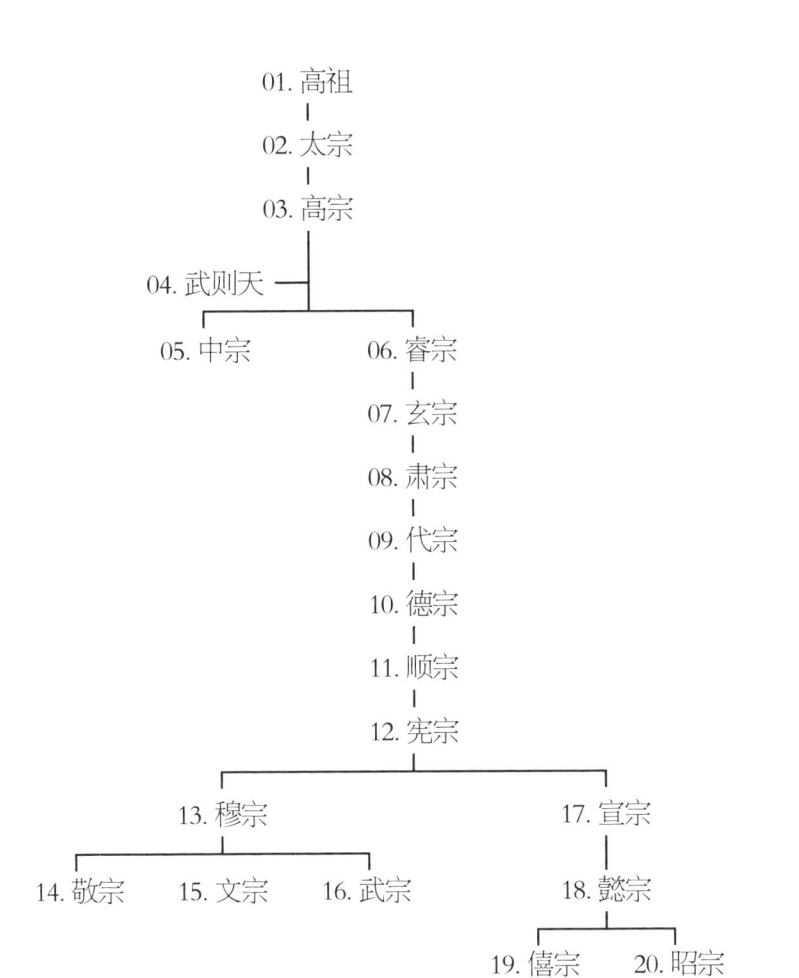

附录三　唐朝世系表

```
01. 高祖
 │
02. 太宗
 │
03. 高宗
 │
04. 武则天 ─┬─────────┐
       05. 中宗   06. 睿宗
                │
             07. 玄宗
                │
             08. 肃宗
                │
             09. 代宗
                │
             10. 德宗
                │
             11. 顺宗
                │
             12. 宪宗
          ┌─────┴─────┐
       13. 穆宗      17. 宣宗
    ┌────┼────┐        │
 14.敬宗 15.文宗 16.武宗  18. 懿宗
                    ┌────┴────┐
                 19. 僖宗   20. 昭宗
                              │
                           21. 哀帝
```

附录四 六大强敌世系表

1. 东突厥（唐时期）世系表

序号	主政者	在位	同期唐帝	姓氏
01	始毕可汗	609—619	高祖	阿史那氏
02	处罗可汗	619—620	高祖	
03	颉利可汗	620—630	高祖、太宗	

2. 西突厥（唐时期）世系表

序号	主政者	在位	同期唐帝	姓氏
01	统叶护可汗	617—630	高祖、太宗	阿史那氏
02	莫贺咄可汗	630	太宗	
03	肆叶护可汗	630—632	太宗	
04	奚利邲咄陆可汗	632—634	太宗	
05	沙钵罗咥利失可汗	634—639	太宗	
06	乙毗沙钵罗叶护可汗	639—641	太宗	
07	乙毗咄陆可汗	638—653	太宗、高宗	
08	乙毗射匮可汗	642—653	太宗、高宗	
09	沙钵罗可汗	650—658	高宗	

3. 后突厥世系表

序号	主政者	在位	同期唐帝	姓氏
01	骨咄禄可汗	682—691	高宗、中宗、睿宗、则天	阿史那氏
02	默啜可汗	691—716	则天、中宗、睿宗、玄宗	
03	拓西可汗	716	玄宗	
04	毗伽可汗	716—734	玄宗	
05	伊然可汗	734	玄宗	
06	登利可汗	734—741	玄宗	
07	骨咄叶护可汗	741—742	玄宗	
08	乌苏米施可汗	742—744	玄宗	
09	白眉可汗	744—745	玄宗	

4. 吐蕃世系表

序号	主政者	在位	同期唐帝	姓氏
01	松赞干布	629—650	太宗、高宗	悉勃野氏
02	芒松芒赞	650—676	高宗	
03	赤都松赞	676—704	高宗、中宗、睿宗、则天	
04	赤德祖赞	704—755	则天、中宗、睿宗、玄宗	
05	赤松德赞	755—797	肃宗、代宗、德宗	
06	牟尼赞普	797—798	德宗	
07	牟如赞普	798（约20天）	德宗	
08	赤德松赞	798—815	德宗、顺宗、宪宗	
09	彝泰赞普	815—838	宪宗、穆宗、敬宗、文宗	
10	达玛	838—842	文宗、武宗	

5. 回纥（回鹘）世系表

序号	主政者	姓名	在位	同期唐帝	姓氏
01	怀仁可汗	骨力裴罗	744—747	玄宗	药罗葛氏
02	英武可汗	磨延啜	747—759	玄宗、肃宗	
03	牟羽可汗	移地健	759—780	肃宗、代宗、德宗	
04	武义成功可汗	顿莫贺达干	780—789	德宗	
05	忠贞可汗	多逻斯	789—790	德宗	
06	奉诚可汗	阿啜	790—795	德宗	
07	怀信可汗	骨咄禄	795—805	德宗、顺宗	跌氏
08	滕里野合俱录毗伽可汗		805—808	顺宗、宪宗	
09	保义可汗		808—821	宪宗、穆宗	
10	崇德可汗		821—824	穆宗	
11	昭礼可汗	曷萨特勤	824—832	敬宗、文宗	
12	彰信可汗		832—839	文宗	
13		阖馺特勤	839—840	武宗	
14	乌介可汗	阖馺之弟	841—846	武宗	
15	遏捻可汗		846—848	武宗、宣宗	
16	怀建可汗	庞特勤	848—?	宣宗	

6. 南诏世系表

序号	主政者	在位	同期唐帝	姓氏
01	皮罗阁	728—748	玄宗	蒙氏
02	阁罗凤	748—778	玄宗、肃宗、代宗	
03	异牟寻	778—808	代宗、德宗、顺宗、宪宗	
04	寻阁劝	808—809	宪宗	
05	劝龙晟	809—816	宪宗	
06	劝利晟	816—824	宪宗、穆宗	
07	劝丰祐	824—859	穆宗、敬宗、文宗、武宗、宣宗	
08	世　隆	859—877	宣宗、懿宗、僖宗	
09	隆　舜	877—897	僖宗、昭宗	
10	舜化贞	897—902	昭宗	

参考文献

1. （唐）魏徵. 隋书 [M]. 中华书局,1973.
2. （唐）张鷟. 朝野佥载 [M]. 上海古籍出版社,2012.
3. （唐）段成式. 酉阳杂俎 [M]. 上海古籍出版社,2012.
4. （唐）郑处诲. 明皇杂录 [M]. 中华书局,1994.
5. （唐）温大雅. 大唐创业起居注笺证 [M]. 中华书局,2022.
6. （唐）李林甫等. 唐六典 [M]. 中华书局,2014.
7. （唐）刘肃. 大唐新语 [M]. 中华书局,1984.
8. （唐）吴兢. 贞观政要译注 [M]. 上海古籍出版社,2016.
9. （唐）玄奘. 大唐西域记译注 [M]. 中华书局,2019.
10. （唐）杜佑. 通典 [M]. 中华书局,2016.
11. （唐）杜环. 经行记笺注 [M]. 中华书局,2000.
12. （唐）李肇. 唐国史补校注 [M]. 中华书局,2021.
13. （唐）刘知几. 史通 [M]. 上海古籍出版社,2015.
14. （唐）苏鹗. 杜阳杂编 [M]. 商务印书馆,1979.
15. （唐）樊绰. 蛮书校注 [M]. 中华书局,2018.
16. （五代）刘昫等. 旧唐书 [M]. 中华书局,1975.
17. （五代）孙光宪. 北梦琐言 [M]. 中华书局,2002.
18. （五代）王仁裕. 开元天宝遗事十种 [M]. 上海古籍出版社,2012.
19. （宋）欧阳修, 宋祁等. 新唐书 [M]. 中华书局,1975.
20. （宋）司马光等. 资治通鉴 [M]. 中华书局,1956.

21. （宋）司马光. 资治通鉴考异[M]. 上海人民出版社,2022.

22. （宋）李昉. 太平广记[M]. 中华书局,2013.

23. （宋）王溥. 唐会要[M]. 中华书局,2017.

24. （宋）王谠. 唐语林校证[M]. 中华书局,2018.

25. （宋）王钦若等. 册府元龟[M]. 中华书局,2020.

26. （宋）宋敏求. 唐大诏令集[M]. 中华书局,2008.

27. （宋）计有功. 唐诗纪事[M]. 上海古籍出版社,2013.

28. （宋）乐史. 太平寰宇记[M]. 中华书局,2007.

29. （元）辛文房. 唐才子传[M]. 中州古籍出版社,2021.

30. （明）熊大木. 唐书志传通俗演义[M]. 中国文史出版社,2003.

31. （清）王夫之. 读通鉴论[M]. 中华书局,2013.

32. （清）董诰,阮元,徐松等. 全唐文[M]. 中华书局,1983.

33. （清）彭定求. 全唐诗[M]. 中华书局,2018.

34. （清）王鸣盛. 十七史商榷[M]. 上海古籍出版社,2016.

35. （清）赵翼. 廿二史劄记校证[M]. 中华书局,2016.

36. （清）吴廷燮. 唐方镇年表[M]. 中华书局,2003.

37. （清）顾祖禹. 读史方舆纪要[M]. 中华书局,2020.

38. （清）徐松. 唐两京城坊考[M]. 中华书局,2019.

39. 蔡东藩. 唐史演义[M]. 中央编译出版社,2008.

40. 陈寅恪. 唐代政治史述论稿[M]. 上海古籍出版社,2020.

41. 范文澜. 中国通史简编[M]. 商务印书馆,2010.

42. 岑仲勉. 隋唐史[M]. 上海古籍出版社,2020.

43. 吕思勉. 隋唐五代史[M]. 中华书局,2020.

44. 钱穆. 中国历代政治得失[M]. 生活·读书·新知三联书店,2020.

45. 张国刚. 唐代藩镇研究[M]. 中国人民大学出版社,2010.

46. 王尧. 敦煌本吐蕃历史文书 [M]. 中国藏学出版社, 2012.

47. 王仲荦. 隋唐五代史 [M]. 上海人民出版社, 2021.

48. 李锦绣. 唐代财政史稿 [M]. 北京大学出版社, 2001.

49. 索南坚赞. 西藏王统记 [M]. 西藏人民出版社, 1985.

50. [英] 崔瑞德. 剑桥中国隋唐史 [M]. 中国社会科学出版社, 1990.

51. [美] 斯塔夫里阿诺斯. 全球通史：从史前史到 21 世纪 [M]. 北京大学出版社, 2006.

52. [日] 筑山治三郎. 唐代政治制度研究 [M]. 创元社, 1967.

53. [日] 圆仁. 入唐求法巡礼行记校注 [M]. 中华书局, 2019.

图书在版编目（CIP）数据

显微镜下的全唐史 . 第五部 , 开元天宝 / 北溟玉著 . -- 北京 : 中国文史出版社 , 2024. 10. -- ISBN 978-7-5205-4848-9

Ⅰ . K242.09

中国国家版本馆 CIP 数据核字第 2024TX9923 号

责任编辑：梁玉梅

出版发行：	中国文史出版社
社　　址：	北京市海淀区西八里庄路 69 号院　邮编：100142
电　　话：	010-81136606　81136602　81136603（发行部）
传　　真：	010-81136655
印　　装：	北京科信印刷有限公司
经　　销：	全国新华书店
开　　本：	700mm×980mm　1/16
印　　张：	19
字　　数：	232 千字
版　　次：	2025 年 3 月北京第 1 版
印　　次：	2025 年 3 月第 1 次印刷
定　　价：	56.00 元

文史版图书，版权所有，侵权必究。

文史版图书，印装错误可与发行部联系退换。